高职高专互联网+新形态教材·财会系列

智能化成本核算与管理
(微课版)

陈小英　陈梅容　杨承亮　主　编

张仁杰　樊　葵　刘晓敏　副主编

清华大学出版社

北　京

内 容 简 介

"智能化成本核算与管理"是大数据与会计专业学生的一门必修课程，也是为培养和促进学生适应会计工作中成本核算岗位而不可缺少的一门职业技能课程。本书主要根据企业成本核算岗位的任职要求进行开发和设计，在阐述成本核算原理的基础上，以制造业企业为例，系统介绍了成本核算的方法和技能，在内容安排上遵循循序渐进的学习认知规律，注重学生对成本核算、成本分析能力的培养。本书共分为十一个项目，内容包括成本核算与管理基础知识、要素费用的核算、综合生产费用的核算、完工产品成本的核算、产品成本计算的品种法、产品成本计算的分批法、产品成本计算的分步法、产品成本计算的辅助方法、成本报表、成本管理及 Excel 在成本核算中的应用。

本书既可以作为高职高专院校大数据与会计专业及相关专业项目化教学教材，也可以作为会计相关从业人员的参考用书。

图书在版编目(CIP)数据

智能化成本核算与管理 : 微课版 / 陈小英, 陈梅容, 杨承亮主编. -- 北京 : 清华大学出版社, 2025. 8. (高职高专互联网+新形态教材). -- ISBN 978-7-302-69762-6

Ⅰ. F231.2-39

中国国家版本馆 CIP 数据核字第 2025YM9443 号

责任编辑：梁媛媛
封面设计：刘孝琼
责任校对：周剑云
责任印制：刘　菲
出版发行：清华大学出版社

网　　址：https://www.tup.com.cn, https://www.wqxuetang.com
地　　址：北京清华大学学研大厦 A 座　　**邮　　编：**100084
社 总 机：010-83470000　　**邮　　购：**010-62786544
投稿与读者服务：010-62776969, c-service@tup.tsinghua.edu.cn
质量反馈：010-62772015, zhiliang@tup.tsinghua.edu.cn
课件下载：https://www.tup.com.cn, 010-62791865

印 装 者：三河市君旺印务有限公司
经　　销：全国新华书店
开　　本：185mm×260mm　　**印　张：**19.75　　**字　数：**480 千字
版　　次：2025 年 8 月第 1 版　　**印　次：**2025 年 8 月第 1 次印刷
定　　价：59.00 元

产品编号：099864-01

前　言

本书以党的二十大报告指出的“科教兴国战略”为指导，以培养中国式现代化建设高技能人才为目标，遵循习近平新时代中国特色社会主义思想，依据“立德树人为根本、技能培养为核心、工学结合为抓手”的思路；根据财政部新颁布的《企业会计准则——应用指南》，围绕会计工作任务选择课程内容，充分体现了高等职业教育“融‘教、学、做’为一体，强化学生能力培养”的新理念。本书根据企业成本核算岗位任务，对实际工作中成本核算岗位的职业能力进行分析，以培养学生成本核算岗位能力为重点，本着“以项目为导向，以任务为驱动”的思想组织内容，设计教学内容，以制造业企业产品生产成本相关经济业务活动为背景，系统地介绍了成本核算的基本理论、基本方法和基本操作技术。每个项目均设有配套的核算实务，突出实践环节，充分体现能力本位思想，更加贴近高职高专教育教学特色。

本书贯彻“理论够用为度，着重培养学生实际动手能力”的原则，结构安排合理，内容深浅适度，易于动手操作。为增强学生对成本核算相关知识的理解，增加实际操作能力的训练，在每个项目后面均设有项目小结、项目强化训练，并附有完整的参考答案，以方便教学。为满足信息化教学改革的需要，本书加入二维码，通过扫描二维码，即可学习相应知识和技能的微课及进行同步训练，便于学生学习。为适应当前数智化会计发展的趋势，本书特设项目十一 Excel 在成本核算中的应用，专门讲解如何应用 Excel 软件核算成本，以体现智能化会计的准确、便捷和高效的特征。

本书由福建农业职业技术学院陈小英、陈梅容、杨承亮担任主编，福建农业职业技术学院张仁杰、樊葵、刘晓敏担任副主编。陈小英负责本书总体框架的设计、提出编写大纲和全书的总纂与定稿，并编写项目一、项目三和项目四；杨承亮编写项目二；陈梅容编写项目五、项目六、项目七；张仁杰编写项目八；樊葵编写项目九、项目十；刘晓敏编写项目十一。

本书得到福州君和立远财税咨询有限公司、福州星达财税咨询有限公司的大力帮助和支持，特别是杨代福、卢艺真两位总经理对本书的编写提出了很多宝贵的建议。本书在出版过程中也得到了清华大学出版社的大力支持。另外，在本书的编写过程中，我们还参阅了许多成本会计教材，吸收、借鉴、引用了近年来高等职业教育的最新教改成果及有关资料，在此一并表示诚挚的谢意！

由于编者水平有限，书中难免有不妥和疏漏之处，敬请广大读者批评指正，以便在修订时改正。

编　者

目　　录

项目一

成本核算与管理基础知识

【知识目标】

- 理解成本的含义、作用，区分广义成本和狭义成本。
- 了解企业成本核算的要求和程序。
- 理解费用的不同分类。
- 正确划分各种费用的界限。
- 掌握成本核算主要账户的设置。

【技能目标】

- 能协调企业生产过程中各部门有关成本核算的凭证填制、传递工作。
- 能设置成本核算的主要账户。
- 能根据生产情况设计成本核算程序。
- 能对企业生产经营中发生的各项费用进行正确的划分。

【素养目标】

- 培养遵纪守法意识，积极践行会计人员的“三坚三守”会计职业道德。
- 培养成本节约意识，树立正确价值观，积极践行社会主义核心价值观。

案例引导

小王在一家饭店做厨师，老板问他，番茄炒鸡蛋这道菜售价多少元比较合适。小王回答说，这道菜用了 6 个番茄和 4 个鸡蛋，番茄重量为 1 千克左右，每千克 11 元；鸡蛋是每千克 12 元，每千克约 15 个。

请问：这道菜的成本是多少元？

理论认知

任务一　成本及成本会计认知

一、成本的概念及分类

(一)成本的概念

成本是商品经济的产物，是商品经济中的一个经济范畴，是商品价值的重要组成部分。成本作为一个价值范畴，在社会主义市场经济中是客观存在的。加强成本管理，努力降低成本，无论是对提高企业经济效益，还是对提高整个国民经济的宏观经济效益，都是极为重要的。要做好成本管理工作就必须先从理论上充分认识什么是成本。

成本是指在生产经营过程中所耗费的生产资料转移的价值和劳动者为自己劳动所创造的价值的货币表现，也就是企业在生产经营过程中所耗费的资金总和。

(二)成本的分类及与生产费用的联系

成本的含义分广义成本和狭义成本。

1. 广义成本

广义成本包括存货的采购成本、产品的生产成本、股票和债券的投资成本、固定资产及无形资产的投资成本及产品的销售成本等。

2. 狭义成本

狭义成本通常是指产品的生产成本，就是制造业企业为制造产品而发生的生产成本。

3. 产品成本与生产费用的联系

生产费用是企业一定时期内在生产经营活动中所发生的各种耗费，而产品成本则是将这些耗费归属于某一特定产品。两者的区别在于，生产费用是以时期为归集对象，反映企业在一定时期内(如一个月)发生的、用货币表现的生产耗费，强调耗费的期间性；而产品成本则是以产品为归集对象，反映企业为生产一定种类和一定数量的产品所支出的各种生产费用的总和，强调耗费的针对性。只有生产费用对象化于产品时，才能称为产品成本。本书所指的成本是一种狭义的概念，仅指产品成本。

二、成本的作用

成本的经济实质决定了成本在经济管理工作中具有十分重要的作用。

(一)成本是生产耗费的补偿尺度

为了保证企业再生产的不断进行，必须对生产耗费(资金耗费)进行补偿。企业是自负盈亏的商品生产者和经营者，其生产耗费是用自身的生产成果(销售收入)来补偿的，而成本就是衡量这一补偿份额大小的尺度。企业在取得销售收入后，必须把相当于成本的数额划分出来，用以补偿生产经营中的资金耗费，这样才能维持资金周转按原有规模进行。如果企业不能按照成本来补偿生产耗费，那么企业资金就会出现短缺，再生产就不能按原有的规模进行。

(二)成本是综合反映企业工作质量的重要指标

成本是一项综合性的经济指标，企业经营管理中各方面工作的成绩，都可以直接或间接地在成本上反映出来。例如，产品设计的好坏、生产工艺的合理程度、固定资产的利用情况、原材料消耗的节约与浪费、劳动生产率的高低、产品质量的高低、产品产量的增减，以及产、供、销环节的工作是否衔接协调等，都可以通过成本直接或间接地反映出来。

(三)成本是制定产品价格的重要因素

在商品经济中，产品价格是产品价值的货币表现。产品价格应大体上符合其价值。无论是国家还是企业，在制定产品价格时都应遵循价值规律的基本要求。但在现阶段，人们还不能直接计算产品的价值，而只能计算成本，通过成本间接地、相对地掌握产品的价值。因此，成本就成了制定产品价格的重要因素。

(四)成本是企业进行决策的重要依据

努力提高市场竞争能力和经济效益，是社会主义市场经济条件下对企业的客观要求，而要做到这一点，企业首先必须进行正确的生产经营决策。进行生产经营决策，需要考虑的因素很多，其中成本是主要考虑的因素之一。这是因为，在价格等因素一定的前提下，成本的高低直接影响着企业盈利的多少；而较低的成本，可以使企业在市场竞争中处于有利地位。

三、成本会计的概念

成本会计是一种以成本为对象的专业会计，是会计的一个重要分支。成本会计是财务会计与管理会计的混合物。成本计算具有两重性，它既是财务会计的一个重要组成部分，又是管理会计的一个重要组成部分。

财务会计要依据成本会计所提供的有关资料进行资产计价和收益确定，而成本的形成、归集和结转程序也要纳入以复式记账法为基础的财务会计总框架中，因此成本数据往往被企业外部信息使用者用于对企业管理当局业绩的评价，并据此做出投资决策。同样，成本会计所提供的成本数据，往往被企业管理者作为决策的依据或用于对企业内部管理人员的业绩评价。

1. 以财务报告为目的的成本会计

从财务会计的角度来看，成本的结果被用于公司的财务报表。其中，成本在损益表中列为销售成本，在资产负债表中列为存货。

2. 以管理为目的的成本会计

从管理会计的角度来看，成本是综合反映企业经营活动过程的质量和效果的一个重要指标。企业管理部门为了实现有效经营，正确进行经营决策，通常要从许多方案中选取最优方案。“优”的标准主要是经济效果，而各种形式的“成本”又是经济效果的重要表现形式。

成本会计是根据会计资料和其他有关资料，运用财务会计方法，对企业生产经营活动中的成本进行预测、决策、控制、核算、分析和考核，以促使企业降低成本，不断提高经济效益的一种管理活动。现代成本会计通常被称为成本管理会计。

成本会计分广义成本会计和狭义成本会计。

(1) 广义成本会计包括成本预测、决策、计划、控制、核算、分析及考核。

(2) 狭义成本会计仅指成本核算。

四、成本会计的产生和发展

成本会计先后经历了早期成本会计、现代成本会计、当代成本会计和战略成本会计四个阶段。成本会计的方式和理论体系，随着发展阶段的不同而有所不同。

1. 早期成本会计阶段(1880—1920 年)

随着英国产业革命的完成，用机器代替了手工劳动，用工厂制代替了手工工场，而会计人员为了满足企业管理上的需要，起初是在会计账簿之外，用统计的方法来计算成本的。此时，成本会计出现了萌芽。从成本会计的方式来看，在早期成本会计阶段，主要采用分批法成本会计制度或分步法成本会计制度；从成本会计的目的来看，计算产品成本以确定存货成本及销售成本。因此，早期的成本会计也称为记录型成本会计。

2. 现代成本会计阶段(1921—1945 年)

19 世纪末 20 世纪初，在制造业中发展起来的以泰勒为代表的科学管理学派，对成本会计的发展产生了深刻的影响。标准成本法的出现使成本计算方法和成本管理方法发生了巨大的变化，成本会计进入了一个新的发展阶段。现代成本会计主要采用标准成本制度和成本预测，为生产过程的成本控制提供了条件。

3. 当代成本会计阶段(1946—1980 年)

20 世纪 50 年代起，西方国家的社会经济进入了新的发展时期。随着管理现代化的发展，运筹学、系统工程和电子计算机等各种科学技术成就在成本会计中得到了广泛应用，从而使成本会计发展到一个新的阶段，即成本会计发展重点已由如何对成本进行事中控制、事后计算和分析转移到如何预测、决策和规划成本，形成了新型的以管理为主的现代成本会计。

4. 战略成本会计阶段(1981 年以后)

20 世纪 80 年代以来，随着计算机技术的进步、生产方式的改变、产品生命周期的缩短，以及全球性竞争的加剧，大大改变了产品成本结构与市场竞争模式。成本管理的视角由单纯的生产经营过程管理和注重股东财富，扩展到与顾客需求及利益直接相关的、包括产品设计和产品使用环节的产品生命周期管理，更加关注产品的顾客可察觉价值；同时要求企业更加注重内部组织管理，尽可能地消除各种增加顾客价值的内耗，以获取市场竞争优势。此时，战略相关性成本管理信息已成为成本管理系统不可缺少的部分。

五、成本会计的对象

成本会计的对象，即成本会计核算和监督的内容。成本会计的对象可概括为各行业企业的生产经营成本和期间费用，简称成本、费用。

以制造业企业为例，其成本会计对象是产品的生产成本和经营管理费用。

1. 生产成本

制造业企业在生产过程中各种生产费用的支出和产品生产成本的形成，就是制造业企业成本会计需要反映和监督的主要内容。

2. 经营管理费用

经营管理费用包括销售费用、管理费用和财务费用。

(1) 销售费用是企业在销售产品过程中发生的各种费用支出。例如，销售过程中应由企业负担的运输费、装卸费、包装费、保险费、展览费、广告费，以及为销售本企业商品而专设销售机构发生的各种费用等。它的归集和结转过程也是成本会计所反映与监督的一项内容。

(2) 管理费用是企业的行政管理部门为组织和管理生产经营活动而发生的各种费用。例如，企业行政管理部门人员的工资、差旅费、固定资产折旧费、业务招待费等。它的归集和结转过程也是成本会计所反映和监督的一项内容。

(3) 财务费用是企业为筹集生产经营所需资金等发生的一些费用。例如，利息净支出、汇兑净损失、金融机构的手续费等。它的归集和结转过程也是成本会计所反映和监督的一项内容。

由此可见，制造业企业成本会计的对象包括产品的生产成本和期间费用。商品流通企业、交通运输企业、施工企业、农业企业等其他行业企业的生产经营过程虽然各有其特点，但按照现行企业会计准则和会计制度的有关规定，从总体上来看，它们在生产经营过程中所发生的各种费用，同样是一部分形成企业的生产经营业务成本，另一部分则作为期间费用直接计入当期损益。因此，成本会计的对象可以概括为各行业企业生产业务的生产成本和期间费用。

六、成本会计的职能

成本会计的职能是指成本会计在经济管理中所具有的内在功能，包括基本职能和派生职能。

1. 基本职能

成本会计的基本职能主要是指成本核算。成本核算是指运用各种专门的成本计算方法，按照一定的对象和规定的有关成本项目及分配标准进行生产费用的归集和分配，计算出各种产品的总成本和单位成本，据以进行账务处理。成本核算是成本会计工作的核心，通过成本核算可以反映成本计划的完成情况，为编制下期成本计划进行成本预测和成本决策提供依据。成本核算是发挥其他职能的基础，没有成本核算，成本的预测、决策、计划、控制、考核及分析都无法进行，即没有成本核算就没有成本会计。

2. 派生职能

成本会计的派生职能包括成本预测、决策、计划、控制、考核及分析。

(1) 成本预测。成本预测是指在分析企业现有经济技术、市场状况和发展趋势的基础上，根据与成本有关的数据，采用一定的专门科学方法，对未来的成本水平及其变化趋势作出科学的测算。成本预测是企业进行经营决策和编制成本计划的基础。通过成本预测，可以减少生产管理的盲目性，增强降低成本、费用的自觉性，还有助于企业管理人员了解成本发展前景，挖掘降低成本的潜力。

(2) 成本决策。成本决策是指根据成本预测提供的数据和其他有关资料，制定优化成本的各种备选方案，运用决策理论和方法，对各种备选方案进行比较和分析，从中选出最优方案并确定目标成本的过程。进行成本决策是实现成本事前控制，提高企业经济效益的重要途径。

(3) 成本计划。成本计划是指在成本预测和成本决策的基础上，为保证成本决策所制定成本目标的实现，确定在计划期内为完成计划任务应发生的生产耗费和各种产品的成本水平，并提出为达到规定的成本水平应采取的具体措施。成本计划是降低成本的具体目标，也是进行成本控制、成本考核和成本分析的依据。

(4) 成本控制。成本控制是指以预先确定的成本标准或成本计划指标，对实际发生的费用进行审核，将其限制在标准成本或计划成本内，并计算出实际费用与标准费用之间的差异，同时对产生差异的原因进行分析，采取各种有效方法，将各项费用限制在计划控制范围之内，以保证成本计划的顺利执行。成本控制对于最大限度地挖掘降低成本的潜力、提高经济效益具有现实意义。

(5) 成本考核。成本考核是指在成本核算的基础上，定期地对成本计划的执行结果进行评价和考核。按成本责任的归属考核各部门及有关岗位人员的成本指标完成情况，并据此进行奖惩，从而客观地评价工作业绩和明确责任，激励企业员工改进工作，充分调动他们执行计划成本的积极性，提高企业的整体管理水平和经济效益。

(6) 成本分析。成本分析是指根据成本核算和成本考核所提供的成本数据及其他有关的资料，将本期的实际成本与本期计划成本、上年同期实际成本、本企业历史先进的成本水平，以及国内外先进企业成本等进行比较，确定成本差异，分析形成原因，明确责任，以便采取措施，改进生产经营管理，寻求降低成本的途径，以提高经济效益。

成本会计的各项职能是一个相互联系、相互配合、相互补充的有机整体。成本预测是成本决策的前提和依据；成本决策既是成本预测的延伸和结果，又是制订成本计划的依据；成本计划是成本决策所确定成本目标的具体化；成本控制是对成本计划的实施进行监督，是实现成本决策既定目标的保证；成本核算是对成本决策目标是否实现的检验；只有对成本核算资料和成本计划资料进行成本分析，才能对成本决策的正确性作出判断。对成本决策目标进行层层分解，落实责任，认真组织成本考核，正确评价成本工作业绩。通过成本分析，可以为未来成本的预测和决策，以及编制新的成本计划提供依据。

七、成本会计工作的组织

要充分发挥成本会计的作用，完成成本会计的任务，必须科学合理地组织成本会计工作，建立与执行相应的组织机构。成本会计工作的组织主要包括成本会计机构的设置、成本会计人员的配备和成本会计制度的建立。

(一)成本会计机构的设置

成本会计机构是从事成本会计工作的职能部门，是企业会计机构的有机组成部分。企业要根据生产类型的特点、经营规模的大小和成本管理的要求，合理设置成本会计机构。

成本会计机构可以单独设置，也可以并入企业会计机构之中。对单独设置的成本会计机构需要进行内部分工，明确各自的工作职责。内部分工可以按成本会计的职能分工，分设成本核算组、成本分析组等；也可以按成本会计的对象分工，分设产品成本核算组、期间费用核算组等。

在企业内部各级成本会计机构之间，也要根据企业规模、成本管理要求及人员配备等情况，确定成本会计工作的组织形式是适合采用集中工作方式还是分散工作方式。

集中工作方式是指将本企业所有的成本会计核算、成本计划编制及成本报表分析等工作集中在企业的成本会计机构中进行，车间等其他部门通常只配备成本核算人员，负责登记原始记录、填制原始凭证，并对原始资料进行初步审核、整理和汇总，及时报送企业成本会计机构。这种方式的优点是有利于企业管理者及时、全面地掌握成本会计的各种信息，便于使用计算机集中进行成本数据处理，减少成本会计机构设置的层次和成本会计人员的人数。其不足之处是直接从事生产经营的部门不能及时掌握成本信息，影响它们对成本费用进行自我控制的积极性。这种工作方式通常适用于成本会计工作较为简单的企业。

分散工作方式又称为非集中工作方式，是指将成本会计的各项具体工作分散由车间等其他部门的成本会计机构来进行，企业的成本会计机构只负责对成本会计工作的指导、监督和成本会计数据的最后汇总，以及处理不便于分散核算的成本会计工作。分散工作方式虽然增加了相应成本会计工作的层次和会计工作人员的数量，但它有利于各具体生产经营单位及时掌握成本信息并进行成本控制，能够促进各单位的生产经营管理，也便于配合经济责任制的实行，为各单位的成本控制、业绩考核提供必要信息。因此，这种组织形式一般适用于成本会计工作较为复杂、会计人员数量较多、各单位独立性较强的大中型企业。

(二)成本会计人员的配备

成本会计人员的素质高低直接影响成本会计的工作质量。企业配备的成本会计人员应当具有会计资格和相应的会计专业任职资格，具备与所从事会计工作相适应的专业知识和业务能力，要求做到热爱会计工作、遵守职业道德、搞好成本核算、参与成本管理、懂得法规制度、熟悉工作流程、具备高度敬业精神等。

1. 成本会计人员的职责

成本会计机构和成本会计人员应当在企业总会计师和会计主管人员的领导下，忠实地履行自己的职责，认真完成成本会计的各项任务，从降低成本、提高企业经济效益的角度参与企业的生产经营决策。

成本会计人员应当经常深入生产经营的各个环节，结合实际情况，向有关人员和职工宣传、解释国家的有关方针、政策和制度，以及企业在成本管理方面的计划和目标等，督促员工贯彻执行；深入了解生产经营的实际情况，及时发现成本管理中存在的问题，提出改进成本管理的意见和建议，当好企业负责人的参谋。

2. 成本会计人员的权限

成本会计人员有权要求企业有关单位和人员认真执行成本计划，严格遵守有关法规、制度和财经纪律；有权参与制订企业生产经营计划和各项定额，参加与成本管理有关的生产经营管理会议；有权督促检查企业各单位对成本计划和有关法规、制度、财经纪律的执行情况。

(三)成本会计制度的建立

成本会计的法规与制度是成本会计机构和人员从事成本会计工作的规范，是成本会计工作组织的重要组成部分，也是会计法规制度的重要组成部分。企业必须根据《中华人民共和国会计法》《企业会计准则》《企业财务通则》和《企业会计制度》等有关规定，适应企业生产经营的特点和管理的要求，建立适合本企业的内部成本会计制度，做到有章可循、管理有序。

企业成本会计制度，除必须考虑国家的法律、法规、部门规章及制度等有关规定外，还必须根据企业的生产经营特点和成本管理要求，从实际出发加以制定，做到规范、简明和适用。

制造业企业的成本会计制度一般应包括成本预测和决策制度、成本定额和成本计划编制制度、成本控制制度、成本核算规程制度、责任成本制度、企业内部结算价格和内部结算办法制度、成本报表制度、其他有关成本会计制度等。

成本会计制度是开展成本会计工作的依据和行为规范，其是否科学、合理，会直接影响成本会计工作的成效。因此，成本会计制度的制定是一项十分复杂而细致的工作。在成本会计制度的制定过程中，企业有关人员应熟悉国家有关法规、制度的规定，深入基层并进行广泛、深入的调查和研究工作，在具有充分依据的基础上进行成本会计制度的制定工作。成本会计制度一经制定，应认真贯彻和执行，并应随着经济的发展及会计法规和制度的不断完善对其进行相应的修订和补充，以保持成本会计制度的科学性、合理性和先进性。

任务二　制造业企业成本核算的要求

正确核算企业的生产成本，对加强企业的经营管理，控制和降低成本，增强企业的竞争能力，提高经济效益，以及正确确定企业的收益，处理好企业与国家、投资者的利益和关系，有着十分重要的意义。

成本核算不仅是成本会计的基本任务，也是企业经营管理的重要组成部分。为了充分发挥成本核算的重要作用，企业应在成本核算工作中努力贯彻落实好以下六个方面的要求。

一、算管结合，算为管用

所谓算管结合，算为管用，就是强调成本核算应与加强企业生产经营管理相结合，强调成本所提供的会计信息能够满足企业管理的需要，这是成本核算的意义和目标所在。

二、正确划分各种费用界限

企业发生的各种支出，有的可以计入成本，有的不能计入成本。为了正确地进行成本核算，正确地计算产品成本和期间费用，必须正确划分以下五个方面的费用界限。

(一)正确划分经营性支出与非经营性支出的界限

制造业企业的经济活动是多方面的，其支出的用途也不完全相同。不同用途的支出，其列支的项目也应该不同。例如，企业购建固定资产的支出，应计入固定资产的造价；固定资产盘亏损失、固定资产报废清理净损失等应计入营业外支出；用于产品生产和销售、用于组织和管理生产经营活动，以及为筹集生产经营资金所发生的各种支出，即企业日常生产经营管理活动中的各种耗费，则应计入产品成本或期间费用。企业按照国家有关成本开支范围的有关规定，正确地核算产品成本和期间费用，凡不属于企业日常生产经营方面的支出，均不得计入产品成本或期间费用，即不得乱挤成本；凡属于企业日常生产经营方面的支出，均应全部计入产品成本或期间费用，不得遗漏。乱挤成本，必然减少企业利润和国家财政收入；少计成本，则会使企业虚增利润，使企业成本得不到应有的补偿，从而影响企业生产经营活动的顺利进行。无论是乱挤成本，还是少计成本，都会造成成本信息失真，从而不利于企业进行有效的成本管理。

(二)正确划分产品生产成本与期间费用的界限

企业发生的各种经营性支出，并非全部计入产品生产成本。产品生产成本是指企业为制造产品在生产经营过程中所发生的直接费用和间接费用。期间费用是指企业在某个会计期间发生的直接计入当期损益的管理费用、财务费用和销售费用，期间费用不应计入产品成本。为了正确计算产品生产成本，必须分清产品生产成本与期间费用的界限。

(三)正确划分各期产品成本的费用界限

为了按期分析和考核成本计划的执行情况与结果，正确计算各期损益，企业还需正确划分各月份的费用界限。根据权责发生制，凡应由本期产品成本负担的费用，不论其是否在本期发生，都应全部计入本期产品成本；凡不应由本期产品成本负担的费用，即使是在本期支付，也不能计入本期产品成本。为了简化会计核算工作，对于数额较小的跨期费用，也可将其全部计入支付月份的成本、费用，而不再分期摊提。只有正确划分各期产品成本的费用界限，才能保证成本核算结果的正确性，防止人为地调节各期成本、损益的错误行为。

(四)正确划分各种产品的费用界限

如果企业生产两种或两种以上的产品，为了正确地计算各种产品的成本，分析和考核各种产品成本计划或定额成本的执行情况，必须将应计入本期产品成本的生产费用在各种产品之间进行正确划分。凡属于几种产品共同负担的费用，属于间接生产费用，则应选择适当的分配标准，采用适当的分配方法，分别计入各种产品的生产成本；凡属于某种产品单独发生的费用，属于直接生产费用，直接计入该种产品的生产成本。这样可以防止有意抬高某种或某些产品的生产成本而压低其他产品的生产成本，在盈利产品与亏损产品之间、可比产品与不可比产品之间任意转移生产费用，借以掩盖成本超支或以盈补亏的错误行为。

(五)正确划分完工产品和月末在产品的费用界限

由于产品的生产周期与会计核算期间经常不一致，致使各会计期期末往往有尚未完工的在产品存在，因此在每个会计期期末，应将各种产品成本负担的本期生产费用在完工产品和在产品之间进行分配，划清两者之间的费用界限。企业通过划分完工产品和在产品的费用界限，可以有效地防止任意提高或降低期末在产品费用以调节完工产品成本水平的错误行为。

上述五个方面费用界限的划分过程，也就是计算产品成本的过程，费用界限的划分是否正确，直接决定产品成本计算结果的正确性。因此，企业在产品成本核算中应特别注意这些具体要求。

三、正确确定财产物资的计价和价值结转方法

制造业企业的生产经营过程，同时也是各种劳动的耗费过程。在各种劳动的耗费过程中，财产物资的耗费占有一定的比重，其价值随着消耗要转移到产品成本中去。因此，这些财产物资的计价和价值结转方法，是影响产品成本计算正确性的重要因素。它主要包括固定资产原值的计价方法、折旧方法、折旧率的种类和高低，固定资产与低值易耗品的划分标准；材料成本的构成内容，材料按实际成本进行核算时发出材料单位成本的计价方法，材料按计划成本进行核算时材料成本差异率的计算；低值易耗品和包装物价值的摊销方法；等等。为了正确计算产品成本，对于各种财产物资的计价和价值结转，都应当采用既合理又简便的方法。如果国家有统一规定的方法，应当采用统一规定的方法。这些方法一经确定，应保持其相对的稳定性，不可随意变更，以保证成本信息的可比性。

四、完善成本责任制度

为了提高成本核算的质量，保证各责任单位成本的考核水平，企业必须完善成本责任制度，以进一步降低产品成本，提高企业的经济效益。完善成本责任制度具体应做好以下四个方面的工作。

(一)建立健全责任成本制度

建立健全责任成本制度，应以各责任单位作为成本计算对象来计算其责任成本。责任成本的计算与产品成本的计算应该结合进行，在产品成本的计算过程中能反映每个责任单位的工作业绩，并且将其单位成本的高低直接与其应承担的责任和经济效益相联系，在满足产品成本核算需要的前提下，为成本考核与成本分析创造有利条件。

(二)建立健全内部成本管理体系

内部成本管理体系是一个涉及企业所有部门和全体职工的复杂系统。它的设立是否完善，运行是否合理，直接关系到责任成本制度的实施与运行。因此，只有建立一个运行自如、合理完善的内部成本管理体系，才能保证责任成本制度的顺利推行。

(三)建立健全成本考核制度

企业在计算产品成本的同时，要对每种产品成本的升降水平及各责任单位的成本情况进行必要的考核与分析。对成本的考核，应注重诸如成本指标、定额消耗量的制定等方面的基础工作，建立一整套成本考核资料的收集、整理、对比、计算等方法和程序，使成本考核形成制度。

(四)建立健全成本责任奖惩制度

建立健全成本责任奖惩制度，就是将成本工作的好坏直接与各责任单位、个人的经济利益挂钩，以起到鼓励先进、鞭策后进的激励作用。在计算出产品成本及责任成本之后，应对各责任单位的可控成本进行深入分析，以此作为主要责任考核指标，实行规范、严格的奖惩制度，充分调动各部门及人员降低产品成本的积极性，使企业的经济效益不断提高。

五、扎实做好成本核算的各项基础工作

为了保证成本核算工作的顺利进行，提高成本核算的质量，企业应高度重视成本核算的各项基础工作，这就需要会计部门和其他相关部门密切配合，相互协调，共同做好以下五个方面的工作。

(一)建立健全原始记录制度

原始记录是对企业生产经营活动中具体事实所做的最初记载，是反映企业经营活动的原始资料，是进行成本预测、编制成本计划、进行成本核算、分析消耗定额和考核成本计划执行情况的重要依据。因此，制造业企业对生产过程中对原材料的领用、动力与工时的

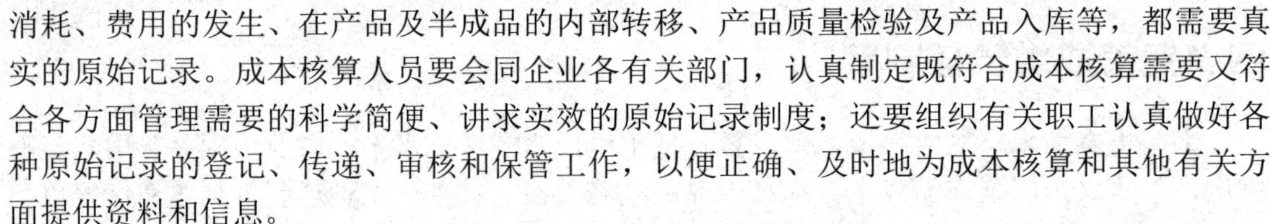

消耗、费用的发生、在产品及半成品的内部转移、产品质量检验及产品入库等，都需要真实的原始记录。成本核算人员要会同企业各有关部门，认真制定既符合成本核算需要又符合各方面管理需要的科学简便、讲求实效的原始记录制度；还要组织有关职工认真做好各种原始记录的登记、传递、审核和保管工作，以便正确、及时地为成本核算和其他有关方面提供资料和信息。

(二)建立健全材料物资的计量验收制度

成本核算是以价值形式来核算企业生产经营管理中的各项费用。原始记录中的各项资料主要是从数量上反映企业生产经营活动中的各项财产物资的变动情况。计量工作是确定这些变动数量的重要手段。计量的准确与否，直接决定了数量变化的真实与否。因此，为了正确计算成本，进行成本管理，必须建立健全定期或不定期地对材料物资的计量、收发、领退和盘点制度，具体掌握数量变化的实际情况，确保计量的准确性，防止企业财产物资的丢失、损坏、积压等，提高其使用效益。

(三)建立健全定额管理制度

产品的各项消耗定额，是企业对生产过程中人力、物力、财力的耗费所规定的数量标准。可行的定额是编制成本计划、分析和考核成本水平的依据，是审核和控制成本的标准，是企业开展全面经济核算、加强成本管理的基础，也是衡量成本管理工作的数量和质量的客观尺度；而且在计算产品成本时，它也常被作为依据产品的原材料和工时的定额消耗量或定额费用分配实际费用的标准。为了加强生产管理和成本管理，企业必须建立健全定额管理制度。定额制定后，为了保证其先进可行，企业还应根据生产技术的发展和进步、管理手段的完善及劳动生产率的提高，及时修订定额，以充分发挥其应有的作用。

(四)建立健全内部价格制度

在计划管理基础较好的企业中，为了分清企业内部各单位的经济责任，便于分析和考核企业内部各单位成本计划的执行情况，以及加速和简化核算工作等目的，对于各单位之间相互提供的原材料、半成品和劳务(如修理、运输等)，可以采用内部计划价格进行相互结算或转账，形成内部价格制度。内部计划价格的制定应尽可能符合实际，保持相对稳定，一般在年度内不变。这样既可加速和简化核算工作，又可分清内部各单位的经济责任。

(五)建立健全费用审批制度

费用是产品成本形成的基础，而成本则是对象化了的生产费用。企业要想降低成本，必须控制费用的发生。因此，企业的成本核算不能停留在对事后的计算和记录上，还应加强对事前费用和事中费用发生的审核与控制，建立健全费用的审批制度，制定各项经常性费用的开支标准，规定对各项费用的审批权限、设计费用的报批和报销程序，使费用的控制有章可循。这样能够明确各级、各部门负责人审核各种费用的性质及其额度的权限，组织把关，严格控制费用的发生，也便于通过费用的分析，发现问题、落实责任，达到有效控制成本的目的。

六、选择适当的成本计算方法

产品成本是生产过程中形成的，产品的生产工艺特点、生产组织和管理要求不同，确定的产品成本的计算对象也不同，这对成本计算方法的选择有着十分重要的影响。产品成本计算方法的选择是否恰当，会直接影响产品成本计算结果的准确性。因此，企业在进行产品成本计算时，应当根据自身的具体情况，选择适合本企业特点和要求的产品成本计算方法来进行产品成本的计算。产品成本计算方法一经确定，一般不应随意变动，以保证产品成本计算信息的可比性。

任务三　费用的分类

一、费用按经济内容的分类

企业的生产经营过程中，也是物化劳动(劳动对象和劳动手段)和活劳动的耗费过程，因此生产经营过程中发生的费用，按其经济内容分类，可划分为劳动对象方面的费用、劳动手段方面的费用和活劳动方面的费用三类。这三类可以称为费用的三大要素。为了具体反映各种费用的构成和水平，还应在此基础上，将其进一步划分为以下几个费用要素。所谓费用要素，就是费用按经济内容的分类。

1. 外购材料

外购材料是指企业为进行生产经营而耗用的一切从外单位购进的原料及主要材料、半成品、辅助材料、包装物、修理用备件和低值易耗品等。

2. 外购燃料

外购燃料是指企业为进行生产经营而耗用的一切从外单位购进的各种固体、液体和气体燃料。

3. 外购动力

外购动力是指企业为进行生产经营而耗用的一切从外单位购进的各种动力。

4. 职工薪酬

职工薪酬是指企业为进行生产经营而发生的职工工资、福利费、各项社会保险及住房公积金等。

5. 折旧费

折旧费是指企业按照规定的固定资产折旧方法计算提取的折旧费用。

6. 利息支出

利息支出是指企业应计入财务费用的借入款项的利息支出减去利息收入后的净额。

7. 其他支出

其他支出是指不属于以上各要素但应计入产品成本或期间费用的费用支出，如差旅费、租赁费、外部加工费用及保险费等。

按照以上费用要素反映的费用，称为要素费用。将费用划分为若干要素进行分类核算的作用是：①可以反映企业一定时期内在生产经营中发生了哪些费用，数额各是多少，据以分析企业各个时期的各种费用的构成和水平；②反映了企业生产经营过程中外购材料和燃料费用及职工工资的实际支出，因此可以为企业核定储备资金定额、考核储备资金的周转速度，以及编制材料采购资金计划和劳动工资计划提供资料。

但是，这种分类不能说明各项费用的用途，因此不便于分析各种费用的支出是否节约、合理。

二、费用按经济用途的分类

制造业企业在生产经营中发生的费用，可以分为计入产品成本的生产费用和直接计入当期损益的期间费用两类。下面分别讲述这两类费用按经济用途的分类。

(一)生产费用按经济用途的分类

计入产品成本的生产费用在产品生产过程中的用途也不尽相同，有的直接用于产品生产，有的间接用于产品生产。因此，为了具体反映计入产品成本的生产费用的各种用途，提供产品成本构成情况的资料，还应将其进一步划分为若干个项目，即产品生产成本项目。产品生产成本项目简称产品成本项目或成本项目，就是生产费用按其经济用途分类核算的项目。制造业企业一般应设置以下四个成本项目。

1. 直接材料

直接材料也称原材料，是指直接用于产品生产和构成产品实体的原料、主要材料及有助于产品形成的辅助材料费用。

2. 燃料及动力

燃料及动力也称直接燃料及动力，是指直接用于产品生产的各种燃料和动力费用。

3. 直接人工

直接人工是指直接参加产品生产的工人工资薪酬、福利费，以及企业为职工计提的各项社会保险和住房公积金等。

4. 制造费用

制造费用是指间接用于产品生产的各项费用，以及虽直接用于产品生产，但不便于直接计入产品成本，因而没有专设成本项目的费用(如机器设备的折旧费用)。制造费用包括企业内部生产单位(分厂、车间)的管理人员工资及福利费、固定资产折旧费、租赁费(不包括融资租赁费)、机物料消耗、低值易耗品摊销、取暖费、水电费、办公费、运输费、保险费、设计制图费、试验检验费、劳动保护费、季节性的停工损失及其他制造费用。

企业可根据生产特点和管理要求对上述成本项目做适当调整。对于管理上需要单独反映、控制和考核的费用，以及产品成本中比重较大的费用，应专设成本项目；否则，为了简化核算，不必专设成本项目。

如果废品损失、停工损失在产品成本中所占比重较大，在管理上需要对其进行重点控制和考核，则应单设“废品损失”“停工损失”成本项目。如果工艺上耗用的燃料和动力不多，为了简化核算，可将其中的工艺用燃料费用并入“直接材料”成本项目，将其中的工艺用动力费用并入“制造费用”成本项目。

(二)期间费用按经济用途的分类

制造业企业的期间费用按经济用途不同可分为销售费用、管理费用和财务费用。

1. 销售费用

销售费用是指企业在产品销售过程中发生的费用，以及为销售本企业产品而专设的销售机构的各项经费。它包括运输费、装卸费、包装费、保险费、展览费和广告费，以及为销售本企业产品而专设的销售机构(含销售网点、售后服务网点等)的职工工资及福利费、类似工资性质的费用、业务费等。

2. 管理费用

管理费用是指企业为组织和管理企业生产经营所发生的各项费用，包括企业的董事会和行政管理部门在企业的经营管理中发生的，或者应由企业统一负担的公司经费(包括行政管理部门职工工资、修理费、物料消耗费、低值易耗品推销费、办公费和差旅费等)、工会经费、待业保险费、劳动保险费、董事会费(包括董事会成员津贴、会议费和差旅费等)、聘请中介机构费、咨询费(含顾问费)、诉讼费、业务招待费、技术转让费、矿产资源补偿费、无形资产摊销费、职工教育经费、研究与开发费、排污费、存货盘亏或盘盈(不包括应计入营业外支出的存货损失)。

3. 财务费用

财务费用是指企业为筹集生产经营所需资金而发生的各项费用，包括利息支出(减利息收入)、汇兑损失(减汇兑收益)及相关的手续费。

三、生产费用的其他分类

(一)生产费用按与生产工艺的关系分类

计入产品成本的各项生产费用，按与生产工艺的关系不同可以分为直接生产费用和间接生产费用。直接生产费用是指由生产工艺本身引起的、直接用于产品生产的各项费用，如原料费用、主要材料费用、生产工人工资和机器设备折旧费等。间接生产费用是指与生产工艺没有联系，间接用于产品生产的各项费用，如机物料消耗费、辅助工人工资和车间厂房折旧费等。

(二)生产费用按计入产品成本的方法分类

计入产品成本的各项生产费用，按计入产品成本的方法不同可以分为直接计入费用(一般称为直接费用)和间接计入费用(或称分配计入费用，一般称为间接费用)。直接计入费用是指可以分清哪种产品所耗用、可以直接计入某种产品成本的费用。间接计入费用是指不能分清哪种产品所耗用、不能直接计入某种产品成本，而必须按照一定标准分配计入有关的各种产品成本的费用。

生产费用按与生产工艺的关系分类和按计入产品成本的方法分类之间既有区别又有联系。它们之间的联系表现在：直接生产费用在多数情况下是直接计入费用的，如原料、主要材料费用大多能够直接计入某种产品成本；间接生产费用在多数情况下是间接计入费用，如机物料消耗费用大多需要按照一定标准分配计入有关的各种产品成本。

但它们毕竟是对生产费用的两种不同分类，直接生产费用与直接计入费用，间接生产费用与间接计入费用不能等同。例如，在只生产一种产品的企业(或车间)中，直接生产费用和间接生产费用都可以直接计入这种产品的成本，因而均属于直接计入费用；在用同一种原材料同时生产几种产品的联产品生产企业(或车间)中，直接生产费用和间接生产费用都需要按照一定标准分配计入有关的各种产品成本，因而均属于间接计入费用。

任务四　成本核算的账户设置及一般程序

一、成本核算的账户设置

为了进行成本核算，企业应设置“生产成本”“制造费用”“销售费用”“管理费用”“财务费用”“长期待摊费用”等账户。如果需要单独核算废品损失，还应设置“废品损失”账户。为了分别核算基本生产成本和辅助生产成本，还应在“生产成本”总账账户下分别设置“基本生产成本”和“辅助生产成本”两个二级明细账户，也可以直接把“生产成本”账户分为“基本生产成本”和“辅助生产成本”两个总分类账户进行核算。本书按分设后的两个总分类账户进行介绍。

1. “基本生产成本”账户

基本生产是指为完成企业主要生产目的而进行的产品生产。为了归集基本生产所发生的各种生产费用，计算基本生产产品成本，应设置“基本生产成本”账户。该账户的借方登记企业为进行基本生产而发生的各种费用；贷方登记转出的完工入库的产品成本；余额在借方，表示基本生产的在产品成本，即基本生产在产品占用的资金。

“基本生产成本”账户应按产品品种或产品批别、生产步骤等成本计算对象设置产品成本明细分类账(或称基本生产明细账、产品成本计算单)，账内按产品成本项目分设专栏或专行。其示例如表 1-1 和表 1-2 所示。

如果企业生产的产品品种较多，为了按照产品成本项目(或者既按车间又按成本项目)汇总反映全部产品总成本，还可以设置“基本生产成本二级账”。“基本生产成本二级账”示例如表 1-3 所示。

表 1-1　产品成本明细账(A 产品)

产品名称：A 产品　　　　　　年　月　　　　　　单位：元

摘　　要	直接材料	直接人工	燃料及动力	制造费用	成本合计
月初在产品成本					
本月生产费用					
生产费用合计					
完工产品成本转出					
完工产品单位成本					
在产品成本					

表 1-2　产品成本明细账(B 产品)

产品名称：B 产品　　　　　　年　月　　　　　　单位：元

摘　　要	直接材料	直接人工	燃料及动力	制造费用	成本合计
月初在产品成本					
本月生产费用					
生产费用合计					
完工产品成本转出					
完工产品单位成本					
在产品成本					

表 1-3　基本生产成本二级账

(各批产品总成本)

基本生产车间　　　　　　年　月

摘　　要	直接材料/元	生产工时/时	直接人工/元	燃料及动力/元	制造费用/元	合计/元
累计						
全部产品累计						
间接费用分配率						
本月完工产品转出						
在产品						

2. “辅助生产成本”账户

辅助生产是指为基本生产服务而进行的产品生产和劳务供应。辅助生产所提供的产品和劳务，有时也对外销售，但这不是它的主要目的。为了归集辅助生产所发生的各种生产费用，计算辅助生产所提供的产品和劳务的成本，应设置“辅助生产成本”账户。该账户的借方登记为进行辅助生产而发生的各种费用；贷方登记完工入库产品的成本或分配转出的劳务成本；余额在借方，表示辅助生产在产品的成本，也就是月末辅助生产在产品占用的资金。

“辅助生产成本”账户应按辅助车间和生产的产品、劳务分设明细分类账，账内按辅助生产的成本项目或费用项目分设专栏或专行进行明细登记。

3. “制造费用”账户

为了核算企业为生产产品和提供劳务而发生的各项制造费用，应设置“制造费用”账户。该账户的借方登记实际发生的制造费用；贷方登记分配转出的制造费用；除季节性生产企业外，该账户月末一般无余额。

“制造费用”账户应按车间、部门设置明细分类账，账内按费用项目设立专栏进行明细登记。

4. “废品损失”账户

需要单独核算废品损失的企业，应设置“废品损失”账户。该账户的借方登记不可修复废品的生产成本和可修复废品的修复费用；贷方登记废品残料回收的价值、应收的赔款及转出的废品净损失；该账户月末应无余额。

5. “销售费用”账户

为了核算企业在产品销售过程中所发生的各项费用及为销售本企业产品而专设的销售机构的各项经费，应设置“销售费用”账户。该账户的借方登记实际发生的各项产品销售费用；贷方登记期末转入“本年利润”账户的产品销售费用；期末结转后该账户应无余额。

“销售费用”账户的明细分类账应按费用项目设置专栏，并进行明细登记。

6. “管理费用”账户

为了核算企业行政管理部门为组织和管理生产经营活动而发生的各项管理费用，应设置“管理费用”账户。该账户的借方登记发生的各项管理费用；贷方登记期末转入“本年利润”账户的管理费用；期末结转后该账户应无余额。

“管理费用”账户的明细分类账应按费用项目设置专栏，并进行明细登记。

7. “财务费用”账户

为了核算企业筹集生产经营所需资金而发生的各项费用，应设置“财务费用”账户。该账户的借方登记发生的各项财务费用；贷方登记应冲减财务费用的利息收入、汇兑收益及期末转入“本年利润”账户的财务费用；期末结转后该账户应无余额。

“财务费用”账户的明细分类账应按费用项目设置专栏，并进行明细登记。

8. “长期待摊费用”账户

为了核算企业已经发生但应由本期和以后各期负担的分摊期限 1 年以上的各项费用，如以经营租赁方式租入固定资产的改良支出等，应设置“长期待摊费用”账户。该账户的借方登记实际支付的各项长期待摊费用；贷方登记分期摊销的长期待摊费用；该账户的余额在借方，表示企业尚未摊销的各项长期待摊费用的摊余价值。

“长期待摊费用”账户应按费用种类设置明细账，并进行明细登记。

二、成本核算的一般程序

成本核算的一般程序是指对企业在生产经营过程中发生的各项费用，按照成本核算的要求，逐步进行归集和分配，最后计算出各种产品的成本和各项期间费用的基本过程。根据前文所述的成本核算要求和费用的分类，可将成本核算的一般程序归纳如下。

1. 审核生产费用

对企业的各项支出进行严格的审核和控制，并按照国家的有关规定确定其应否计入产品成本、期间费用。也就是说，要在对各项支出的合理性、合法性进行严格审核、控制的基础上，做好前述费用界限划分的第一和第二两个方面的工作。

2. 确定成本计算对象

成本计算对象是生产费用的承担者，即归集和分配生产费用的对象。确定成本计算对象是计算产品成本的前提。由于企业的生产特点、管理要求、规模大小、管理水平的不同，企业成本计算对象也不相同。对制造业企业而言，产品成本计算的对象包括产品品种、产品批别和产品的生产步骤三种。企业应根据自身的生产特点和管理要求，选择合适的产品成本计算对象。

3. 确定成本项目

成本项目是指生产费用要素按照经济用途划分的若干项目。通过成本项目可以反映成本的经济构成及产品生产过程中不同的资金耗费情况。因此，企业为了满足成本管理的需要，可在直接材料、直接人工、制造费用三个成本项目的基础上进行必要的调整。

4. 确定成本计算期

成本计算期是指成本计算的间隔期，即多长时间计算一次成本。产品成本计算期的确定，主要取决于企业生产组织的特点。通常，在大量、大批量生产的情况下，产品成本的计算期与会计期间一致；在单件、小批量生产的情况下，产品成本的计算期间则与产品的生产周期相一致。

5. 生产费用的归集和分配

生产费用的归集和分配就是将应计入本月产品成本的各种要素费用在各有关产品之间，按照成本项目进行归集和分配。归集和分配的原则为：产品生产发生的直接生产费用作为产品成本的构成内容，直接计入该产品成本；为产品生产服务发生的间接费用，可先按发生地点和用途进行归集汇总，然后再分配计入各受益产品。产品成本计算的过程也就是生产费用的分配和汇总的过程。

6. 计算完工产品成本和月末在产品成本

对于月末既有完工产品又有在产品的产品，其生产费用(月初在产品生产费用与本月生产费用之和)在完工产品与月末在产品之间进行分配，计算出该种产品的完工产品成本和月末在产品成本。这是生产费用在同种产品的完工产品与月末在产品之间纵向的分配和归集，是前述第五个方面费用界限的划分工作。

案例解析

西红柿炒鸡蛋这道菜的成本包括的组成部分不仅仅是番茄和鸡蛋这两个材料成本，材料成本只是其中的一部分。这个案例没有标准的答案，可以引导学生去思考。如果想知道这道菜的成本，还可以从哪些方面去思考？如人工成本、房租成本、厨房设备折旧费等。

项 目 小 结

本项目主要介绍了成本及成本会计的概念，成本会计的对象、职能，阐述了成本会计工作的组织、费用与产品成本之间的关系，重点说明了各种费用界限的划分，详细说明了费用的分类、成本核算的要求及成本核算账户体系和程序，为后面学习相关项目的成本核算的具体方法奠定了理论基础。

项目强化训练

一、单项选择题

1. 产品成本是以货币表现的、为制造产品而耗费的(　　)。
   A. 物化劳动的价值
   B. 活劳动中必要劳动的价值
   C. 生产过程中发生的各种费用
   D. 物化劳动和活劳动中必要劳动的价值之和
2. 成本的作用决定于它的(　　)。
   A. 各项成本数据　B. 补偿作用　C. 经济实质　D. 经济范畴
3. 制定产品价格依据的成本是指(　　)。
   A. 企业的个别成本　B. 可控成本
   C. 目标成本　D. 社会成本或部门平均成本
4. 企业经营管理的核心、出发点和归宿是(　　)。
   A. 不断降低产品成本　B. 努力提高产品质量
   C. 增加产品销售量　D. 提高经济效益
5. 在产品销量、价格和税收一定的情况下，(　　)直接影响着企业的盈利水平。
   A. 产品质量的好坏　B. 产品成本的高低
   C. 企业的经营管理水平　D. 市场占有率
6. 精明的企业领导，在注意发展新技术、开发新产品的同时，还会把目光进一步集中在(　　)上。
   A. 提高产品售价　B. 降低产品成本
   C. 增加产品产量　D. 促进产品升级换代

7. 现代成本会计与传统成本会计区别的主要标志是(　　)。

A. 加强产品成本控制　　B. 把成本的事前、事中、事后核算结合起来

C. 以成本干预生产经营活动　　D. 引进了西方管理会计的方法

8. 一般情况下，企业在对生产经营活动中的重大问题进行决策时，(　　)是选择最优方案时应特别予以考虑的关键问题。

A. 产品质量的好坏　　B. 产品的市场竞争能力

C. 产品成本水平的高低　　D. 产品售价的高低

9. 在成本控制中，(　　)是最重要的环节，直接影响以后产品制造成本和使用成本的高低。

A. 生产过程控制　　B. 设计成本控制

C. 投产前的事前控制　　D. 事后控制

10. 定额是成本管理的基础，是企业决策、计划、预算、分析、考核和控制的依据。因此，定额应当是(　　)。

A. 先进定额　　B. 平均定额

C. 先进平均定额　　D. 人均可达到的定额

11. 直接费用和间接费用的划分是(　　)。

A. 生产费用按照经济用途的分类　　B. 生产费用按其计入成本的方法分类

C. 生产费用按照与产品的关系分类　　D. 生产费用按照与产量的关系分类

12. 为了按月考核和分析产品成本计划的完成情况，企业必须按月结转费用并据以计算产品成本。对于应计入产品成本的费用，首先应(　　)。

A. 正确划分应计入产品成本和不应计入产品成本的费用界限

B. 正确划分各个月份的费用界限

C. 正确划分各种产品的费用界限

D. 正确划分完工产品与在产品的费用界限

13. 产品成本是相对于(　　)而言的。

A. 一定的生产类型　　B. 一定数量和一定种类的产品

C. 一定的会计期间　　D. 一定的会计主体

14. 狭义的成本会计通常是指(　　)。

A. 成本预测　　B. 成本核算　　C. 成本决策　　D. 成本分析

15. 下列支出中，不计入产品成本的有(　　)。

A. 产品生产用材料　　B. 生产车间管理人员的工资

C. 劳资部门的人员工资　　D. 车间生产设备的折旧费

16. 需要在各成本核算对象之间进行分配的生产费用，是指(　　)。

A. 期初在产品成本

B. 本期发生的生产费用

C. 期初在产品成本加上本期发生的生产费用(生产费用合计)

D. 本期发生的生产费用减去期初在产品成本

17. 经营管理费用即期间费用，在发生时应计入(　　)。

A. 基本生产成本　　B. 制造费用　　C. 当期损益　　D. 营业外支出

18. 生产费用分为直接材料费用、直接人工费用、制造费用，是生产费用(　　)标准的

分类。

A. 按经济内容　　B. 按经济用途
C. 按计入产品成本的方法　　D. 按其与产品产量的关系

19. 生产费用按计入产品成本的方法分为(　　)。
A. 直接计入费用和间接计入费用　　B. 要素费用
C. 成本项目　　D. 变动费用和固定费用

20. 大中型企业的成本会计工作一般采取(　　)。
A. 集中工作方式　　B. 统一领导方式
C. 分散工作方式　　D. 会计岗位责任制

二、多项选择题

1. 产品成本的主要作用是(　　)。
A. 补偿生产耗费的尺度
B. 进行成本预测和成本决策的基础
C. 反映和控制各种劳动耗费的综合指标
D. 进行成本控制和考核的依据
E. 制定产品价格的一项重要依据
F. 企业进行生产经营决策的重要数据

2. 提高经济效益是企业经营管理的核心出发点和归宿，其根本途径是(　　)。
A. 努力增加产品产量
B. 提高单位产品售价
C. 生产适销对路的产品，并扩大产品销量
D. 努力提高产品质量，降低产品生产成本
E. 制定合理的产品价格
F. 努力节约销售费用

3. 生产费用按照经济内容分类的项目有(　　)。
A. 直接材料费用　　B. 外购动力　　C. 直接人工费用
D. 折旧费　　E. 其他支出

4. 产品生产过程中耗用的材料是(　　)。
A. 原料　　B. 备品配件　　C. 燃料
D. 动力　　E. 低值易耗品

5. 计入产品生产成本的直接人工费用有(　　)。
A. 基本生产车间管理人员的工资　　B. 基本生产车间工人的工资
C. 辅助生产车间工人的工资　　D. 企业管理人员的工资

6. 某棉纺织厂的各个车间中属于辅助生产车间的是(　　)。
A. 纺纱车间　　B. 织布车间　　C. 整包车间
D. 印染车间　　E. 供电车间　　F. 机修车间

7. 制造业企业的生产经营费用包括(　　)。
A. 生产费用　　B. 销售费用　　C. 管理费用　　D. 财务费用

8. 下列费用中，属于制造费用的有(　　)。
   A. 基本生产车间固定资产折旧费　　B. 辅助生产车间固定资产折旧费
   C. 企业管理部门固定资产折旧费　　D. 基本生产车间的水电费
   E. 辅助生产车间的水电费　　F. 企业管理部门的水电费

9. 按照生产特点和管理要求，制造业企业一般可以设立(　　)成本项目。
   A. 直接材料　　B. 燃料和动力　　C. 直接人工　　D. 制造费用

10. 广义的成本会计不仅包括成本核算，而且包括(　　)。
   A. 成本预测　　B. 成本决策　　C. 成本控制　　D. 成本分析

11. 制造业企业成本会计核算的对象包括(　　)。
   A. 产品生产成本的核算　　B. 管理费用的核算
   C. 销售费用的核算　　D. 财务费用的核算

12. 进行成本分析的依据是(　　)。
   A. 成本决策资料　　B. 成本核算资料
   C. 成本计划资料　　D. 成本控制资料

13. 成本会计机构根据企业生产规模的大小和管理要求,设置核算的形式一般有(　　)。
   A. 集中核算方式　　B. 分散(级)核算方式
   C. 全面核算方式　　D. 分项目核算方式

14. 成本核算的基本要求是(　　)。
   A. 坚持成本核算与管理相结合的原则
   B. 正确确定财产物资的计价和价值结转的方法
   C. 正确划分各种费用界限
   D. 做好成本核算的基础工作

15. 正确划分各种费用界限中，包括(　　)。
   A. 正确划分计入产品成本和不计入产品成本的费用界限
   B. 正确划分各个月份的费用界限
   C. 正确划分各种产品的费用界限
   D. 正确划分完工产品与在产品的费用界限

16. 生产费用按其经济内容的不同可以分为(　　)。
   A. 外购材料费用　　B. 外购动力费用
   C. 直接人工费用　　D. 折旧费用

17. 生产费用按其计入产品成本的方法不同可以分为(　　)。
   A. 直接生产费用　　B. 直接计入费用
   C. 间接生产费用　　D. 间接计入费用

18. 生产费用在本期完工产品和期末在产品之间的分配，必须注意(　　)。
   A. 应按成本项目进行分配　　B. 分配的是生产费用的合计数
   C. 制造费用全部计入完工产品成本　　D. 期间费用全部计入完工产品成本

19. 成本核算的一般程序包括(　　)。
   A. 确定成本核算对象，设置生产成本明细账
   B. 对生产成本进行审核和控制

C. 将计入本期产品成本的费用在各种产品之间进行归集和分配

D. 将计入各种产品成本的费用在本期完工产品和期末在产品之间进行分配，结转完工产品成本

20. 成本会计的职能包括(　　)。

A. 成本预测、决策　　B. 成本核算、分析

C. 成本计划　　D. 成本控制

E. 成本考核

三、判断题

1. 成本是一个普遍的经济范畴，因此凡有经济活动的地方都必须计算和考核成本。(　　)

2. 有没有成本与是否需要核算和考核成本是两个不同的概念，不应混为一谈。(　　)

3. 生产费用按其与工艺过程的关系分类，就是按照生产费用计入产品成本的方法进行的分类。(　　)

4. 生产费用和产品成本都是产品生产过程中发生的各种生产耗费，因此一定时期发生的生产费用就是该时期所发生的产品成本。(　　)

5. 企业一定时期内发生的费用总额不一定等于该时期内发生的生产费用总额，而该时期内发生的费用总额也不一定等于该时期内完工的产品成本。(　　)

6. 生产费用的发生过程也是产品成本的形成过程，它们反映的都是生产过程中物化劳动和活劳动的耗费。(　　)

7. 生产费用的发生直接与一定的期间相联系，而产品成本是为生产一定种类和数量的产品所汇集的对象化的生产费用，它与一定的产品相联系。(　　)

8. 一定时期(月、季、年)的生产费用发生额是构成该时期产品成本的基础。(　　)

9. 由于一定时期的生产费用是构成该时期产品成本的基础，因此生产费用和产品成本都是不跨期的。(　　)

10. 产品成本是以货币表现的，是制造产品而耗费的物化劳动和活劳动的价值之和。(　　)

11. 生产费用按照经济内容的分类，就是将生产费用划分为若干生产费用要素。(　　)

12. 各生产单位(分厂、车间)为组织和管理生产而发生的管理人员工资、职工福利费等费用属于管理费用，应作为期间费用直接计入当期损益。(　　)

13. 要维持企业的生产经营活动，必须对生产中的劳动耗费进行补偿，一定时期生产中劳动耗费的补偿尺度，就是该时期各种生产费用耗费的价值之和。(　　)

14. 制造业企业成本核算的内容就是产品生产成本，即产品成本的核算。(　　)

15. 在产品销售量不变的情况下，产品售价越高，企业的产品销售收入就越高，经济效益也越好。因此，企业在进行生产经营活动的重大决策时，必须以产品售价为依据。(　　)

16. 外购材料费用和直接材料费用是生产费用按照不同的标准分类的结果，二者实质相同，但具体内容不同。(　　)

17. 制造费用和管理费用都是企业为组织、管理生产所发生的费用，二者的内容基本相同，但其发生的范围不同。(　　)

18. 成本分析是对前期成本计划执行结果的总结和评价，因此它不能为进行下期成本预

测、编制下期成本计划提供信息资料。 ( )

19. 成本决策是企业生产经营决策中最重要的决策，因此成本决策是现代成本会计最重要、最基本的内容，是成本会计工作的核心。 ( )

20. 成本是企业内部管理的核心，企业在进行成本核算时只需遵守内部管理制度。( )

21. 生产费用按照经济用途的分类是最基本、最原始的分类。 ( )

22. 产品成本是企业为生产一定种类和数量的产品所发生的各种生产耗费，因此一定时期的产品成本等于一定时期的生产费用。 ( )

23. 按照《企业会计制度》的有关规定，企业可以在“生产成本”一级账户下设置“基本生产成本”二级账户，也可以将“基本生产成本”设置为一级账户。 ( )

24. 期间费用就是企业在一定时期内发生的生产费用。 ( )

25. 如果生产车间只生产一种产品，所发生的制造费用不需分配即可直接转入该种产品的生产成本。 ( )

26. 生产费用是以产品为归集对象，反映企业为生产一定种类和一定数量的产品所支出的各种生产费用的总和。 ( )

27. 企业在生产经营过程中发生的各种费用，全部构成产品的成本。 ( )

28. 在成本会计的各个环节中，成本核算是其他各环节的基础。 ( )

29. 资本性支出应该计入本期产品成本。 ( )

30. 正确计算期末在产品成本，是正确计算本期完工产品成本的关键。 ( )

31. 财产物资的计价和价值结转的方法应既较合理又较简便。 ( )

32. 购置和建造固定资产、购买无形资产等发生的支出，应该计入生产经营管理费用。 ( )

33. 在企业没有专设“燃料和动力”成本项目时，企业发生的燃料费用应计入“直接材料”成本项目。 ( )

34. 成本预测和成本计划是成本会计最基本的任务。 ( )

35. 以已经发生的各项费用为依据，为经济管理提供真实的、可以验证的成本信息资料，是成本会计反映职能的基本方面。 ( )

四、名词解释

生产成本 生产费用 成本预测 成本决策 成本核算 期间费用

五、思考题

1. 简述成本的概念。
2. 产品成本的作用是什么？
3. 简要说明生产费用和产品成本的联系和区别。
4. 如何理解成本会计各职能之间的关系？
5. 企业成本核算的要求有哪些？
6. 成本核算中应划清哪些费用界限？
7. 费用按经济内容划分可以分为哪几类？
8. 如何划分各个会计期间的费用界限？

9. 企业应做好哪些成本核算的基础工作？

10. 简述企业成本核算的一般程序。

11. 为了进行成本核算需要设置哪些账户？

六、单项训练

训练内容 制造成本法成本核算会计科目的设置。

训练资料 某厂设有三个基本生产车间和供电、供水两个辅助生产车间。其中，第一基本生产车间生产A、B产品，第二基本生产车间生产C产品，第三基本生产车间生产D、E、F产品。

训练要求 请根据该厂情况设置“生产成本”总账和明细分类账，并填写表1-4。

表1-4 生产成本账户设置一览表

总 账	二级账	三级明细账(成本计算单)	成本项目

微课视频

扫一扫，获取本项目相关微课视频。

成本及成本会计认知

制造业企业成本核算的要求与费用的分类

成本核算的账户设置及一般程序

项目二

要素费用的核算

【知识目标】

- 了解各种要素费用的一般分配方法。
- 掌握各项要素费用的归集和分配方法。
- 掌握成本项目的确定。
- 了解各项要素费用相关的政策制度。

【技能目标】

- 能填制各种要素费用的分配表。
- 能根据生产情况设置产品的成本项目。
- 能确定各种要素费用归属的成本项目。
- 在要素费用核算过程中能遵守相关成本会计制度。

【素养目标】

- 培养遵纪守法意识，积极践行会计人员“三坚三守”的会计职业道德。
- 培养精益求精的工作作风，提高团队合作意识。
- 培养按劳取酬、多劳多得的劳动观念，提倡劳动最光荣、劳动最美丽；培养创新意识和持续学习理念。

案例引导

张艳在一家生产糕点的公司承担成本核算岗位工作。该公司主要生产蛋糕卷、蛋挞和面包等糕点，原材料主要是面粉和糖。生产糕点的工人有两个，但这两个工人的技术等级不同。

请问：你认为面粉和糖的费用在几种产品之间应如何分配？两个工人的工资应该怎样计算？这些费用如何计入产品的成本？

理论认知

任务一　材料费用的归集与分配

一、要素费用的一般分配方法

(一)基本生产部门发生的要素费用

1. 直接用于产品生产并专门设有成本项目的费用

前述基本生产成本明细账，即产品成本明细账(或产品成本计算单)是按产品品种等成本计算对象设置和登记的，账内按成本项目分设专栏或专行。如果是某一种产品的直接计入费用，如构成产品实体的原材料费用、生产工人工资薪酬、工艺用燃料及动力费用等各种要素费用，应直接记入该种产品成本明细账的“原材料(直接材料)”“燃料及动力”“直接人工”等成本项目；如果是生产几种产品的间接计入费用，则应采用适当的分配方法，分配以后分别记入各该种产品成本明细账的“原材料(直接材料)”“燃料及动力”“直接人工”等成本项目。

2. 用于生产部门组织和管理生产的费用

直接用于产品生产但没有专设成本项目的各项费用，以及基本生产部门组织和管理生产发生的各项费用，则记入“制造费用”总账及所属明细账有关的费用项目进行归集。月末分配记入各种产品“基本生产成本”总账及所属明细账的“制造费用”成本项目。

(二)辅助生产部门发生的要素费用

对于直接或间接用于辅助生产的费用，全部记入“辅助生产成本”总账及所属明细账，或者分别记入“辅助生产成本”和“制造费用”总账及所属明细账有关项目进行归集，“制造费用”账户月末再分配记入“辅助生产成本”总账和所属明细账的“制造费用”成本项目。

(三)销售机构、行政管理部门及筹集资金发生的要素费用

在生产经营过程中发生的用于行政管理部门发生的费用、产品销售发生的费用，以及筹集资金发生的费用，不计入产品成本而应分别记入“销售费用”“管理费用”“财务费用”总账及所属明细账，作为期间费用期末转入“本年利润”账户。

对于购建固定资产的费用、购买无形资产的费用等资本性支出，符合资本化条件的，不计入产品成本和期间费用，记入“在建工程”“无形资产”等科目。

(四)直接用于产品生产的间接计入费用的分配方法

直接用于产品生产的间接计入费用的分配，应选用适当的分配标准(它是指分配依据的标准与分配对象有比较密切的联系，而且分配标准的资料比较容易取得，计算比较简便)进行分配，常见的分配标准主要有三类：①成果类，如产品的重量、体积、面积、产量、产值等；②消耗类，如生产工时、机器工时、生产工资、原材料的消耗量、原材料费用等；③定额类，如定额消耗量、定额费用、定额工时等。费用分配率的计算公式如下。

费用分配率=待分配的费用总额÷分配标准总额

某分配对象应分配的费用=该对象的分配标准额×费用分配率

各项要素费用的分配是通过编制各种费用分配表进行的，根据分配表编制会计分录，并据以登记各种成本、费用总账及所属明细账。

二、材料费用的内容、归集与分类

(一)材料费用的内容

材料是指企业在生产经营过程中耗用的原料及主要材料、辅助材料、外购半成品、修理用备件、包装材料、燃料、周转材料等。不论是耗用的外购材料还是耗用的自制材料，都应按照发生的部门(地点)及用途分别计入产品成本或当期损益。

(1) 原料及主要材料是指经过加工后，构成产品主要实体的各种原料和材料。如纺纱用的棉花、制造机械用的钢材等。

(2) 辅助材料是指直接用于产品生产，有助于产品形成或便于生产，但不构成产品主要实体的各种材料。如印染用的漂白粉和维修机器设备用的润滑油、防腐剂等。

(3) 外购半成品是指从外部购入的，经过加工和装配，构成产品主要实体的半成品及配套件。如生产自行车使用的内胎和外胎等。

(4) 修理用备件(备品备件)是指为修理机器设备和运输设备等而购入的各种备件。如齿轮、轴承、阀门、轮胎等。

(5) 包装材料是指包装用的纸、绳、铁皮、铁丝等。

(6) 燃料是指用以产生热能的各种材料，包括固体燃料、液体燃料和气体燃料。如煤、焦炭、汽油、柴油、天然气等。

(7) 周转材料是指企业能够多次使用、逐渐转移其价值但仍保持其原有形态的不被确认为固定资产的材料。如包装物和低值易耗品。

(二)材料消耗的计量与计价

1. 材料实际成本的确定

材料应当以其实际成本入账。实际成本包括材料的采购成本、材料的加工成本和材料的其他成本。

(1) 材料的采购成本，一般包括采购价格、进口关税和其他税金、运输费、装卸费、保险费及其他可直接归属于材料采购的费用。其中，采购价格是指企业购入材料的发票账单上列明的价款，但不包括按规定可以抵扣的增值税税额；其他税金是指企业购买、自制或委托加工材料发生的消费税、资源税和不能从销项税额中抵扣的增值税进项税额等；其他可直接归属于材料采购的费用是指采购成本中除上述各项费用以外的可直接归属于材料采购的费用，如在材料采购过程中发生的仓储费、包装费、运输途中的合理损耗费用、入库前的挑选整理费用等。

(2) 材料的加工成本，是指在材料的加工过程中发生的追加费用，包括直接人工及按照一定方法分配的制造费用。

(3) 材料的其他成本，是指除采购成本、加工成本以外，使材料达到目前场所和状态所发生的其他支出。

但要注意以下三种情况。

(1) 非正常消耗的直接材料、直接人工和制造费用，应在发生时计入当期损益。

(2) 企业在材料采购入库后发生的仓储费用，应在发生时计入当期损益。

(3) 不能归属于使材料达到目前场所和状态的其他支出，应在发生时计入当期损益。

2. 材料发出的计价方法

(1) 材料采用实际成本核算。它是指每一种材料的收发结存量，都按其在采购(或委托加工、自制)过程中所发生的实际成本进行计价。这种计价方法通常适用于材料品种较少、收发料次数不多的企业。

采用实际成本法进行核算，在材料发出时有四种方法：先进先出法(在物价上涨时，期末存货成本接近市价，而发出成本偏低，利润偏高)、全月一次加权平均法、移动平均法和个别计价法。

(2) 材料按计划成本核算。它是指每一种材料的收发结存量，都按预先确定的计划成本计价。这种计价方法通常适用于材料实际成本变动不大、品种多、收发材料频繁的企业，可以简化材料日常收发核算的工作量。

按照计划成本进行存货核算，要对存货的计划成本和实际成本之间的差异进行单独核算，最终将计划成本调整为实际成本。其计算公式如下。

发出材料实际成本=发出材料计划成本 ± 发出材料应分配的差异额

发出材料应分配的差异额=发出材料计划成本×材料成本差异率

材料成本差异率=(月初结存材料成本差异额+本月收入材料成本差异额)÷(月初结存材料计划成本+本月收入材料计划成本)×100%

为了简化核算，便于及时计算自制材料和委托加工材料的实际成本，上述材料成本差异率计算公式可采用月初数进行计算，其计算公式如下。

材料成本差异率=月初结存材料成本差异额÷月初结存材料计划成本×100%

(三)材料消耗的原始记录

为了正确计算发出材料的价值和产品成本中的材料费用，领发材料必须严格办理凭证手续，生产领用材料使用的原始凭证一般有“领料单”“限额领料单”“领料登记表”三种。

1. 领料单

领料单是一种一次使用的领发料凭证，由领料单位填制，经负责人签章后，据以办理领发材料。其具体格式如表 2-1 所示。

表 2-1 领料单

领料单位： 用途： 日期： 发料仓库：

材料编号	材料类别	名称	规格	计量单位	数 量		成 本	
					请领	实发	单价	金额

发料人： 领料人： 领料单位负责人： 主管：

2. 限额领料单

限额领料单是一种对指定的材料在规定领料限额内，多次使用的领发料凭证。其具体格式如表 2-2 所示。

表 2-2 限额领料单

年 月 日

领料单位： 材料名称： 发料仓库：

计划产量： 单位消耗定额： 编号：

材料编号	材料名称	规格	计量单位	单价	领用限额	全月实用	
						数量	金额
领料日期	请领数量	实发数量	领料人签章		发料人签章	限额结余	
合计							

供应部门负责人： 生产部门负责人： 仓库管理员：

3. 领料登记表

领料登记表是指在企业中，有些材料(如螺丝、螺帽、垫圈等)的领发，次数多、数量零星、价值不高，为了简化手续，对于这类材料，在平时领用时，可以不填制领料单，由领料人在领料登记表上登记领用数量并签章证明，据以办理发料，到月份结束，由仓库根据领料登记表按领料单位和用途汇总填制领料单。其具体格式如表 2-3 所示。

表 2-3　领料登记表

年　月　日

材料类别：　　　　　　　　　　　　　　　　领料单位：
材料编号：　　　　　　　　　　　　　　　　发料仓库：
材料名称规格：　　　　　　　　　　　　　　计量单位：

<table>
<tr><td rowspan="2">日　期</td><td colspan="2">领用数量</td><td rowspan="2">发料人</td><td rowspan="2">领料人</td><td rowspan="2">备　注</td></tr>
<tr><td>当　日</td><td>累　计</td></tr>
<tr><td></td><td colspan="2"></td><td></td><td></td><td></td></tr>
<tr><td></td><td colspan="2"></td><td></td><td></td><td></td></tr>
<tr><td>材料单价</td><td colspan="2"></td><td>合计金额</td><td colspan="2"></td></tr>
</table>

凡已领但月末尚未耗用的材料，都应当办理退料手续，以便如实反映材料的实际消耗，正确计算产品成本中的材料费用。如果余料下个月不再继续使用，应填制退料单(或用红字填制领料单)连同材料退回仓库；如果余料下个月需继续使用，则应办理假退料手续(即于本月底同时填制退料单和下月初的领料单)但材料不退回仓库，其退料单和领料单要送交仓库办理转账。

三、原材料费用的归集与分配

(一)原材料费用的归集

原材料是指企业在生产过程中经过加工改变其形态或性质并构成产品主要实体，或虽不构成产品主要实体，但有助于产品形成的各种原料及主要材料、辅助材料、外购半成品(外购件)、修理用备件(备品备件)、包装材料、燃料等。

企业应设置“原材料”科目核算库存的各种原材料的实际成本或计划成本。借方登记因外购、自制、委托加工完成、其他单位投入、盘盈等原因增加的原材料实际成本或计划成本；贷方登记因领用、发出加工、对外销售及盘亏、毁损等原因减少的库存原材料实际成本或计划成本；月末余额表示库存原材料的实际成本或计划成本。

(二)原材料费用的分配

对生产产品耗用的材料进行分配时，凡属于某种产品或某种劳务耗用的直接材料费用，应直接记入“基本生产成本”或“辅助生产成本”账户的“直接材料”成本项目；对于不能按照产品品种(或成本计算对象)分别领用，而是几种产品共同耗用的原材料，属于间接计入费用，应采用合理的分配方法分配后，再记入各种产品成本的“原材料”成本项目。对于车间、管理部门及其他部门为组织和管理生产领用的材料，应按照费用的发生地点和用途加以归集，再分别计入“制造费用”“管理费用”“销售费用”科目。

间接计入费用的原材料费用分配标准很多，如定额耗用量比例、生产量比例、产品的体积、产品的重量等。企业应根据耗用材料的情况选择一定的标准进行分配。

1. 原材料定额耗用量比例分配法

原材料定额耗用量比例分配法，就是以原材料定额耗用量为分配标准，分配原材料费用的一种方法。这种方法一般在各项材料消耗定额健全且比较准确的情况下采用。其计算公式如下。

某种产品原材料的定额耗用量=该种产品实际产量×单位产品原材料消耗定额

原材料费用分配率=待分配原材料费用总额÷各种产品原材料定额耗用量总额

某种产品应分配的原材料费用=该种产品原材料的定额耗用量×原材料费用分配率

2. 原材料定额费用比例分配法

原材料定额费用比例分配法，是以原材料定额费用为分配标准，分配原材料费用的一种方法。在多种产品耗用多种材料的情况下可采用这种方法。其计算公式如下。

某种产品原材料的定额费用=该种产品实际产量×单位产品原材料费用定额

原材料费用分配率=待分配原材料费用总额÷各种产品原材料定额费用总额

某种产品应分配的原材料费用=该种产品原材料的定额费用×原材料费用分配率

3. 产品重量比例分配法

产品重量比例分配法，是以产品重量为分配标准，分配原材料费用的一种方法。这种方法一般在产品所耗用材料的多少与产品重量有着直接关系的情况下采用。其计算公式如下。

原材料费用分配率=待分配原材料费用总额÷各种产品重量之和

某种产品应分配的原材料费用=该种产品重量×原材料费用分配率

4. 产品产量比例分配法

产品产量比例分配法，是以产品产量为分配标准，分配原材料费用的一种方法。这种方法一般在产品所耗用材料的多少与产品产量有着密切关系的情况下采用。其计算公式如下。

原材料费用分配率=待分配原材料费用总额÷各种产品产量之和

某种产品应分配的原材料费用=该种产品产量×原材料费用分配率

月末应根据领发料凭证编制“材料费用分配表”(或称材料费用汇总分配表)进行分配并进行相应的账务处理。原材料费用分配表的格式如表 2-4 所示。

【例 2-1】盛昌公司于 2024 年 5 月编制了材料费用分配表(见表 2-4)，假设该公司甲、乙产品共同耗用的材料费用为 43 120 元，那么请以产品材料定额耗用量为标准进行分配。

表 2-4　材料费用分配表

2024 年 5 月

应借科目			共同耗用材料费用的分配					直接领用材料/元	合计/元
总账及二级科目	三级明细科目	成本项目	产量/件	单位消耗定额/千克	定额消耗用量/千克	分配率	应分配材料费用/元		
基本生产成本	甲产品	直接材料	3 475	8	27 800	0.98	27 244	36 000	63 244
	乙产品	直接材料	3 240	5	16 200	0.98	15 876	19 500	35 376
	小计				44 000		43 120	55 500	98 620

续表

应借科目			共同耗用材料费用的分配					直接领用材料/元	合计/元
总账及二级科目	三级明细科目	成本项目	产量/件	单位消耗定额/千克	定额消耗用量/千克	分配率	应分配材料费用/元		
辅助生产成本	供水车间	直接材料						12 000	12 000
	修理车间	直接材料						2 400	2 400
	小计							14 400	14 400
制造费用	基本生产车间	机物料消耗						3 800	3 800
管理费用		其他						4 200	4 200
销售费用		其他						5 000	5 000
合计								82 900	126 020

根据表 2-4 所示的“材料费用分配表”分配材料费用计入有关科目，编制会计分录如下。

借：基本生产成本——甲产品(直接材料)　　63 244
　　基本生产成本——乙产品(直接材料)　　35 376
　　辅助生产成本——供水车间　　12 000
　　辅助生产成本——修理车间　　2 400
　　制造费用——基本生产车间　　3 800
　　管理费用　　4 200
　　销售费用　　5 000
　　贷：原材料　　126 020

四、燃料费用的归集与分配

燃料费用的分配程序与方法和原材料相同，可比照上述材料费用分配来进行。

当燃料费用在产品成本中所占比重较大时，可以与动力费用一起专设“燃料及动力”成本项目，并增设“燃料”一级账户，将燃料费用单独进行归集与分配。

直接用于产品生产的燃料，在只生产一种产品或者是按照产品品种(或成本计算对象)分别领用，属于直接计入费用，可以直接记入各种产品成本明细账的“燃料及动力”成本项目；如果不能按照产品品种分别领用，而是几种产品共同耗用的燃料，属于间接计入费用，则应采用适当的分配方法，在各种产品之间进行分配，然后再记入各种产品成本明细账的“燃料及动力”成本项目。

直接用于辅助生产、专设成本项目的燃料费用，用于基本生产和辅助生产但没有专设成本项目的燃料费用，应记入“辅助生产成本”“制造费用”总账账户的借方及其所属明细账有关项目。

用于产品销售及组织和管理生产经营活动的燃料费用则应记入“销售费用”“管理费用”总账账户的借方及所属明细账有关项目。

已领用的燃料费用总额，应记入“燃料”账户的贷方。不设“燃料”账户的，则记入“原材料——燃料”账户的贷方。

【例 2-2】燃料费用的分配如表 2-5 所示。

表 2-5　燃料费用分配表

车间或部门名称：　　　　2024 年 5 月 31 日　　　　单位：元

应借科目		直接计入金额	分配计入		合　计
			定额燃料费用	分配金额（分配率 1.1）	
基本生产成本	甲产品		3 500	3 850	3 850
	乙产品		1 100	1 210	1 210
	小计		4 600	5 060	5 060
辅助生产成本	运输车间	1 600			1 600
合计		1 600		5 060	6 660

根据表 2-5 所示的“燃料费用分配表”分配材料费用计入有关科目，编制会计分录如下。

借：基本生产成本——甲产品　　　　3 850
　　　　　　　　——乙产品　　　　1 210
　　辅助生产成本——运输车间　　　1 600
　　贷：燃料——×燃料　　　　　　　　6 660

五、周转材料的归集与分配

企业的周转材料包括包装物和低值易耗品等，其核算的原理和方法与原材料基本一致，即根据领用周转材料的用途和部门的不同分别记入各有关账户。

低值易耗品是指单位价值低，使用年限短，不能作为固定资产核算的各种用具物品。低值易耗品包括工具、管理用具、玻璃器皿，以及在经营过程中周转使用的包装容器等。低值易耗品收入、发出、结存和摊销的核算，是通过设立“周转材料——低值易耗品”二级账及按类别、品种、规格、使用单位设置三级明细账进行的。低值易耗品日常按实际成本进行核算，也可以按计划成本进行核算，如果按计划成本进行核算则需要设置“材料成本差异——低值易耗品差异”二级科目。

低值易耗品摊销按谁使用谁负担的原则分别记入“制造费用”“管理费用”“销售费用”等账户。在计划成本法下，结转发出低值易耗品摊销也应分配“材料成本差异”，比照原材料核算方法进行。

低值易耗品摊销方法有一次摊销法、分次摊销法和五五摊销法。

(一)一次摊销法

领用时将低值易耗品全部价值计入有关账户。

【例 2-3】盛昌公司低值易耗品采用一次摊销法，基本生产车间本月领用生产工具一批，实际成本为 1 000 元。本月报废以前月份领用的生产工具一批，残料入库作价为 80 元。

1. 生产车间领用

借：制造费用　　　　　　　　　1 000

　　贷：周转材料——低值易耗品　　1 000

用计划成本核算如下。

借或贷：材料成本差异——低值易耗品差异

2. 残料入库

借：原材料　　　　　　　　　　80

　　贷：制造费用　　　　　　　　　80

一次摊销法核算简单，适用于单位价值低、使用期限较短、一次领用数量不多及容易破损的低值易耗品。其缺点是低值易耗品使用时间不止一个月，所以使领用当月费用负担增加，还产生了账外资产。

(二)分次摊销法

领用时将低值易耗品全部价值根据其使用期限的长短，采用分月平均摊销的方法。

【例 2-4】盛昌公司低值易耗品采用分次摊销法，铸造生产车间 1 月领用生产专用模具一批，实际成本 36 000 元，在一年内按月平均分摊。该专用模具本年 12 月报废，残料入库作价 980 元。

1. 领用时

借：周转材料——低值易耗品——在用　　　　36 000

　　贷：周转材料——低值易耗品——在库　　　　36 000

2. 各月分次摊销时

借：制造费用　　　　　　　　　　　　　　3 000

　　贷：周转材料——低值易耗品——摊销　　　　3 000

3. 报废时，残料冲减有关的成本费用

借：原材料　　　　　　　　　　　　　　　980

　　贷：制造费用　　　　　　　　　　　　　　980

借：周转材料——低值易耗品——摊销　　　　36 000

　　贷：周转材料——低值易耗品——在用　　　　36 000

(三)五五摊销法

领用低值易耗品的当月摊销成本的 50%，报废时再摊销成本的 50%。账户设置为“周

转材料——低值易耗品——在用”“周转材料——低值易耗品——在库”“周转材料——低值易耗品——摊销”。

【例 2-5】盛昌公司低值易耗品采用五五摊销法，企业管理部门 1 月领用管理办公柜一批，实际成本 12 000 元，在一年内按五五摊销法分摊。假如该办公柜本年 12 月报废，残料入库作价 200 元。

1. 领用时

借：周转材料——低值易耗品——在用　　12 000
　　贷：周转材料——低值易耗品——在库　　12 000

2. 领用当月摊销成本的 50%

借：管理费用　　6 000
　　贷：周转材料——低值易耗品——摊销　　6 000

3. 报废时，再摊销成本的 50%

借：管理费用　　5 800
　　原材料　　200
　　贷：周转材料——低值易耗品——摊销　　6 000

4. 报废同时冲在用

借：周转材料——低值易耗品——摊销　　12 000
　　贷：周转材料——低值易耗品——在用　　12 000

(四)包装物的核算

包装物是包装本企业产品，并随同产品出售、出租、出借的包装容器。其核算内容有：①生产过程包装产品，作为产品成本组成部分；②包装销售产品，不单独计价；③包装销售产品，单独计价；④出租、出借的包装物。

账户设置为：“周转材料——包装物”“基本生产成本”“制造费用”“管理费用”。摊销方法有一次摊销法、分次摊销法等。

1. 生产过程领用包装产品，作为产品成本的组成部分

借：生产成本——基本生产成本
　　贷：周转材料——包装物

2. 随同产品销售，不单独计价的包装物

借：销售费用
　　贷：周转材料——包装物

3. 随同产品销售，单独计价的包装物

借：银行存款
　　贷：其他业务收入

应交税费——应交增值税

借：其他业务成本

贷：周转材料——包装物

4. 出租收取租金用“其他业务收入”账户

结转包装物摊销用“其他业务成本”账户，出借收取押金用“其他应付款”账户。

任务二　职工薪酬费用的归集与分配

一、职工薪酬的内容

职工薪酬是指企业为获得职工提供的服务而给予各种形式的报酬及其他相关支出。从薪酬涵盖的时间和支付形式来看，职工薪酬包括企业职工在职期间和离职后给予的所有货币性薪酬和非货币性福利；从薪酬支付的对象来看，职工薪酬包括提供给职工本人及其配偶、子女或其他被赡养人的福利。

职工是指与企业订立劳动合同的所有人员，含全职、兼职和临时职工，也包括虽未与企业订立劳动合同，但由企业正式任命的企业治理层和管理层人员，如董事会成员、监事会成员等，同时还包括在企业的计划和控制下，虽未与企业订立劳动合同或未由企业正式任命，但为企业提供与职工类似服务的人员，如劳务用工合同人员。

职工薪酬包括以下几种。①职工工资、奖金、津贴和补贴。②职工福利费。③医疗保险费、养老保险费、失业保险费、工伤保险费和生育保险费等社会保险费。④住房公积金。⑤工会经费和职工教育经费。⑥非货币性福利。⑦因解除与职工的劳动关系而给予的补偿。⑧其他与获得职工提供的服务相关的支出。

二、工资薪金的组成

工资薪金是职工薪酬的主要构成内容，是各单位在一定时期内直接支付给本单位全部职工的劳动报酬的总额。其组成如下。

1. 计时工资

计时工资是指按计时工资标准和工作时间支付给职工个人的劳动报酬。工资标准是指每一职工在单位时间内应得的工资额。

2. 计件工资

计件工资是指对已做工作按计件单价支付给职工个人的劳动报酬。

3. 奖金

奖金是指支付给职工个人的超额劳动报酬和增收节支的劳动报酬。它包括生产奖、节约奖、劳动竞赛奖等。

4. 津贴和补贴

津贴和补贴是指为补偿职工特殊或额外的劳动消耗和其他特殊原因而支付给职工的津贴，以及为保证职工工资水平不受物价影响而支付给职工个人的物价补贴。

5. 加班工资和加点工资

加班加点工资是指按规定支付给职工个人的加班工资和加点工资。

《中华人民共和国劳动法》(以下简称《劳动法》)第四十四条规定如下。

(1) 安排劳动者延长工作时间的，支付不低于工资的百分之一百五十的工资报酬。

(2) 休息日安排劳动者工作又不能安排补休的，支付不低于工资的百分之二百的工资报酬。

(3) 法定休假日安排劳动者工作的，支付不低于工资的百分之三百的工资报酬。

例如，某企业职工春节长假八天都加班，那么前四天是法定节假日(即除夕、春节、初二、初三)拿三薪(即百分之三百的日工资)，后四天是双休日调休(即初三至初六)拿双薪(即百分之二百的日工资)。

6. 特殊情况下支付的工资

特殊情况下支付的工资是指根据国家法律、法规和政策的规定，由于疾病、工伤、产假、计划生育假、婚丧假、探亲假、定期休假、停工学习、执行国家或社会义务等按计时工资标准或这一指标的一定比例支付的工资，以及附加工资和保留工资等。

三、工资薪金的原始记录

考勤记录、产量和工时记录等是人工费用核算的最基本的原始记录。

(一)考勤记录

考勤记录是反映企业职工出勤和缺勤的记录。它是计算职工工资和分配工资费用的依据。

考勤记录的形式有考勤簿和考勤卡两种。考勤簿是按车间、部门设置，根据各单位在册人员的编号、性质逐日登记，月末对该月个人出勤情况进行归类汇总登记。考勤卡是按人设置，每年一张，在每年年初或职工调入时开设。采用这种考勤形式时，月终由考勤人员负责汇总并统计出每位职工全月的出勤情况。

除上述两种考勤形式外，有些单位还会根据企业的具体情况，采用翻牌法或移牌法和打卡机打卡计时法等。

(二)产量和工时记录

产量和工时记录是登记每一位工人或每一个生产小组在出勤时间内完成产品的数量、质量和单位产品耗用工时数量的原始记录。它为计算计件工资和在各产品间按工时分配费用提供依据，也是考核工时定额、明确生产工人的责任、考核劳动生产率水平的依据。产量和工时记录一般包括工作通知单、工序进程单和工作班产量和工时记录。

1. 工作通知单

工作通知单也称派工单、工票，是根据生产作业计划的安排，以每位工人或每个生产小组的工作为对象进行设置，以此来分配生产任务，是记录产量和工时的原始凭证。

2. 工序进程单

工序进程单也称加工路线单，是记录投入生产的每一批产品的整个工艺过程情况的原始凭证。

3. 工作班产量和工时记录

工作班产量和工时记录简称生产班报告，是记录一个班组在工作班(一般为 8 小时)内生产产品的数量和所用工时数量的原始凭证。

四、工资薪金的计算方法

(一)计时工资薪金的计算

实行计时工资制的企业，每月应付给职工的工资数是根据每一位职工的工资等级、工资标准、出勤情况和其他有关规定进行计算的。但由于当月职工的出勤情况要到月底才能统计出来，因此在实际工作中计算本月应付工资时，往往是根据上个月考勤记录确定应扣缺勤和应增加班工资等。

计时工资薪金的计算有月薪制和日薪制两种计算方法。

1. 月薪制

月薪制是指按职工的月标准薪金，扣除缺勤薪金，计算其应付工资薪金的一种方法。采用月薪制，不论该月是多少天，只要职工出全勤，就可以得到全勤工资薪金。如有缺勤，则应从月标准工资薪金中扣除缺勤薪金。因此，月薪制又称为“扣缺勤法”。其计算公式如下。

应付计时工资薪金=月标准工资+奖金+各种工资性津贴-(事假日数×日工资标准)-(病假日数×日工资标准×病假应扣工资比例)

上列公式中的日工资标准的计算如下。

日工资标准=月标准工资÷平均每月工作日数

上列公式中日工资标准有如下两种计算方法。

(1) 按全年平均月计薪天数计算。

日工资薪金按月计薪天数 21.75[月计薪天数=(365 天-52×2 天)÷12 月]折算。即用月工资薪金收入除以全年平均月计薪天数计算。其计算公式如下。

日工资薪金=月工资薪金÷21.75

采用这种方法计算日工资薪金的，双休日不付工资薪金，缺勤期间是双休日的，不扣工资薪金。

根据《关于职工全年月平均工作时间和工资折算问题的通知》第五十一条规定，每周两天双休不计入薪酬计算天数，法定节假日可计入薪酬计算天数，用人单位应当依法支付工资，即折算日工资、小时工资时不剔除国家规定的 13 天法定节假日。因此，月制度计薪日为 21.75[(365−52×2)÷12]天，月制度工作日为 20.67[(365−52×2−13)÷12]天。“制度计薪日”直接用于日工资、加班工资计算等方面；“制度工作日”则主要用于工时管理，是判断超时加班的标准。

(2) 按全年平均每月日历日数计算。

按全年平均每月日历日数计算日工资薪酬，是根据月工资薪酬收入除以全年平均每月日历日数计算的。其计算公式如下。

日工资薪金=月工资薪金÷30

采用这种方法计算时，日工资薪金包括双休日的工资薪金，缺勤期间若是双休日，照扣工资薪金。

2. 日薪制

日薪制也称日工资薪金率或工资标准，是指按职工实际出勤日数和日工资薪金率计算其应付工资薪金的一种方法。其计算公式如下。

应付计时工资薪金=(出勤日数×日工资标准)+奖金+各种工资性津贴+(病假日数×日工资标准×病假应发工资比例)

上列公式中的日工资标准的计算如下。

日工资标准=月标准工资÷平均每月工作日数

根据《全国年节及纪念日放假办法》的规定，现行法定节假日全年共 13 天。

元旦：放假 1 天(1 月 1 日)。

春节：放假 4 天(农历除夕、正月初一、初二、初三)。

清明节：放假 1 天(农历清明当日)。

劳动节：放假 2 天(5 月 1 日、2 日)。

端午节：放假 1 天(农历端午当日)。

中秋节：放假 1 天(农历中秋当日)。

国庆节：放假 3 天(10 月 1 日、2 日、3 日)。

【例 2-6】假设某企业职工张云月标准工资为 2 400 元，张云 7 月出勤情况如下：病假 2 天，事假 1 天，星期休假 8 天，实际出勤 20 天。按工龄，张云病假工资按标准工资的 90%计算，且该职工缺勤期间没有双休日。则张云 7 月计时工资如下。

(1) 按 30 天计算日工资率，按缺勤日数扣月标准工资。

日工资率=2 400÷30=80(元/天)

应扣病假工资=80×2×(1−90%)=16(元)

应扣事假工资=80×1=80(元)

应付计时工资=2 400−16−80=2 304(元)

(2) 按 30 天计算日工资率，按出勤日数计算月工资。

应付出勤工资=80×(20+8)=2 240(元)

应付病假工资=80×2×90%=144(元)

应付计时工资=2 240+144=2 384(元)

(1)(2)两种方法下计算的应付工资并不相同，相差 80 元，即一天的工资，这是因为日工资率按 30 天计算，而 7 月实际天数为 31 天。

(3) 按 21.75 天计算日工资率，按缺勤天数扣月标准工资。

日工资率=2 400÷21.75=110.34(元)

应扣病假工资=110.34×2×(1−90%)=22.07(元)

应扣事假工资=110.34×1=110.34(元)

应付计时工资=2 400−110.34−22.07=2 267.59(元)

(4) 按 21.75 天计算日工资率，按出勤天数计算月工资。

应付出勤工资=110.34×20=2 206.80(元)

应付病假工资=110.34×2×90%=198.61(元)

应付计时工资=2 206.80+198.61=2 405.41(元)

(3)(4)两种方法计算的应付工资也不相同，相差 137.82 元，即 1.25 天的工资，这是因为日工资率是按 21.75 天计算，而 7 月的计薪天数为 23 天。

从上述计算中可以看出，同一职工同一月份的计时工资，四种方法计算的结果一般都不相同。因此，单位可自行选择其中一种方法计算计时工资，一旦确定，不应任意变动。

(二)计件工资薪金的计算

实行计件工资制的企业或车间，每月应付给职工的工资是根据产量凭证记录中每一个工人制造完成的合格数量，乘以规定的计件单价计算标准工资。计件工资薪金按照支付对象的不同，可分为个人计件工资薪金和集体计件工资薪金。

1. 个人计件工资薪金的计算

在计算计件工资薪金时，对于材料缺陷等客观原因产生的废品，即料废，应照付计件工资薪金；对于工人加工过失等原因产生的废品，即工废，则不应支付计件工资薪金。计件工资薪金一般只适用于生产工人工资薪金的计算。其计算公式如下。

应付计件工资薪金=Σ[(合格品数量+料废品数量)×计件单价]

企业按规定计算出每一位职工的应付工资薪金后，应在规定日期发放给职工。若有企业代扣的各种保险、住房公积金等及为职工代缴税金等款项，则实发工资=应发工资−代扣款项。企业为了办理工资结算手续，一般可按车间、部门编制“工资结算单”，并汇总编制“工资薪金结算汇总表”计算每一位职工的应付工资、代扣款项和实发工资。工资结算单格式如表 2-6 所示，工资薪金结算汇总表格式如表 2-7 所示。

表 2-6　工资结算单

单位：××车间　　　　年　　月　　　　单位：元

编号	姓名	工资标准	日工资率	工种补贴	物价补贴	……	奖金	缺勤减发工资		应付工资	代扣款项		实发工资	收款人签章
								事假旷工金额	病假金额		保险等	合计		
1														
2														
…														

表 2-7　工资薪金结算汇总表

年　月　　　　单位：元

单位人员类别	标准工资	加班工资	工种补贴	物价补贴	夜班津贴	奖　金		缺勤减发工资		应付工资	代扣款项		实发工资
						综合奖	单项奖	事假旷工	病假		保险等	合计	
××车间													
生产工人													
管理人员													
小计													
企业管理部门													
企业销售部门													
小计													
合计													

【例 2-7】某企业职工李明本月生产甲、乙两种产品：生产甲产品 400 件，均为合格品；生产乙产品 312 件，其中合格品 300 件、料废品 10 件、工废品 2 件。两种产品的工时定额分别为 0.3 小时和 0.4 小时，该职工的小时工资率为 10 元/时。企业本月应付李明的计件工资计算如下。

甲产品的计件单价=0.3×10=3(元/件)

乙产品的计件单价=0.4×10=4(元/件)

甲产品的计件工资=3×400=1 200(元)

乙产品的计件工资=4×(300+10)=1 240(元)

本月企业应付李明的计件工资=1 200+1 240=2 440(元)

2. 集体计件工资薪金的计算

对于个人无法独立完成而必须由班组成员协同完成的计件工资，首先按完成的产品数量乘以规定的计件单价计算支付的班组工资额，然后在班组各成员之间进行分配。其计算公式如下。

工资分配率=班组计件工资总额÷小组计时工资总额

个人应得计件工资=个人应得计时工资×工资分配率

【例 2-8】2024 年 5 月某生产班组 3 人共同完成某生产任务，按产品定额人工费计算，共得计件工资 5 957 元，有关资料及个人应得工资如表 2-8 所示。

集体计件工资薪金的方法能够充分体现班组内成员的技术水平，小时工资率是通过每人月工资标准分别计算的，这种分配方法比较合理。

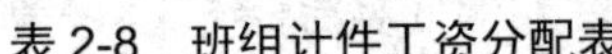
表 2-8 班组计件工资分配表

班组：第 1 生产小组　　　　　　　　2024 年 5 月 31 日

姓名	小时工资率	实际工作/时	计时工资/元	计件工资分配率	应得计件工资/元
张硕	15	200	3 000		3 450
程晨	10	130	1 300		1 495
林希	8	110	880		1 012
合计			5 180	1.15	5 957

五、职工薪酬的归集与分配

(一)工资薪金费用的归集与分配

为了如实反映企业与职工之间各项工资薪金费用的结算情况，企业应设置“应付职工薪酬”账户。该账户属于负债类账户，用来核算企业根据有关规定应付给职工的各种薪酬。本账户可设置“工资”“职工福利费”“社会保险费”“住房公积金”“工会经费”“职工教育经费”“非货币性福利”“辞退福利”等项目进行明细核算。

企业每月发生的工资薪金费用，应按其发生的地点和用途进行分配。直接生产工人的工资薪金费用应记入“基本生产成本”或“辅助生产成本”账户的借方；车间管理人员的工资薪金费用应记入“制造费用”账户的借方；行政管理人员的工资薪金费用应记入“管理费用”账户的借方；专设销售机构人员的工资薪金费用应记入“销售费用”账户的借方。根据工资薪金费用总额贷记“应付职工薪酬”账户。

需要注意的是，在计时工资薪金制度下，对于生产车间发生的工资薪金费用，如果只用于生产一种产品，则直接计入该产品的“直接人工”成本项目中；如果是计时工资、奖金、津贴和补贴及特殊情况下支付的工资等，在生产多种产品时属于间接计入费用，应按产品的生产工时、机器工时、定额工时比例等分配标准，计算分配计入“基本生产成本”总账及所属相应的产品成本明细账的“直接人工”项目。其计算公式如下。

工资薪金费用分配率=生产工人工资薪金费用总额÷各种产品实际(或定额)工时之和

某种产品应分配工资薪金费用=该种产品生产实际(定额)工时×工资薪金费用分配率

根据以上分配原则和“工资薪金结算汇总表”及其他有关资料，即可编制“工资薪金费用分配表”，据以进行总分类核算。

【例 2-9】盛昌公司 2024 年 5 月生产工人工资为 180 600 元，基本生产车间管理人员工资为 20 800 元，运输车间人员工资为 18 900 元，厂部管理部门人员工资为 35 000 元。生产甲产品耗用实际工时为 3 800 小时，乙产品耗用实际工时为 2 200 小时，生产工人工资按甲、乙产品耗用实际工时比例分配。要求：编制工资费用分配表(分配率保留两位小数)。

(1) 盛昌公司工资薪金费用的归集与分配过程如表 2-9 所示。

(2) 根据工资薪金费用分配表编制会计分录如下。

借：基本生产成本——甲产品（直接人工）　　　　114 380

　　　　　　　　——乙产品（直接人工）　　　　 66 220

制造费用——基本生产车间　　20 800
辅助生产成本——工资　　18 900
管理费用——工资　　35 000
贷：应付职工薪酬——工资　　255 300

表 2-9　工资薪金费用分配表

2024 年 5 月 31 日

应借账户		直接计入/元	分配计入			合　计
			分配标准/时	分配率	分配金额/元	
基本生产成本	甲产品		3 800	30.10	114 380	114 380
	乙产品		2 200		66 220	66 220
	小计		6 000		180 600	180 600
制造费用		20 800				20 800
辅助生产成本		18 900				18 900
管理费用		35 000				35 000
合计		74 700			180 600	255 300

(二)其他薪酬费用的归集与分配

计量除工资薪金之外的其他薪酬时，国家规定了计提基础和计提比例的，应当按照国家规定的标准计提，如应向社会保险经办机构等缴纳的医疗保险费、养老保险费、失业保险费、工伤保险费、生育保险费等社会保险费；应向住房公积金管理机构缴存的住房公积金；以及工会经费和职工教育经费等。没有规定计提基础和计提比例的，企业应当根据历史经验数据和实际情况，合理预计当期应付职工薪酬。当期实际发生金额大于预计金额的，应当补提职工薪酬；当期实际发生金额小于预计金额的，应当冲回多提的职工薪酬。

企业以自产产品作为非货币性福利发放给职工的，应当根据受益对象，按照该产品的公允价值计入相关资产成本或当期损益，同时确认应付职工薪酬。

企业将拥有的房屋等资产无偿提供给职工使用的，应当根据受益对象，将该住房每期应计提的折旧计入相关资产成本或当期损益，同时确认应付职工薪酬。企业租赁房屋等资产给职工无偿使用的，应当根据受益对象，将每期应付的租金计入相关资产或当期损益并确认应付职工薪酬。

任务三　外购动力费用的归集与分配

外购动力费用是指从外部购买的各种动力，如电力、蒸气等所支付的费用。按外购动力的受益对象，一般直接借记有关成本、费用账户，贷记“银行存款”账户。但为贯彻权责发生制原则，可将本月所支付的外购动力费用暂借记为“应付账款”账户，月末分配动力费用时再贷记“应付账款”。

外购动力有的直接用于产品生产，如生产工艺用电力；有的间接用于产品生产，如生产照明用电力；有的则用于经营管理，如企业行政管理部门照明用电力等。这些动力费用的分配，在有计量仪器记录的情况下，直接根据仪器所示的耗用动力的数量及动力单价计算；在没有仪器记录的情况下，可按生产工时的比例、机器工时的比例或定额消耗量的比例分配。

直接用于产品生产的动力费用，应记入“基本生产成本”总账和所属明细账的“燃料及动力”成本项目；直接用于辅助生产的动力费用，应记入“辅助生产成本”总账和所属明细账的“燃料及动力”成本项目；用于车间管理、厂部管理、销售机构等的动力费用，应分别记入“制造费用”“管理费用”“销售费用”账户。外购动力费用总额应根据有关凭证记入“应付账款”或“银行存款”账户的贷方。

【例 2-10】外购动力费用的分配如表 2-10 所示。

表 2-10　外购动力费用分配表

车间或部门名称：　　　　　　　　2024 年 5 月 31 日

应借科目		成本或费用项目	生产工时(分配率 0.6)	度数(分配率 0.4)	合　计
基本生产成本	甲产品	燃料及动力	45 000 小时		27 000
	乙产品	燃料及动力	30 000 小时		18 000
	小计		75 000 小时		45 000
辅助生产成本	供电车间	动力费用		5 000	2 000
	供水车间	动力费用		3 000	1 200
	小计			8 000	3 200
制造费用		动力费用		7 000	2 800
管理费用		动力费用		5 000	2 000
销售费用		动力费用		4 000	1 600
合计			75 000 小时	24 000	54 600

动力费用分配率：45 000÷(45 000+30 000)=0.6

甲产品动力费用：45 000×0.6=27 000(元)

乙产品动力费用：30 000×0.6=18 000(元)

根据上述费用分配表编制会计分录如下。

借：基本生产成本——甲产品　　　　27 000
　　　　　　　　——乙产品　　　　18 000
　　辅助生产成本——供电车间　　　2 000
　　　　　　　　——供水车间　　　1 200
　　制造费用　　　　　　　　　　　2 800
　　管理费用　　　　　　　　　　　2 000
　　销售费用　　　　　　　　　　　1 600
　　贷：应付账款——×供电局　　　　　54 600

待到实际支付电费时：

借：应付账款——×供电局 54 600
　　贷：银行存款 54 600

任务四 其他要素费用的归集与分配

一、折旧计提的归集与分配

(一)影响折旧计提的因素

折旧费用是指固定资产在生产经营过程中，由于发生损耗而逐渐地、部分地转移到产品成本中去的那一部分价值。影响折旧计提的因素如下。

(1) 固定资产原价。

(2) 固定资产的预计净残值。

(3) 固定资产减值准备。它是指固定资产已计提的固定资产减值准备累计金额。

(4) 固定资产的使用寿命。

企业应当根据固定资产的性质和使用情况，合理确定固定资产的使用寿命和预计净残值。固定资产的使用寿命、预计净残值一经确定，不得随意变更。

(二)固定资产折旧的计提范围

企业应当对所有的固定资产计提折旧。但是，已提足折旧仍继续使用的固定资产和单独计价入账的土地除外。因进行大修理而停用的固定资产，应当计提折旧，计提的折旧计入相关资产成本或当期损益。

(1) 固定资产应当按月计提折旧。当月增加的固定资产，当月不计提折旧，从下月起计提折旧；当月减少的固定资产，当月仍计提折旧，从下月起不计提折旧。

(2) 固定资产已提足折旧后，无论能否继续使用，均不再计提折旧，提前报废的固定资产不再补提折旧。

(3) 已达到预定可使用状态但尚未办理竣工决算的固定资产，应当按照估计价值确定其成本，并计提折旧，待办理竣工决算后，再按实际成本调整原来的暂估价值，但不需要调整已计提的折旧额。

(三)固定资产折旧的方法

企业应当根据与固定资产有关的经济利益的预期实现方式，合理地选择固定资产折旧方法。可选用的折旧方法包括年限平均法、工作量法、双倍余额递减法和年数总和法等。固定资产的折旧方法一经确定，不得随意变更。

(四)折旧费用的归集与分配

企业对于按规定计提的折旧费用，应当根据固定资产的使用地点和用途进行归集与分配，分别计入相关资产的成本或当期损益。

(1) 企业基本生产车间所使用的固定资产，其计提的折旧应记入“制造费用”科目的借方。

(2) 管理部门所使用的固定资产，其计提的折旧应记入“管理费用”科目的借方。

(3) 销售部门所使用的固定资产，其计提的折旧应记入“销售费用”科目的借方。

(4) 自行建造固定资产过程中使用的固定资产，其计提的折旧应记入“在建工程”科目的借方。

(5) 经营租出的固定资产，其计提的折旧应记入“其他业务成本”科目的借方。

(6) 未使用的固定资产，其计提的折旧应记入“管理费用”科目的借方。

计提的折旧总额记入“累计折旧”科目的贷方。

折旧费用的归集通常是采用“固定资产折旧计算表”进行的，而折旧费用的分配是通过编制“固定资产折旧费用分配表”进行的。

【例 2-11】 固定资产折旧计算如表 2-11 所示，固定资产折旧费用分配如表 2-12 所示。

表 2-11　固定资产折旧计算

甲车间　　2024 年 5 月

固定资产类别	折旧率/‰	上月计提		上月增加		上月减少		本月应提	
		原价/元	折旧额/元	原价/元	折旧额/元	原价/元	折旧额/元	原价/元	折旧额/元
房屋	2.5	250 000	625	54 000	135			304 000	760
机器设备	5.0	370 000	1 850	80 000	400	24 000	120	426 000	2 130
合计		620 000	2 475	134 000	535	24 000	120	730 000	2 890

表 2-12　固定资产折旧费用分配

2024 年 5 月　　单位：元

会计科目	明细科目	费用项目	分配金额
制造费用	基本生产车间	折旧费	10 000
辅助生产成本	供电车间	折旧费	2 000
	机修车间	折旧费	4 000
管理费用		折旧费	6 000
合计			22 000

根据固定资产折旧费用分配表编制计提折旧的会计分录如下。

借：制造费用——基本生产车间　　10 000
　　辅助生产成本——供电车间　　2 000
　　　　　　　　——机修车间　　4 000
　　管理费用——折旧费　　6 000
　　贷：累计折旧　　22 000

二、利息费用的归集与分配

利息费用属于经营管理费用中的财务费用，一般按季支付，季末结算或到期还本付息。

企业一般采用预提利息费用的办法分月按计划预提，实际支付时冲减应付利息。

每月预提利息时，应借记“财务费用”总账科目及所属明细账的“利息支出”费用项目，贷记“应付利息”科目；季末实际支付利息费用时，应借记“应付利息”科目，贷记“银行存款”科目。会计处理如下。

(1) 每月预提利息费用时的会计分录。

借：财务费用

　　贷：应付利息

(2) 季末实际支付全季利息费用时的会计分录。

借：应付利息

　　贷：银行存款

三、其他费用的归集与分配

其他费用是指除前文所述各要素以外的费用，企业应在发生时，按照发生的车间、部门和用途分配。

(1) 属于基本生产车间发生的，如基本生产车间的报纸和杂志费、差旅费等，应记入“制造费用”总账及所属明细账的有关项目。

(2) 属于辅助生产车间发生的，应记入“辅助生产成本”总账及所属明细账的有关项目。

(3) 属于行政管理部门发生的，应记入“管理费用”总账及所属明细账的有关项目。

(4) 属于销售部门发生的，应记入“销售费用”总账及所属明细账的有关项目。

案例解析

产品的主要品种有三种，即蛋糕卷、蛋挞和面包，共同耗用的原材料为面粉和糖，但是不同产品耗用的比重不一样，应按比例分配。生产工人有两个，工资应按照工作量和工作等级的不同来分配，材料费用和人工费用应在各种产品之间分配以后，分别计入每种产品的成本中去。

项目小结

制造业企业的产品成本是由材料费用、工资费用、动力费用及其他费用等要素费用构成的，所以进行产品成本的核算必须从材料费用、工资费用、动力费用及其他费用等要素费用分配的核算开始。本项目主要介绍了各项要素费用的横向归集和分配，也就是将生产过程中发生的费用转化为产品成本和期间费用的过程，是成本核算中最基础的内容。本项目重点阐述了直接计入费用和间接计入费用的分配方法，材料费用、外购动力费用的分配和核算方法，计时工资、计件工资的分配和核算方法，以及其他要素费用的分配方法。

项目强化训练

一、单项选择题

1. 下列各项中，不计入直接人工成本项目的有(　　)。

A. 产品生产工人工资

B. 车间管理人员工资

C. 支付生产工人的职工福利费

D. 产品生产工人的奖金

2. 分配结转外购动力费用时，会计分录中不可能出现的贷方科目有(　　)。

A. 银行存款　　B. 应收账款　　C. 应付账款　　D. 预付账款

3. 下列分配方法中，不宜作为原材料费用分配方法的有(　　)。

A. 重量分配法　　B. 生产工人工时分配法

C. 系数分配法　　D. 定额消耗量比例分配法

4. 根据“工资结算汇总表”和“直接人工费用分配表”进行分配结转工资账务处理时，会计分录不可能对应的借方科目有(　　)。

A. 生产成本　　B. 制造费用　　C. 管理费用　　D. 财务费用

5. 对外购动力的分配，应借记有关的成本费用账户，贷记(　　)账户。

A. “应付账款”　　B. “制造费用”

C. “生产成本——基本生产成本”　　D. “生产成本——辅助生产成本”

6. 某企业采用平均年限法计提折旧。某项固定资产原值为10 000元，预计净残值率为4%，预计使用年限为10年。该固定资产于2014年5月购入并开始使用，2024年报废。报废时已提折旧为(　　)元。

A. 9 600　　B. 9 700　　C. 9 840　　D. 10 000

7. 某企业支付水电费35 000元，以转账支票支付，会计记账时应记入的账户是(　　)。

A. “管理费用”　　B. “制造费用”

C. “应付职工薪酬”　　D. “应付账款”

8. 在企业未设置“燃料及动力”成本项目的情况下，生产车间发生的直接用于产品生产的动力费用，应借记的账户是(　　)。

A. “管理费用”　　B. “基本生产成本”

C. “生产费用”　　D. “制造费用”

9. 产品生产领用低值易耗品时，应记入(　　)账户。

A. “制造费用”　　B. “基本生产成本”

C. “管理费用”　　D. “辅助生产成本”

10. 企业为筹集资金而发生的手续费，应借记(　　)。

A. “制造费用”科目　　B. “财务费用”科目

C. “管理费用”科目　　D. “销售费用”科目

11. 下列各项中，属于管理费用的有(　　)。

A. 企业专设销售部门人员的工资　　B. 产品广告费用

C. 企业的职工教育经费　　D. 车间的办公费用

12. 下列各项中，属于直接生产费用的是(　　)。

A. 生产车间厂房的折旧费

B. 产品生产用设备的折旧费

C. 企业行政管理部门固定资产的折旧费

D. 生产车间的办公费用

13. 某企业固定资产采用年限平均法计提折旧，某类固定资产残值率为 5%，预计使用 15 年，则年折旧率为(　　)。

A. 6.67%　　B. 6.33%　　C. 5.37%　　D. 6%

14. 材料费用的分配方法有(　　)。

A. 约当产量比例法　　B. 定额耗用量比例分配法

C. 生产工时比例分配法　　D. 直接分配法

15. 在“基本生产成本”账户中归集的材料费用是(　　)。

A. 生产产品领用的原材料　　B. 行政管理部门领用的原材料

C. 生产车间一般消耗的材料　　D. 辅助生产领用的原材料

16. 基本生产车间的一般性消耗材料，应记入(　　)账户。

A. “基本生产成本”　　B. “管理费用”

C. “制造费用”　　D. “销售费用”

17. 季节性生产和固定资产修理而引起的停工期间发生的一切费用，应记入(　　)账户。

A. “基本生产成本”　　B. “辅助生产成本”

C. “制造费用”　　D. “停工损失”

18. 月末结转财务费用时，应从“财务费用”的贷方转入(　　)账户的借方，结转后“财务费用”账户无余额。

A. “基本生产成本”　　B. “辅助生产成本”

C. “制造费用”　　D. “本年利润”

19. 企业分配薪酬费用时，基本生产车间管理人员的薪酬，应借记(　　)账户。

A. “基本生产成本”　　B. “制造费用”

C. “辅助生产成本”　　D. “管理费用”

20. 生产费用要素的职工薪酬费用，支付时应借记(　　)账户。

A. “生产成本”　　B. “应付职工薪酬”

C. “制造费用”　　D. “银行存款”

二、多项选择题

1. 对于几种产品共同耗用的原材料，常用的分配方法有(　　)。

A. 定额消耗量比例法　　B. 定额成本比例法

C. 定额工时法　　D. 生产工人工资比例法

2. 下列应计入产品成本的“直接材料”成本项目的有(　　)。
   A. 用于制造产品并构成产品实体的原料及主要材料
   B. 车间设备耗用的机物料
   C. 制造产品耗用的不构成产品实体的辅助材料
   D. 制造产品耗用的燃料
3. 直接人工费用成本项目包括的内容主要有(　　)。
   A. 产品生产工人的计时工资和计件工资
   B. 产品生产工人的奖金、津贴和补贴
   C. 产品生产工人加班工资
   D. 产品生产工人非工作时间工资
4. 几种产品共同耗用的动力费用，常用的分配标准有(　　)。
   A. 生产工时　　B. 机器工时　　C. 马力工时　　D. 生产工人工资
5. 几种产品共同发生的工资费用，常用的分配标准有(　　)。
   A. 实际生产工时　　B. 定额生产工时
   C. 机器工时　　D. 马力工时
6. 下列固定资产中，不计提折旧的有(　　)。
   A. 未使用的房屋和建筑物　　B. 当月停用的设备
   C. 提前报废的固定资产　　D. 以经营租赁方式租入的固定资产
7. 发生下列费用时，可以直接借记“基本生产成本”的是(　　)。
   A. 车间照明用电费　　B. 构成产品实体的原材料费用
   C. 车间管理人员工资　　D. 车间生产人员工资
   E. 车间办公费
8. 按照《工业企业会计制度》规定，(　　)费用发生后计入产品成本。
   A. 基本生产车间生产产品领用材料　B. 固定资产扩建领用材料
   C. 基本生产车间一般消耗领用材料　D. 行政管理部门领用材料
9. 工资计算的原始凭证主要有(　　)。
   A. 产量和工时记录　　B. 废品通知单
   C. 领料单　　D. 考勤记录
10. 制造费用常用的分配标准有(　　)。
   A. 生产工时比例　　B. 生产工人工资比例
   C. 机器工时比例　　D. 定额成本比例

三、判断题

1. 间接费用的分配标准应按国家的法规制度进行选择。　　(　　)

2. 凡属生产车间领用的原材料费用，最终都必须结转到产品成本的“直接材料”成本项目。　　(　　)

3. 定额消耗量比例法是以定额成本作为分配标准的。　　(　　)

4. 动力费用的归集与分配一般是通过编制“动力费用分配表”进行的。　　(　　)

5. 对于制造业企业来说，产品耗用的动力费用只能在“直接材料”成本项目上反映。

( )

6. 在按30天计算日工资的企业中，节假日算工资，因而缺勤期间的节假日应照扣工资。 ( )

7. 职工福利费计入成本费用的方法与工资的计入方法完全相同。 ( )

8. 工资费用的原始记录包括考勤记录、产量和工时记录。 ( )

9. 月薪制是根据职工的标准工资、出勤日数和日工资计算的。 ( )

10. 集体计件工资与个人计件工资的计算方法完全相同。 ( )

11. 固定资产折旧费是产品成本的组成部分，应该全部计入产品成本。 ( )

12. 基本生产车间的固定资产修理费是产品成本的组成部分，应当直接计入产品成本。 ( )

13. 企业发生的其他费用支出，如差旅费、邮电费、保险费等，与产品生产没有直接关系，不应计入产品成本。 ( )

14. 在制造成本法下，企业的生产成本包括直接材料费用、直接人工费用及制造费用，所以凡是企业发生的材料费用、人工费用以及制造费用，都应全部计入产品生产成本。 ( )

15. 企业生产车间的各项制造费用均应通过“制造费用”科目核算。 ( )

四、名词解释

要素费用　　材料费用　　定额消耗量　　计时工资

五、思考题

1. 简述定额消耗量比例法和定额成本比例法在进行费用分配时的异同。
2. 简述低值易耗品摊销的三种方法及优缺点。
3. 企业各类人员的工资及福利费应如何计入费用、成本？
4. 工资核算的主要原始记录是什么？
5. 如何进行外购动力费用分配的核算？

六、单项训练

【训练2-1】

训练内容　直接材料费用的归集和分配。

训练资料

(1) 盛昌公司5月材料耗用汇总表如表2-13所示。

(2) 该公司材料成本差异率为−4%。

(3) 基本生产车间甲、乙两种产品共同耗用的原材料按定额耗用量的比例分配，两种产品的产量资料及定额资料如下。

甲产品产量1 275件，原材料单位耗用定额16千克。

乙产品产量500件，原材料单位耗用定额24千克。

训练要求

(1) 根据表2-13，编制原材料耗用分配汇总表(见表2-14)。

(2) 根据原材料耗用分配汇总表做出相应的会计分录。

表 2-13　材料耗用汇总表

领用部门	用　途	计划成本/元
基本生产车间	制造甲产品的原料及主要材料	899 100
	制造乙产品的原料及主要材料	320 500
	制造甲产品和乙产品共同耗用的原料及主要材料	907 200
	机物料消耗(辅助材料)	10 000
	修理用材料(辅助材料)	20 000
	劳动保护用材料(辅助材料)	3 000
	车间办公用材料(辅助材料)	4 000
企业管理部门	修理固定资产用辅助材料	2 000
供气车间	生产用原料及主要材料	24 000
供电车间	生产用原料及主要材料	18 000
合　计		

表 2-14　原材料耗用分配汇总表

2024 年 5 月

借方账户				产量/件	耗用材料计划成本						材料成本差异额/%	耗用材料实际成本/元
总账账户	二级账户	明细账户	成本(费用)项目		直接耗用材料成本	共同耗用材料成本				计划成本合计/元		
						单位耗用定额/千克	定额耗用量/千克	分配率	应分配材料费用/元			

【训练 2-2】

训练内容　直接材料费用分配(定额消耗量比例分配法)。

训练资料　某厂生产甲、乙、丙三种产品。本月三种产品共同耗用 B 材料 16 800 千克，每千克 12.5 元，总金额为 210 000 元。三种产品本月投产量分别为 2 000 件、1 600 件和 1 200 件，B 材料消耗定额分别为 3 千克、2.5 千克和 5 千克。

训练要求　采用定额消耗量比例分配法分配B材料费用，并将分配结果填入表2-15。

表2-15　B材料费用分配表

2024年5月

产品名称	产品投产量/件	单位定额/千克	定额消耗总量	分配率	实际消耗总量/千克	分配率	应分配材料费用/元
甲产品							
乙产品							
丙产品							
合　计							

【训练2-3】

训练内容　分配结转直接材料费用的账务处理。

训练资料　根据某厂本月耗用材料汇总表记录的资料，该厂本月消耗B材料219 000元，其中产品生产直接消耗210 000元，车间一般消耗3 000元，厂部管理部门消耗6 000元。产品生产耗用的材料在甲、乙、丙三种产品之间的分配见训练2-2，即表2-15的分配结果。

训练要求　根据资料编制分配结转本月耗用B材料的会计分录。

【训练2-4】

训练内容　直接材料费用的分配(定额消耗量比例分配法)。

训练资料　某企业本月生产A产品25台，B产品40台，C产品50台。共同耗用甲材料3 672千克，甲材料单价5元。三种产品单位材料消耗量分别是60千克、40千克和10千克。

训练要求　根据以上材料，采用“材料定额消耗量比例法”分配甲材料费用，并编制相应的会计分录。

【训练2-5】

训练内容　月薪制下日工资薪酬的计算。

训练资料　某工厂工人小李的月工资标准为2 400元，5月共31天，事假5天，病假3天，星期休假9天，出勤14天。根据该工人的工龄，其病假工资按工资标准的80%计算。该工人病假期间没有节假日。

训练要求　按照下述两种方法，分别计算该工人5月的标准工资。

(1) 按30天计算日工资薪酬，按出勤天数计算工资。

(2) 按21.75天计算日工资薪酬，按出勤天数计算工资。

【训练2-6】

训练内容　集体计件工资薪金的计算。

训练资料　假定某生产小组月计件工资为9 515元。该小组由3名不同等级的工人组成。根据姓名、等级、日工资率、出勤日数编制小组计件工资分配表，如表2-16所示。

训练要求　分别计算以上3名工人的应得工资。

表 2-16　小组计件工资分配表

姓　名	等级	工资标准/日工资率	出勤日数	按日工资率计算的工资额/元
陈平	六	150	21	3 150
黄杰	五	130	22	2 860
卢瑞	四	120	22	2 640
合计			65	8 650

【训练 2-7】

训练内容　直接人工费用的分配(生产工时分配法)。

训练资料　某厂本月应付工资 100 000 元，其中产品生产工人 82 500 元，车间管理人员 4 500 元，厂部管理人员 13 000 元；本月生产的甲、乙、丙三种产品，实际生产工时分别为 8 000 小时、4 000 小时和 3 000 小时，如表 2-17 所示。

训练要求　采用生产工时分配法分配生产工人工资；编制分配结转工资的会计分录。

表 2-17　工资费用分配表

2024 年 5 月

产品名称	实际生产工时/时	分配率	分配金额/元
甲产品			
乙产品			
丙产品			
合　计			

【训练 2-8】

训练目的　练习外购动力费用的分配(生产工时分配法)。

训练资料　某厂本月应付外购电费 36 000 元，其中产品生产用电 30 000 元，车间管理部门用电 2 000 元，厂部管理部门用电 4 000 元。本月该厂生产的甲、乙、丙三种产品的实际生产工时分别为 8 000 小时、4 000 小时和 3 000 小时，如表 2-18 所示。

训练要求　采用生产工时分配法分配外购电费；编制分配结转应付电费的会计分录。

表 2-18　外购电费分配表

2024 年 5 月

产　品	实际生产工时/时	分配率	分配金额/元
甲产品			
乙产品			
丙产品			
合　计			

【训练 2-9】

训练目的　练习外购动力费用的分配(生产工时分配法)。

训练资料　某制造业企业某月发生动力费用为 7 600 元，通过银行支付，月末查明各车间、部门耗电数为：基本生产车间耗电 5 000 度，其中车间照明用电 500 度；辅助生产车间耗电 2 000 度，其中车间照明用电 300 度；企业管理部门耗电 600 度。

训练要求

(1) 按所耗电度数分配电力费用，A、B 产品按生产工时分配电费。A 产品生产工时为 3 000 小时，B 产品生产工时为 2 000 小时。

(2) 编制该月支付与分配外购电费的会计分录。(注：该企业基本生产车间明细账不设“燃料及动力费用”成本项目；辅助生产车间不设“制造费用”明细账；所编会计分录列示到成本项目)。

微课视频

扫一扫，获取本项目相关微课视频。

材料费用的归集与分配

职工薪酬费用的归集与分配

外购动力费用的归集与分配、其他要素费用的归集与分配

项目三

综合生产费用的核算

【知识目标】

- 掌握辅助生产费用的归集与分配方法。
- 了解辅助生产费用的归集与分配方法的特点及适用范围，并能合理选择。
- 掌握制造费用的归集与分配方法，并能合理选择。
- 理解废品损失与停工损失的含义，并掌握它们的核算方法。

【技能目标】

- 能分清辅助生产费用分配方法的特点及适用范围。
- 能正确运用辅助生产费用的分配方法。
- 能合理选择制造费用分配的合适方法。

【素养目标】

- 培养遵纪守法意识，积极践行会计人员的“三坚三守”会计职业道德。
- 培养节约意识，树立环保理念，推进垃圾分类，助力绿色发展理念。
- 培养精益求精的工作作风、团队协作意识、大数据思维意识。

案例引导

郑虹开了一家新星馒头店，每天早晨大约卖 2 000 个馒头，总成本为 500 元。每个馒头售价为 1 元。有一天早晨郑虹睡过头了，蒸煳了 50 个馒头，导致这些煳了的馒头无法出售，只能扔掉。剩下的 1 950 个馒头可以正常出售。

请问：这天早晨出售的馒头，每个馒头的成本是多少元？

理论认知

任务一　辅助生产费用的归集与分配

一、辅助生产费用的归集

辅助生产是指为基本生产、行政管理部门服务而进行的产品生产和劳务供应。辅助生产所进行的产品生产主要包括工具、模具、零件制造等；辅助生产所进行的劳务供应主要包括运输、供水、供电、供气、供风等服务。辅助生产部门在进行产品生产和劳务供应时所发生的各种费用就是辅助生产费用。

为了归集所发生的辅助生产费用，应设置“辅助生产成本”总账账户，按辅助生产车间及其生产的产品、劳务的种类进行明细核算。“辅助生产成本”明细账的设置与“基本生产成本”明细账相似，一般应分车间、按新产品或劳务设置，明细账内再按规定的成本项目设置专栏。对于规模较小、发生的制造费用不多、不对外销售产品或劳务的车间，为了简化核算工作，辅助生产车间的制造费用可以不单独设置“制造费用——辅助生产车间”明细账，而直接记入“辅助生产成本”账户及其明细账。这时“辅助生产成本”明细账应按成本项目与费用项目相结合的方式设置专栏。日常发生的各种辅助生产费用按分配表登记，待分配费用小计就是这些费用之和，是有待分配转出的辅助生产费用。

二、辅助生产费用的分配

辅助生产车间所生产产品和提供劳务的种类不同，其转出分配的程序也不同。辅助生产车间所生产产品应在完工入库时，从“辅助生产成本”账户的贷方转入“周转材料”或“原材料”等账户的借方；提供劳务的辅助生产部门所发生的费用，要在各受益单位之间按照所耗数量或其他比例进行分配。分配时，应从“辅助生产成本”账户的贷方转入“基本生产成本”“制造费用”“销售费用”“管理费用”和“在建工程”等账户的借方。

辅助生产费用的分配，应通过辅助生产费用分配表进行。分配辅助生产费用的方法很多，主要有直接分配法、交互分配法、代数分配法、计划成本分配法和顺序分配法。

1. 直接分配法

直接分配法是指不计算辅助生产车间相互提供产品和劳务的费用，直接将辅助生产车间发生的实际费用分配给辅助生产车间以外的各受益对象。其计算公式如下。

某辅助生产车间费用分配率=某辅助生产车间待分配费用总额÷
辅助生产车间对外提供劳务数量之和

某受益对象应负担的劳务费用=某受益对象耗用的劳务数量×辅助生产费用分配率

【例 3-1】某企业有供电和机修两个辅助生产车间，主要为本企业基本生产车间和行政管理部门等服务，供电车间本月发生费用 67 200 元，机修车间本月发生费用 68 040 元。各辅助生产车间供应劳务数量情况如表 3-1 所示。

表 3-1　辅助生产车间供应劳务数量情况表

2024 年 5 月

受益单位	供电数/度	机修时间/时
供电车间		1 600
机修车间	24 000	
基本生产车间——甲产品	60 000	
基本生产车间——乙产品	100 000	
基本生产车间(一般耗用)	24 000	12 000
行政管理部门	16 000	8 000
合计	224 000	21 600

(1) 分配供电车间的费用。

电费分配率=67 200÷(224 000−24 000)=0.336

应计入甲产品成本的电费=60 000×0.336=20 160(元)

应计入乙产品成本的电费=100 000×0.336=33 600(元)

应计入制造费用的电费=24 000×0.336=8 064(元)

应计入管理费用的电费=16 000×0.336=5 376(元)

(2) 分配机修车间的费用。

机修费分配率=68 040÷(21 600−1 600)=3.402

应计入制造费用的机修费=12 000×3.402=40 824(元)

应计入管理费用的机修费=8 000×3.402=27 216(元)

根据直接分配法的分配结果编制以下会计分录。

供电车间费用分配的会计分录如下。

借：基本生产成本——甲产品　　20 160
　　　　　　　　——乙产品　　33 600
　　制造费用　　8 064
　　管理费用　　5 376
　　贷：辅助生产成本——供电车间　　67 200

机修车间费用分配的会计分录如下。

借：制造费用　　40 824
　　管理费用　　27 216
　　贷：辅助生产成本——机修车间　　68 040

采用直接分配法编制辅助生产费用分配如表 3-2 所示。

表 3-2　辅助生产费用分配表(直接分配法)

2024 年 5 月

辅助生产车间名称			供电车间	机修车间	合　计
待分配费用/元			67 200	68 040	20 811
对外提供劳务数量/度			200 000	20 000	
费用分配率			0.336	3.402	
甲产品耗用	应借“基本生产成本”账户	数量	60 000		
		金额/元	20 160		20 160
乙产品耗用	应借“基本生产成本”账户	数量	100 000		
		金额/元	33 600		33 600
车间一般耗用	应借“制造费用”账户	数量	24 000	12 000	
		金额/元	8 064	40 824	48 888
管理部门	应借“管理费用”账户	数量	16 000	8 000	
		金额/元	5 376	27 216	32 592
分配费用小计/元			67 200	68 040	135 240

采用直接分配法，由于各辅助生产费用不在辅助生产车间之间分配，只是对外分配，计算简便。但当辅助生产车间相互提供产品或劳务量差异较大时，分配结果往往与实际不符。因此，这种方法只适用于辅助生产车间内部相互提供产品或劳务不多，不进行辅助费用的交互分配并对产品成本影响不大的情况。

2. 交互分配法

采用交互分配法，应先根据各辅助生产车间、部门相互提供劳务的数量和交互分配前的费用分配率(单位成本)，进行一次交互分配；然后将各辅助生产车间、部门交互分配后的实际费用(交互分配前的费用加上交互分配转入的费用，减去交互分配转出的费用)按对外提供劳务的数量，在辅助生产车间、部门以外的各受益单位之间进行分配。其有关计算公式如下。

$$辅助生产车间交互分配率=\frac{待分配费用总额}{提供劳务总量}$$

某辅助生产车间应负担其他辅助生产费用=该辅助生产车间耗用其他辅助生产车间劳务量×交互分配率

$$辅助生产车间对外分配率=\frac{(待分配费用+交互分配转入的费用-交互分配转出的费用)}{对外提供的劳务总量}$$

某受益对象应负担的辅助生产费用=该受益对象耗用的劳务数量×对外费用分配率

【例 3-2】 根据例 3-1 的资料计算如下。

交互分配：

电费分配率=67 200÷224 000=0.3

修理费分配率=68 040÷21 600=3.15

供电车间应负担的机修费=1 600×3.15=5 040(元)

机修车间应负担的电费=24 000×0.3=7 200 (元)

对外分配：

电费分配率=(67 200+5 040−7 200)÷(224 000−24 000)=0.325 2

机修费分配率=(68 040+7 200−5 040)÷(21 600−1 600)=3.51

采用交互分配法编制辅助生产费用分配如表 3-3 所示。

表 3-3　辅助生产费用分配(交互分配法)

2024 年 5 月

项　目			交互分配		对外分配	
辅助生产车间			供电车间	机修车间	供电车间	机修车间
待分配费用/元			67 200	68 040	65 040	70 200
劳务数量/度			224 000	21 600	200 000	20 000
费用分配率			0.30	3.15	0.325 2	3.51
辅助生产车间耗用	供电车间	数量		1 600		
		金额/元		5 040		
	机修车间	数量	24 000			
		金额/元	7 200			
甲产品耗用	数量				60 000	
	金额/元				19 512	
乙产品耗用	数量				100 000	
	金额/元				32 520	
车间一般耗用	数量				24 000	12 000
	金额/元				7 804.80	42 120
管理部门一般耗用	数量				16 000	8 000
	金额/元				5 203.20	28 080
分配金额合计			7 200	5 040	65 040	70 200

根据交互分配法的分配结果编制会计分录如下。

(1) 交互分配。

借：辅助生产成本——供电车间　　5 040

　　　　　　　　——机修车间　　7 200

　贷：辅助生产成本——供电车间　　7 200

　　　　　　　　　——机修车间　　5 040

(2) 对外分配。

借：基本生产成本——甲产品　　19 512

　　　　　　　　——乙产品　　32 520

　　制造费用　　7 804.80

　　管理费用　　5 203.20

贷：辅助生产成本——供电车间　　　　　65 040

借：制造费用　　　　　　　　　　　42 120

管理费用　　　　　　　　　　　28 080

贷：辅助生产成本——机修车间　　　　　70 200

采用交互分配法，辅助生产车间内部相互提供产品或劳务全部进行交互分配，从而提高了分配结果的正确性，但计算工作量较大，适用于各辅助生产车间之间相互提供劳务数量较大且有必要全面反映各辅助生产费用的企业。

3. 代数分配法

代数分配法是指根据代数中建立多元一次方程组的方法，计算出各辅助生产车间提供产品或劳务的单位成本，然后按各车间、部门(包括辅助生产内部单位和外部单位)耗用量计算应分配的辅助生产费用的一种方法。其基本计算步骤如下。

(1) 设未知数，并根据辅助生产车间之间交互服务关系建立方程组。

(2) 解方程组，算出各种产品或劳务的单位成本。

(3) 用各单位成本乘以各受益部门的耗用量，求出各受益部门应分配计入的辅助生产费用。

【例 3-3】根据例 3-1 的资料，假设供电车间电费的单位成本为 x 元/度，机修车间机修费的单位成本为 y 元/时，则列联立方程式如下。

$$\begin{cases} 224\,000x = 67\,200 + 1\,600y \\ 21\,600y = 68\,040 + 35\,000x \end{cases}$$

解得 x =0.325 08，y =3.511 2

用代数分配法编制辅助生产费用分配如表 3-4 所示。

表 3-4　辅助生产费用分配(代数分配法)

2024 年 5 月

辅助生产车间名称			供电车间	机修车间
待分配费用/元			67 200	68 040
劳务数量/度			224 000	21 600
用代数分配法算出的实际单位成本			0.325 08	3.511 2
辅助生产车间耗用	供电车间	数量		1 600
		金额/元		5 617.92
	机修车间	数量	24 000	
		金额/元	7 801.92	
金额小计				
甲产品耗用		数量	60 000	
		金额/元	19 504.80	
乙产品耗用		数量	100 000	
		金额/元	32 508	
车间一般耗用		数量	24 000	12 000
		金额/元	7 801.92	42 134.40

续表

管理部门耗用	数量	16 000	8 000
	金额/元	5 201.28	28 089.60
分配金额小计		72 817.92	75 841.92

根据代数分配法的分配结果编制会计分录如下。

借：辅助生产成本——机修车间　　7 801.92
　　基本生产成本——甲产品　　19 504.80
　　　　　　　　——乙产品　　32 508.00
　　制造费用　　7 801.92
　　管理费用　　5 201.28
　　贷：辅助生产成本——供电车间　　72 817.92

借：辅助生产成本——供电车间　　5 617.92
　　制造费用　　42 134.40
　　管理费用　　28 089.60
　　贷：辅助生产成本——机修车间　　75 841.92

采用代数分配法，辅助生产费用分配结果最正确，但在辅助生产车间较多的情况下，计算非常复杂，因而这种方法适用于已经实现会计电算化的企业。

4. 计划成本分配法

计划成本分配法是指在分配辅助生产费用时，根据事先确定的产品、劳务的计划单位成本和各车间、部门实际耗用的数量，计算各车间、部门应分配的辅助生产费用的一种方法。

按计划成本分配法分配辅助生产费用的步骤如下。

(1) 按预先制定的辅助生产劳务的计划单位成本计算各受益对象(包括辅助生产车间、部门)应分担的辅助生产费用。

(2) 计算各辅助生产车间实际发生的费用(辅助生产车间直接发生的费用+分配转入的费用)。

(3) 计算各辅助生产车间的成本差异(实际发生的费用-按计划成本分配的费用)并进行处理。这种成本差异从理论上来讲应在各受益部门之间进行分配，为了简化分配工作，可直接列入“管理费用”科目。如果是超支差异，应增加管理费用；如果是节约差异，则应冲减管理费用。

其具体的计算公式如下。

某项辅助生产费用分配的差异额=该辅助生产车间直接发生的实际费用
　　　　　　　　　　　　　　+分配转入的费用-按计划成本分配转出的金额

【例 3-4】根据例 3-1 的资料，假设供电车间电费的计划单位成本为 0.33 元/度，机修车间机修费的计划单位成本为 3.5 元/小时，按计划成本分配法编制辅助生产费用分配如表 3-5 所示。

表 3-5　辅助生产费用分配(计划成本分配法)

2024 年 5 月

辅助生产车间名称			供电车间	机修车间
待分配费用/元			67 200	68 040
劳务数量/度			224 000	21 600
计划单位成本			0.33	3.5
辅助生产车间耗用	供电车间	数量		1 600
		金额/元		5 600
	机修车间	数量	24 000	
		金额/元	7 920	
甲产品耗用		数量	60 000	
		金额/元	19 800	
乙产品耗用		数量	100 000	
		金额/元	33 000	
车间一般耗用		数量	24 000	12 000
		金额/元	7 920	42 000
管理部门耗用		数量	16 000	8 000
		金额/元	5 280	28 000
按计划成本分配合计/元			73 920	75 600
实际成本合计/元			72 800	75 960
辅助生产成本差异/元			−1 120	360

表 3-5 中，辅助生产部门的成本差异可计算如下。

电费差异=(67 200+5 600)−73 920=−1 120(元)

机修费差异=(68 040+7 920)−75 600=360(元)

电费差异为负数，表示节约差异，冲减管理费用；机修费差异为正数，表示超支差异，增加管理费用。

根据计划成本分配法的分配结果编制会计分录如下。

(1) 按计划成本分配费用。

借：辅助生产成本——机修车间　　7 920
　　基本生产成本——甲产品　　19 800
　　　　　　　　——乙产品　　33 000
　　制造费用　　7 920
　　管理费用　　5 280
　　贷：辅助生产成本——供电车间　　73 920

借：辅助生产成本——供电车间　　5 600
　　制造费用　　42 000
　　管理费用　　28 000

贷：辅助生产成本——机修车间　　　　　　75 600

(2) 成本差异分配。

借：管理费用　　　　　　　　　　　760

贷：辅助生产成本——供电车间　　　　　1 120

——机修车间　　　　　　360

采用计划成本分配法，各种辅助生产费用只分配一次，而且劳务的计划单位成本是早已确定的，不必单独计算费用分配率，因而简化了计算工作；通过辅助生产成本差异的计算，还能反映和考核辅助生产成本计划的执行情况；由于辅助生产的成本差异全部计入管理费用，各受益单位所负担的劳务费用都不包括辅助生产差异的因素，因而还便于分析和考核各受益单位的成本，有利于分清企业内部各单位的经济责任。只是采用这种分配方法时，辅助生产劳务的计划单位成本应比较准确、基础工作应做得较好。

5. 顺序分配法

顺序分配法是指根据辅助生产车间受益多少的顺序，将辅助生产车间、部门进行排列。受益少的排在前面，先分配费用；受益多的排在后面，后分配费用。在分配费用时，先将排在前面的辅助生产车间发生的费用分配给排在后面的辅助生产车间和其他受益单位，由于它受益最少，即耗用其他辅助生产车间的劳务费用最少，因此忽略不计。后续辅助生产部门在分配费用时，只依次分配给排列在其后的辅助生产车间和其他受益部门，而不再分配给排列在其前面的辅助生产车间。其计算公式如下。

$$\text{某辅助生产车间分配率}=\frac{(\text{直接发生费用额}+\text{耗用前序辅助生产费用额})}{(\text{提供劳务总量}-\text{前序辅助生产耗用量})}$$

某受益部门应负担的费用额=该部门受益劳务量×辅助生产费用分配率

【例 3-5】 根据例 3-1 的资料，按照顺序分配法计算过程如下。

(1) 确定分配顺序。

由表 3-3 可以看出，两个辅助生产部门中，供电车间受益少(5 040 元)，机修车间受益多(7 200 元)。因此，应先分配供电车间的电费。

(2) 有关费用的分配。

电费分配率=67 200÷224 000=0.3

机修车间负担的电费=24 000×0.3=7 200(元)

机修车间的机修费后分配，分配率计算如下。

机修费分配率=(68 040+7 200)÷(21 600−1 600)=3.762

按顺序分配法编制辅助生产费用分配表如表 3-6 所示。

表 3-6　辅助生产费用分配表(顺序分配法)

2024 年 5 月

辅助生产车间名称	供电车间	机修车间
待分配费用/元	67 200	75 240
劳务数量	224 000	20 000
费用分配率	0.3	3.762

续表

受益部门	机修车间	数量	24 000	
		金额/元	7 200	
	甲产品	数量	60 000	
		金额/元	18 000	
	乙产品	数量	100 000	
		金额/元	30 000	
	车间一般消耗	数量	24 000	12 000
		金额/元	7 200	45 144
	管理部门耗用	数量	16 000	8 000
		金额/元	4 800	30 096
金额合计			67 200	75 240

供电车间分配电费的会计分录如下。

借：辅助生产成本——机修车间　　7 200
　　基本生产成本——甲产品　　18 000
　　　　　　　　——乙产品　　30 000
　　制造费用　　7 200
　　管理费用　　4 800
　　贷：辅助生产成本——供电车间　　67 200

机修车间分配修理费的会计分录如下。

借：制造费用　　45 144
　　管理费用　　30 096
　　贷：辅助生产成本——机修车间　　75 240

采用顺序分配法分配辅助生产费用的优点是计算简便，各种辅助生产费用只分配一次。但是，由于排列在前的辅助生产车间不负担排列在后的辅助生产车间的费用，分配结果的准确性受到一定的影响。因此，这种方法一般适用于辅助生产车间相互提供产品和劳务有明显顺序，并且会出现排列在前的辅助生产车间费用比排列在后的辅助生产车间的费用较少的情况。

任务二　制造费用的归集与分配

一、制造费用的归集

制造费用是指企业为生产产品(或提供劳务)而发生的、应该计入产品成本，但没有专设成本项目的各项生产费用。制造费用的费用项目一般包括工资及福利费、折旧费、租赁费用(不包括融资租赁费)、保险费、机物消耗费、周转材料摊销费、运输费、取暖费、水电费、劳动保护费、办公费、差旅费、设计制图费、试验检验费、在产品盘亏与毁损和报废(减盘盈)费、季节性及修理期间的停工损失费等。

制造费用的归集应通过“制造费用”总账账户的借方进行，该账户应按不同的生产部门设置明细账，按具体的制造费用项目设置专栏。发生制造费用时，借记“制造费用——××费用项目”账户，贷记“银行存款”“原材料”“应付职工薪酬”“累计折旧”“辅助生产成本”账户，辅助生产车间若间接费用较少，为了减少转账手续，也可以不通过“制造费用”账户，而直接在“辅助生产成本”账户的借方进行归集。现列示榕辉公司基本生产一车间的制造费用明细账，格式如表3-7所示。

表3-7　制造费用明细账

某公司　　基本生产一车间　　单位：元

年		摘　要	工资费用	折旧费	租赁费	水电费	保险费	机物料费	办公费	取暖费	其他	小计
月	日											
××	31	原材料费用分配表						6 480				6 480
	31	燃料费用分配表								880		880
	31	外购动力费用分配表				900						900
	31	职工薪酬计算表(合计数)	35 049.35									35 049.35
	31	固定资产折旧计算表		6 020								6 020
	31	其他费用汇总表				240			580			820
	31	保险及报纸和杂志费用分配表					850				140	990
	31	固定资产租赁费用分配表			6 800							6 800
	31	辅助生产费用分配表				35 128.69						35 128.69
	31	本月转出	35 049.35	6 020	6 800	36 268.69	850	6 480	580	880	140	93 068.04
	31	本月合计	35 049.35	6 020	6 800	36 268.69	850	6 480	580	880	140	93 068.04

二、制造费用的分配

如果一个车间只生产一种产品，所发生的制造费用直接计入该种产品的成本；如果一个车间生产多种产品，所发生的制造费用，应采用适当的分配方法分配计入各种产品的成本。在企业的组织机构分为车间、分厂和总厂等若干层次的情况下，分厂发生的制造费用，也应对照车间发生的制造费用进行分配。

制造费用分配的方法很多，通常采用的有生产工人工时比例分配法、生产工人工资比例分配法、机器工时比例分配法和年度计划分配率分配法等。

1. 生产工人工时比例分配法

生产工人工时比例分配法是指按照各种产品所用生产工人实际工时的比例分配制造费用的一种方法。按照生产工人工时比例分配制造费用，与按生产工人工时分配工资费用一样，也能将劳动生产率与产品负担的费用水平联系起来，使分配结果比较合理。其计算公式如下。

$$\text{制造费用分配率}=\frac{\text{该车间制造费用总额}}{\text{该车间生产工时总数}}$$

某产品应负担的制造费用=该产品生产工时数×制造费用分配率

【例 3-6】假定某公司基本生产车间为生产甲、乙两种产品共发生制造费用 60 462.50 元，甲产品生产工时为 4 100 小时，乙产品生产工时为 2 050 小时。要求：采用生产工人工时比例分配法计算甲、乙两种产品应承担的制造费用，并编制相应的会计分录。

制造费用分配率=60 462.50÷(4 100+2 050)=9.831 3

甲产品应分配制造费用=4 100×9.831 3=40 308.33(元)

乙产品应分配制造费用=60 462.50−40 308.33=20 154.17(元)

在实际工作中，制造费用分配一般是通过编制制造费用分配表进行的。制造费用分配的格式如表 3-8 所示。

表 3-8 制造费用分配表

2024 年 5 月

产品名称	生产工时/时	分配率	分配额/元
甲产品	4 100		40 308.33
乙产品	2 050		20 154.17
合　计	6 150	9.831 3	60 462.50

根据表 3-8 的制造费用分配表，编制会计分录如下。

借：基本生产成本——甲产品　　40 308.33

　　　　　　　　——乙产品　　20 154.17

　贷：制造费用　　　　　　　　　　60 462.50

如果产品的工时定额比较准确，制造费用也可按生产定额工时的比例分配。

2. 生产工人工资比例分配法

生产工人工资比例分配法是指按照各种产品成本的生产工人实际工资的比例分配制造费用的一种方法。由于生产工人工资的资料比较容易取得，因而采用这一分配方法核算工资很简便。但是，采用这种方法时，各种产品的机械化程度应该相差不多，否则会影响费用分配的合理性。其计算公式如下。

$$\text{制造费用分配率}=\frac{\text{该车间制造费用总额}}{\text{该车间生产工人工资总数}}$$

某产品应分配的制造费用=该产品生产工人工资数×制造费用分配率

如果生产工人工资是按照生产工时比例分配计入各种产品成本的，那么按照生产工人工资比例分配制造费用，实际上也就是按照生产工时比例分配制造费用。

3. 机器工时比例分配法

机器工时比例分配法是指按照各种产品生产时所用机器设备运转时间的比例分配制造费用的一种方法。这种方法用于产品生产的机械化程度较高的车间。因为在这种车间的制造费用中，与机器设备使用有关的费用比重较大，而这一部分费用与机器设备运转的时间有着密切的联系。因此，采用这种方法，必须具备各种产品所用机器工时的原始记录。其计算公式如下。

$$制造费用分配率=\frac{该车间制造费用总额}{该车间机器工时总数}$$

某种产品应分配的制造费用=该种产品机器工时数×制造费用分配率

4. 年度计划分配率分配法

年度计划分配率分配法是指按年度开始前预先制定的年度计划分配率分配以后各月制造费用的一种方法。假定以定额工时为分配标准，则其计算公式如下。

$$制造费用分配率=\frac{年度制造费用计划总额}{年度各种产品计划产量的定额工时总数}$$

某种产品某月应分配的制造费用=该产品该月实际产量的定额工时×年度计划分配率

这一分配方法的产量之所以要以定额工时为标准，即分配率计算公式的分母要按定额工时计算，是因为各种产品的产量不能直接相加。

采用这种分配方法，不管各月实际发生的制造费用是多少，每月各种产品中的制造费用都按年度计划分配率分配。但在年度内如果发现全年的制造费用实际数和产量实际数与计划数发生较大差额时，应及时调整计划分配率。

【例 3-7】假定某公司全年制造费用计划为 62 000 元，全年甲、乙两种产品的计划产量分别为 600 件和 400 件，单位产品的工时定额甲产品为 7 小时，乙产品为 5 小时。

假定该公司 8 月的实际产量为甲产品 50 件、乙产品 30 件，该月实际制造费用为 5 200 元。

假定某公司到年底实际发生的制造费用为 60 462.50 元，且已按照计划分配率分配其制造费用 60 100 元，其中甲产品为 41 000 元，乙产品为 19 100 元，那么本年度共少分配制造费用为 362.50(60 462.50−60 100)元。

制造费用年度计划分配率=62 000÷(600×7+400×5)
=62 000÷(4 200+2 000)
=10

甲产品应分配制造费用=50×7×10=3 500(元)

乙产品应分配制造费用=30×5×10=1 500(元)

差异额分配率=362.50÷60 100=0.006

甲产品再分配数=41 000×0.006 0=246(元)

乙产品应再分配数=362.50−246=116.5(元)

采用年度计划分配率分配法，可随时结算已完工产品应负担的制造费用，简化分配手续，最适用于季节性生产的企业车间，可以使企业旺季与淡季的制造费用比较均衡地计入产品生产成本。但是，采用这种分配方法，制定的计划成本应尽可能地接近实际；否则，若年度制造费用的计划数脱离实际太大，就会影响成本计算的正确性。

任务三　损失性费用的归集和分配

企业在生产经营过程中发生一定的损失性费用是不可避免的。损失性费用是指企业在生产过程中由于生产工艺、生产的外部条件、原材料质量、生产工人的技术水平、生产组织和管理等影响造成的人力、物力上的损耗，绝大多数构成生产性支出，并由产品成本负担。损失性费用按其发生的原因可分为废品损失、停工损失以及在产品盘亏损失和毁损损失等。本任务仅介绍废品损失和停工损失的核算。

一、废品损失的归集和分配

(一)废品损失概述

废品是指生产过程中发生的、质量不符合规定的技术标准、不能按照原定用途使用或者需要加工修理后才能使用的在产品、半成品和产成品。

根据是否可以修复，可将废品分为可修复废品与不可修复废品两种。其中，可修复废品是指技术上可以修复，而且所用的修复费用在经济上合算的废品；不可修复废品则是指技术上不能修复，或者技术上可以修复但所花费的修复费用在经济上不合算的废品。

根据废品产生的原因，按生产要素可将废品分为工废品和料废品。工废品是指加工原因(如人工操作等)造成的废品，过失人对此承担责任，不仅不计发工资，还应视情况进行赔偿；料废品是指由于原材料或半成品的质量不符合要求造成的废品，工人对此不承担责任。

废品损失是指生产过程中以及入库后发现的，生产原因造成的废品修复费用和报废损失。废品损失包括可修复废品的修复费用和不可修复废品的报废损失(生产成本减去废品残值后的净损失)。造成废品的过失人的赔偿，应冲减废品损失。

在实际工作中应注意，下列情况不属于废品损失。

1. 不合格品降价损失

经过质量检验部门鉴定不需要返修、可以降价出售的不合格品的成本，应与合格品同样计算成本。其售价低于合格品所发生的损失，在计算销售损益时体现，不作为废品损失处理。

2. 库存产品保管损失

产成品入库后，由于保管不善等损坏变质的损失，属于管理上的问题，应作为管理费用处理，不作为废品损失处理。

3. “三包”产品售后损失

实行包退、包修、包换“三包”的企业，在产品出售以后发现的废品所发生的一切损失，应计入管理费用，不作为废品损失处理。

为了单独核算废品损失，应设置“废品损失”账户。“废品损失”账户一般按车间设立明细账并按产品品种分设专户，该账户借方登记可修复废品的修复费用和不可修复废品的生产成本；贷方反映废品材料回收的价值和应向责任人索赔的金额。“废品损失”账户上述借方发生额大于贷方发生额的差额，就是废品损失，应由本月同种产品的成本负担，借记“基本生产成本”账户，贷记“废品损失”账户，月末该账户无余额。

基本生产车间可以单独核算废品损失，也可以不单独核算废品损失；由于辅助生产车间规模一般不大，为了简化核算工作，都不单独核算废品损失。

(二)可修复废品的归集和分配

可修复废品的损失是指在修复过程中支付的各项修复费用，包括材料费用、工资费用和制造费用。可修复废品的损失归集的时间是指在废品修复发生时，而不是在修复之前。如果当月发生废品，下月进行修复，废品损失就应该在下月的成本计算单上进行归集，而不能在当月的成本计算单上进行归集。

可修复废品的损失计算公式如下。

可修复废品的损失=全部修复费用-责任人赔偿

【例 3-8】某公司一车间在产品质量检验中发现未入库的甲产品中有 8 件可修复废品，在 5 月进行修复。修复过程中实际耗用材料费用 300 元，实际耗用工时 20 小时，每小时工资 8 元，每小时制造费用 5 元，应由责任人赔偿 80 元。要求：计算 5 月一车间的废品损失并编制相应的会计分录。

(1) 根据上述资料，编制废品损失计算表，如表 3-9 所示。

表 3-9　废品损失计算表

车间：一车间

产品名称：甲产品　　　　2024 年 5 月　　　　单位：元

项　目	修复费用			
	直接材料	直接人工	制造费用	合　计
废品修复所耗实际费用	300	160	100	560
减：责任人赔偿		80		
废品净损失	300	80	100	480

(2) 编制会计分录如下。

① 发生修复费用。

借：废品损失——甲产品　　560
　　贷：原材料　　300
　　　　应付职工薪酬　　160
　　　　制造费用　　100

② 责任人赔偿。

借：其他应收款——××责任人　　80
　　贷：废品损失——甲产品　　80

③ 修复完工，符合规定的技术标准，结转废品损失。

借：基本生产成本——甲产品　　　　480

　　贷：废品损失——甲产品　　　　480

(三)不可修复废品的归集和分配

不可修复废品的损失是指截至报废时，废品已经发生的生产成本扣除残值和应收的赔偿后的净损失。不可修复废品在报废前，其所耗成本是与合格品混在一起的，因此要采用适当的分配方法，将费用在合格品与废品之间进行分配，计算出不可修复废品所耗的生产成本。计算时应根据企业成本计算的方法进行，如果企业成本计算是按实际成本计算的，则不可修复废品的损失也按实际成本计算；如果企业成本计算是按定额成本计算的，则不可修复废品的损失也按定额成本计算。

不可修复废品的损失计算公式如下。

不可修复废品的损失=废品生产成本-残值-过失人赔款

1. 按废品所耗实际费用计算

如果废品是完工后被发现的，不论是否入库，单位废品负担的各项生产费用应与单位合格品完全相同，均可按合格品与废品数量比例进行分配，计算出不可修复废品的生产成本；如果废品是完工前被发现的，应先根据废品的已加工程度将其折算为完工产品，再进行分配，计算出不可修复废品的生产成本。其具体计算公式如下。

$$\text{废品应负担的材料费用}=\frac{\text{某产品材料费用总额}}{(\text{合格品数量}+\text{废品约当数量})}\times\text{废品约当产量}$$

$$\text{废品应负担的工资费用}=\frac{\text{某产品工资费用总额}}{(\text{合格品数量}+\text{废品约当数量})}\times\text{废品约当产量}$$

$$\text{废品应负担的制造费用}=\frac{\text{某产品制造费用总额}}{(\text{合格品数量}+\text{废品约当数量})}\times\text{废品约当产量}$$

【例 3-9】某公司一车间 5 月共生产甲产品 600 件，完工后发现不可修复废品 10 件，已知 600 件甲产品的总成本为 60 000 元，其中直接材料成本为 50 000 元，直接人工成本为 5 000 元，制造费用为 5 000 元，废品残值为 50 元，假定材料在生产开工时一次全部投入。要求：计算 10 件不可修复废品的损失(结果保留两位小数)，并编制相应的会计分录。

(1) 根据上述资料，废品是在完工后被发现的，各项费用可按合格品与废品的数量比例进行分配。不可修复废品损失的计算，如表 3-10 所示。

表 3-10　废品损失计算(按废品所耗实际费用计算)

车间：一车间

产品名称：甲产品　　　　2024 年 5 月　　　　单位：元

项　目	直接材料	直接人工	制造费用	合　计
废品所耗实际费用	833.33	83.33	83.33	999.99
减：残值	50			
废品净损失	783.33	83.33	83.33	949.99

其中：

废品的直接材料费用=50 000÷(590+10)×10=833.33(元)

废品的直接人工费用=50 00÷(590+10)×10=83.33(元)

废品的制造费用=5 000÷(590+10)×10=83.33(元)

10 件不可修复废品的净损失=833.33+83.33+83.33−50=949.99(元)

(2) 根据表 3-10，编制会计分录如下。

① 不可修复废品确认后，结转不可修复废品成本。

借：废品损失——甲产品　　　　999.99
　　贷：基本生产成本——甲产品　　　　999.99

② 残料入库。

借：原材料　　　　　　　　50
　　贷：废品损失——甲产品　　　　　　50

③ 废品损失确认后，结转不可修复废品的净损失。

借：基本生产成本——甲产品　　949.99
　　贷：废品损失——甲产品　　　　949.99

2. 按废品所耗定额费用计算

按废品所耗定额费用计算是指按废品的数量和废品的各项费用定额计算废品的定额成本，废品的定额成本扣除废品残料的回收价值即为废品损失。

【例 3-10】某公司一车间 5 月共生产甲产品 600 件，完工后发现不可修复废品 10 件，已知甲产品每件材料费用定额为 82 元，工时定额为 6 小时，计划小时工资率 5 元，计划小时制造费用率 3 元，废品残值 50 元，假定材料在生产开工时一次全部投入。要求：计算 10 件不可修复废品的损失。

根据上述资料，编制不可修复废品损失计算，如表 3-11 所示。

表 3-11　废品损失计算(按废品所耗定额费用计算)

车间：一车间

产品名称：甲产品　　　　　　2024 年 5 月

项　目	直接材料/元	定额工时/时	直接人工/元	制造费用/元	合　计
费用定额	82	6	5	3	
废品所耗定额费用	820		300	180	1 300
减：残值	50				
废品净损失	770		300	180	1 250

其中：

废品应负担的定额材料费用=82×10=820(元)

废品应负担的定额人工费用=6×5×10=300(元)

废品应负担的定额制造费用=6×3×10=180(元)

10 件不可修复废品的净损失=820+300+180−50=1 250(元)

按废品的实际数量和定额费用计算废品的定额成本，由于费用定额事先规定，计入产品成本的废品损失数额仅受废品数量多少的影响，不受废品实际费用水平高低的影响。这样不仅计算比较简便，而且有利于分析和考核生产过程中的废品损失，便于产品成本的分析和考核。但是，采用这一方法计算和分配废品损失的，必须具备比较准确的消耗定额资料。

(四)废品损失综合举例说明

企业可修复废品和不可修复废品往往是同时发生的，但不管是否同时发生，除费用归集内容有所不同外，废品损失分配是完全相同的。下面将两者结合起来综合举例说明。

【例 3-11】某公司一车间 5 月共生产甲产品 600 件，已知总成本 60 000 元，其中，直接材料成本 50 000 元，直接人工成本 5 000 元，制造费用 5 000 元。参考例 3-8 资料，完工后发现 8 件可修复废品，5 月全部修复完工，符合规定的技术标准，共发生修复费用 560 元，责任人赔偿 80 元。参考例 3-9 资料，发现不可修复废品 10 件，废品残值 50 元。要求：结转废品损失。

(1) 废品损失计算如表 3-12 所示。

表 3-12　废品损失计算

车间：一车间

产品名称：甲产品　　　　2024 年 5 月　　　　单位：元

摘　要	直接材料	直接人工	制造费用	合　计
可修复废品的修复费用	300	160	100	560
减：责任人赔偿		80		
转入不可修复废品成本	833.33	83.33	83.33	999.99
减：残值	50			
废品净损失合计	1 083.33	163.33	183.33	1 429.99

① 发生修复费用时，编制会计分录如下。

借：废品损失——甲产品　　560

　　贷：原材料　　300

　　　　应付职工薪酬　　160

　　　　制造费用　　100

② 责任人赔偿时，编制会计分录如下。

借：其他应收款——××责任人　　80

　　贷：废品损失——甲产品　　80

③ 结转不可修复废品成本时，编制会计分录如下。

借：废品损失——甲产品　　999.99

　　贷：基本生产成本——甲产品　　999.99

④ 残料入库时，编制会计分录如下。

借：原材料　　50

　　贷：废品损失——甲产品　　50

⑤ 结转废品净损失时，编制会计分录如下。

借：基本生产成本——甲产品　　1 429.99

　　贷：废品损失——甲产品　　1 429.99

(2) 登记“生产成本——甲产品”明细账，如表 3-13 所示。

表 3-13　“生产成本”明细账

产品名称：甲产品　　　　2024 年 5 月　　　　单位：元

摘　要	借　方	成本项目			
		直接材料	直接人工	制造费用	废品损失
生产费用小计	60 000	50 000	5 000	5 000	
转出不可修复废品成本	−999.99	−833.33	−83.33	−83.33	
转入废品净损失	1 429.99				1 429.99
本月生产费用合计	60 430	49 166.67	4 916.67	4 916.67	1 429.99

二、停工损失的归集和分配

(一)停工损失概述

停工损失是指企业生产单位在停工期间发生的各项费用，包括停工期内支付的直接人工费用和应负担的制造费用。

造成企业生产单位停工的原因很多，按照停工原因可以分为季节性生产停工和非季节性生产停工。其中，非季节性生产停工包括机械设备大修理停工、原材料和半成品供应不及时停工、生产任务下达不及时停工、工具缺乏停工、设计图纸和工艺文件缺乏或错误停工、意外事故停工、自然灾害停工以及减产停工等。企业停工的时间有长有短，范围有大有小。为了简化计算，停工不满一个工作日的，可以不计算停工损失。

停工损失产生的原因不同，其分配结转的方法也不同。

(1) 自然灾害引起的停工损失，应按照规定计入营业外支出。

(2) 停工损失应向过失单位或保险公司索赔的，应将款项转入其他应收款。

(3) 对于其他停工损失，如季节性和固定资产修理期间的停工损失，应计入产品成本，由该车间所生产的产品负担。

(二)停工损失的核算

1. 核算依据

停工损失的核算依据是停工报告单。企业发生停工时，由车间填制停工单，并在考勤记录中进行登记。在停工单中，应详细列明停工的范围、起止时间、原因、过失单位等内容。停工单经会计部门审核后，作为停工损失核算的原始凭证。

2. 账户设置

(1) 单独核算停工损失。在停工损失较多且需要单独核算停工损失的企业，可单设“停工损失”账户对停工损失进行核算，也可根据重要性原则，在“基本生产成本”账户下设置“停工损失”二级账户，在产品“生产成本”明细账中增设“停工损失”成本项目，用以归集和分配所发生的停工损失。

“停工损失”账户是为了归集和分配停工损失而设立的。该账户借方归集本月发生的停工损失，贷方分配结转停工损失。应由过失单位或过失人赔款的款项，应从“停工损失”账户的贷方转入“其他应收款”账户。其余的停工净损失在月末分不同情况进行结转，月末一般无余额。该账户应按车间分别设置明细账，账内按成本项目分设专栏或专行进行明细分类核算。

(2) 不单独核算停工损失。在停工损失较少的企业，为了简化核算，可以不设“停工损失”账户和“停工损失”成本项目。其停工期间发生的停工损失，直接记入“制造费用”“其他应收款”“营业外支出”等账户。

【例 3-12】某公司一车间生产甲产品，由于设备大修停工 5 天，停工期间应支付工人工资 7 856 元，应负担制造费用 1 230 元；二车间生产乙产品，由于外部供电线路原因停工 2 天，停工期间应支付工人工资 2 548 元，应负担制造费用 640 元。请根据以上资料编制会计分录。

借：停工损失——一车间　　　　9 086
　　　　　　——二车间　　　　3 188
　贷：应付职工薪酬　　　　　　10 404
　　　制造费用——一车间　　　　1 230
　　　　　　　——二车间　　　　640

【例 3-13】某公司一车间设备大修为正常停工，停工期间的损失 9 086 元应计入成本；二车间停工为非正常停工，停工损失 3 188 元应计入营业外支出。假设供电局同意赔偿由于停工给企业造成的损失 2 500 元。请根据以上资料编制会计分录。

借：基本生产成本——甲产品　　9 086
　　其他应收款——供电局　　　2 500
　　营业外支出——停工损失　　688
　贷：停工损失——一车间　　　　9 086
　　　　　　　——二车间　　　　3 188

案例解析

每天销售 2 000 个馒头，总成本为 500 元，单位成本为 0.25 元。蒸煳了 50 个馒头，总成本还是 500 元不变。由于 50 个馒头报废了，可供销售的馒头只有 1 950 个，每个馒头的成本变为 0.26(500÷1950)元。

项 目 小 结

本项目主要介绍了辅助生产费用的归集和分配方法，辅助生产费用分配方法的特点及适用范围，制造费用的归集与分配方法，废品损失与停工损失的核算方法。重点内容是辅助生产费用的分配方法、制造费用的归集和分配、废品损失的核算；难点内容是交互分配法、不可修复废品损失的核算。

项目强化训练

一、单项选择题

1. 用于基本生产车间照明用电，应计入(　　)。

A. 基本生产成本　B. 辅助生产成本　C. 管理费用　　D. 制造费用

2. 属于“废品损失”账户核算内容的是(　　)。

A. 出售不合格产品的降价损失

B. 生产过程中发生的修复费用

C. 实行“三包”的企业发生的三包损失

D. 产品入库后因保管不善而损坏变质的损失

3. 下列费用中，属于制造费用项目的有(　　)。

A. 生产车间(或生产单位)管理人员的工资及福利费

B. 生产车间(或生产单位)全体人员的工资及福利费

C. 生产车间(或生产单位)固定资产的折旧费和修理费

D. 企业行政管理部门固定资产的折旧费和修理费

4. 提供水、电、气的辅助生产单位，在各受益对象之间分配的辅助生产费用，是指该生产单位(　　)。

A. 本期发生的费用　　B. 期初在产品成本

C. 期末在产品成本　　D. 生产费用合计数

5. 下列辅助生产费用分配方法中，分配结果最为准确的是(　　)。

A. 直接分配法　　B. 一次交互分配法

C. 代数分配法　　D. 计划成本分配法

6. 将辅助生产车间发生的各项费用直接分配给辅助生产车间以外各受益单位，这种分配方法为(　　)。

A. 计划成本分配法　　B. 直接分配法

C. 顺序分配法　　D. 代数分配法

7. 按照生产工时比例法分配制造费用，要求(　　)。

A. 各种产品的机械化程度较高　　B. 各种产品的机械化程度较低

C. 各种产品的机械化程度相差不大　　D. 不考虑各种产品的机械化程度差异

8. 不可修复废品的成本，应借记“废品损失”账户，贷记(　　)账户。

A. “产成品”　B. “生产成本”　C. “制造费用”　D. “原材料”

9. 废品残料价值和应收赔偿款，应从“废品损失”账户(　　)转出。

A. 借方　B. 贷方　C. 余额　D. 视情况而定

10. 采用辅助生产费用的交互分配法，对外分配的费用总额是(　　)。

A. 交互分配前的费用

B. 交互分配前的费用加上交互分配转入的费用

C. 交互分配前的费用减去交互分配转出的费用

D. 交互分配前的费用加上交互分配转入的费用，再减去交互分配转出的费用

11. 辅助生产各种分配方法中，能分清内部经济责任、有利于实行内部经济核算的是(　　)。

A. 直接分配法　　B. 交互分配法　　C. 代数分配法　　D. 计划成本分配法

12. 辅助生产车间发生的制造费用(　　)。

A. 必须通过“制造费用”总账账户核算

B. 不必通过“制造费用”总账账户核算

C. 根据具体情况，可以记入“制造费用”总账账户，也可以直接记入“辅助生产成本”账户

D. 首先记入“辅助生产成本”账户

13. 按年度计划分配率分配制造费用的方法适用于(　　)。

A. 制造费用数额较大的企业　　B. 季节性生产的企业

C. 基本生产车间规模较小的企业　　D. 制造费用数额较小的企业

14. 能够将劳动生产率和产品负担的费用水平联系起来,使分配结果比较合理的制造费用分配方法是(　　)。

A. 生产工人工时比例分配法　　B. 按年度计划分配法

C. 生产工人工资比例分配法　　D. 机器工时比例分配法

15. 机器工时比例分配法适用于(　　)。

A. 季节性生产的车间　　B. 制造费用较多的车间

C. 机械化程度大致相同的各种产品　　D. 机械化程度较高的车间

16. 除了按年度计划分配率分配制造费用以外，“制造费用”账户月末(　　)。

A. 没有余额　　B. 一定有借方余额

C. 一定有贷方余额　　D. 有借方或贷方余额

17. 在各辅助生产车间相互提供劳务很少的情况下,适宜采用辅助生产费用分配方法的是(　　)。

A. 直接分配法　　B. 交互分配法　　C. 计划成本分配法　　D. 代数分配法

18. 辅助生产交互分配后的实际费用，应再在(　　)进行分配。

A. 各基本生产车间　　B. 各受益单位之间

C. 辅助生产以外的受益单位之间　　D. 各辅助生产车间

19. 动力费用可以计入的成本项目是(　　)。

A. 直接材料　　B. 直接人工　　C. 制造费用　　D. 废品损失

20. 燃料费用不多的企业可以将燃料费用计入的成本项目是(　　)。

A. 直接人工　　B. 直接材料　　C. 制造费用　　D. 辅助生产成本

二、多项选择题

1. 辅助生产费用的分配方法主要有(　　)。

A. 直接分配法　　B. 生产工人工资比例分配法

C. 交互分配法　　D. 计划成本分配法

2. 不可修复废品是指(　　)。

A. 在技术上不可修复

B. 在技术上可修复，在经济上修复合算的废品

C. 在技术上可修复

D. 在技术上可修复，在经济上修复不合算的废品

3. 下列不属于废品损失核算范围的内容有(　　)。

A. 可以降价出售的不合格产品的损失

B. 企业的“三包”损失

C. 不可修复废品的净损失

D. 可修复废品的修复费用

4. 采用代数分配法分配辅助生产费用时，分配结转辅助生产费用的会计分录中对应的借方科目主要有(　　)等。

A. “生产成本——辅助生产成本”　　B. “生产成本——基本生产成本”

C. 制造费用　　D. 管理费用

5. 制造费用分配常用的方法有(　　)。

A. 产品售价比例法　　B. 定额比例法

C. 直接成本比例法　　D. 生产工时比例法

E. 计划分配率法

6. 成本核算中的损失性费用是指产品生产过程中所发生的各种损失费用，包括(　　)。

A. 停工损失　　B. 非常损失　　C. 坏账损失

D. 废品损失　　E. 在产品盘亏损失

7. 可修复废品必须具备的条件有(　　)。

A. 在技术上可以修复　　B. 在经济上合算

C. 不管修复费用多少　　D. 只要修复后可以使用

8. 计算不可修复废品的净损失，应考虑的因素有(　　)。

A. 不可修复废品的成本　　B. 不可修复废品的修复费用

C. 回收废料价值　　D. 过失人赔偿款

9. 下列属于应计入产品成本的废品损失的有(　　)。

A. 加工原因造成的废品损失　　B. 原材料原因造成的废品损失

C. 入库后保管不善造成的废品损失　　D. 降价出售的损失

E. “三包”损失

10. 属于应计入产品成本的停工损失的有(　　)。

A. 季节性停产损失

B. 修理期间停产损失

C. 非常灾害的停产损失

D. 计划减产造成全厂连续停产十天以上的停产损失

11. 辅助生产车间不设“制造费用”账户核算是因为(　　)。

A. 辅助生产车间数量较少　　B. 制造费用较少

C. 辅助生产车间不对外提供商品　　D. 辅助生产车间规模较小

E. 为了简化核算工作

12. 制造费用的分配方法有(　　)。

A. 生产工人工时比例分配法　　B. 机器工时比例分配法

C. 直接分配法　　D. 计划成本分配法

E. 生产工人工资比例分配法

13. 采用代数分配法分配辅助生产费用的特点有(　　)。

A. 能够提供正确的分配计算结果　　B. 能够简化费用的分配计算工作

C. 适用于实现会计电算化的企业　　D. 便于分析考核各受益单位的成本

E. 核算结果不是很正确

14. 辅助生产车间发生的固定资产折旧费，可能借记的账户有(　　)。

A. “制造费用”　　B. “辅助生产成本”

C. “基本生产成本”　　D. “管理费用”

E. “在建工程”

15. 下列项目中，属于制造费用所属项目的有(　　)。

A. 生产车间的保险费　　B. 厂部办公楼折旧费

C. 在产品盘亏和毁损费　　D. 低值易耗品摊销费

E. 季节性停工损失费

三、判断题

1. 采用交互分配法，交互分配后的各辅助生产单位的待分配费用，应分配给全部受益对象。(　　)

2. 不可修复废品是指技术上不能修复的废品。(　　)

3. “三包”损失属于废品损失。(　　)

4. 季节性生产企业在停工期间发生的费用，不作为停工损失。(　　)

5. 辅助生产车间发生的制造费用，都应通过制造费用账户进行核算。(　　)

6. 用交互分配法分配辅助生产费用，只在辅助生产车间之间分配，不对外分配。(　　)

7. 辅助生产车间的实际费用和按计划成本计算的分配额之间的差额，可列入“管理费用”账户，超支用蓝字，节约用红字。(　　)

8. 季节性生产企业在停工期间所发生的费用，应全部在“制造费用”账户加以归集，并由全年所生产的产品成本负担。(　　)

9. “制造费用”账户归集的制造费用应在每月月末，采取适当的分配方法分配计入各种产品成本。(　　)

10. 采用一次交互分配法，交互分配后各辅助生产单位的待分配费用，应全部分配给各受益对象。(　　)

11. 辅助生产车间产品或劳务的成本计算方法，与基本生产车间一样，应按生产的特点

和管理的要求加以确定。（　）

12. 辅助生产费用按代数分配法分配，其分配结果最为准确。（　）

13. 直接成本比例法适用于直接成本与制造费用之间存在一定的比例关系的生产车间采用。（　）

14. 采用计划分配率法分配制造费用，实际与预订计划分配额的差异，可在年终调整时记入“管理费用”账户。（　）

15. 不单独核算废品损失的企业，可修复废品的损失应直接计入有关的成本项目。（　）

16. 只有在生产过程中发现的废品，其废品损失才能计入产品成本。（　）

17. 大修理期间的停工损失应记入“营业外支出”账户。（　）

18. 不单独设置停工损失账户的企业，其停工损失可直接记入“生产成本”账户。（　）

19. 产品入库以后由于保管不善等而损坏变质的损失，应作为管理费用处理。（　）

20. 直接用于产品生产的电力费用，应记入“基本生产成本”账户。（　）

四、名词解释

综合费用　直接分配法　交互分配法　制造费用　可修复废品　不可修复的废品　废品损失　停工损失

五、思考题

1. 如何进行辅助生产费用的归集？
2. 辅助生产费用分配的方法有哪些？各适用于哪些情况？
3. 试比较直接分配法、交互分配法和计划成本分配法的特点和主要优缺点。
4. 什么是制造费用？它包括哪些费用项目？
5. 常用的制造费用的分配方法有哪几种？
6. 什么是废品损失？如何进行不可修复废品损失和可修复废品损失的核算？
7. 什么是停工损失？哪些情况下的停工损失不能计入成本？

六、单项训练

【训练 3-1】

训练目的　训练制造费用分配。

训练资料

(1) 某公司一个基本生产车间生产 A、B、C 三种产品，2023 年 5 月制造费用明细分类账如表 3-14 所示。

(2) A、B、C 三种产品直接生产工人工资、直接材料费用、实际耗用生产工时已知，具体如表 3-15 所示。

训练要求　分别采用直接工资比例法、直接成本比例法和生产工时比例法，编制相应的制造费用分配表(见表 3-16、表 3-17、表 3-18)，并编制制造费用分配的会计分录(只需编制一种方法的会计分录)。

表 3-14　制造费用明细分类账

车间：一车间　　2024 年 5 月　　单位：元

年		凭证号码	摘　要	明细项目								小　计
月	日			工资及福利费	办公费	水电费	差旅费	机物料消耗费	折旧费	劳动保护费	其　他	
略	略	略	分配工资及福利费	600								600
			支付办公费		200							200
			支付水电费			800						800
			支付差旅费				2 400					2 400
			分配材料费					1 320				1 320
			计提折旧费						4 680			4 680
			支付劳动保护费							560		560
			支付保险费等								1 440	1 440
			合　计	600	200	800	2 400	1 320	4 680	560	1 440	12 000
			月末转出	-600	-200	-800	-2 400	-1 320	-4 680	-560	-1 440	-12 000

表 3-15　直接人工、直接材料及工时资料

2024 年 5 月

产品品种	直接人工/元	直接材料/元	实际耗用生产工时/时
A	2 700	5 600	480
B	1 200	4 500	180
C	3 600	6 400	540
合　计	7 500	16 500	1 200

表 3-16　制造费用分配表(直接工资比例法)

2024 年 5 月

成本计算对象	直接人工	分配率	分配金额
……			
合　计			

表 3-17　制造费用分配表(直接成本比例法)

2024 年 5 月

成本计算对象	直接材料	直接人工	合　计	分配率	分配金额
……					
合　计					

表 3-18　制造费用分配表(生产工时比例法)

2024 年 5 月

成本计算对象	实际耗用生产工时	分配率	分配金额
……			
合　计			

【训练 3-2】

训练目的　训练辅助生产费用分配的直接分配法。

训练资料　某企业设有供水和供电两个辅助生产车间，各辅助生产车间之间相互提供的劳务不多，本月发生的生产费用和劳务供应量如下。

(1) 本月劳务供应量及各受益对象的耗用量如表 3-19、表 3-20 所示。

表 3-19　劳务供应通知单(供水车间)

辅助生产车间：供水车间　　2024 年 5 月

劳务种类	单位	各受益对象耗用量							
		一车间		二车间		供水车间	供电车间	厂　部	合　计
		A 产品	管理用	B 产品	管理用				
供水	吨	7 000	1 000	5 500	500		500	1 000	15 500

表 3-20　劳务供应通知单(供电车间)

辅助生产车间：供电车间　　2024 年 5 月

劳务种类	单位	各受益对象耗用量							
		一车间		二车间		供水车间	供电车间	厂　部	合　计
		A 产品	管理用	B 产品	管理用				
供电	度	5 500	500	9 000	1 000	500		2 000	18 500

(2) 辅助生产费用明细账上归集的辅助生产费用总额为：供水车间 6 000 元；供电车间 4 500 元。

训练要求　采用直接分配法编制辅助生产费用分配表(见表 3-21)，并根据分配结果编制记账凭证(以会计分录代替)。

表 3-21　辅助生产费用分配表

2024 年 5 月

辅助生产车间	应分配费用/元	提供劳务总量	单位成本/元	各受益对象的受益数量和应分配费用									
				A 产品		B 产品		一车间		二车间		厂　部	
				数量/件	金额/元	数量/件	金额/元	数量/件	金额/元	数量/件	金额/元	数量/件	金额/元
供水													
供电													
合计/元													

【训练 3-3】

训练目的 训练辅助生产费用分配的一次交互分配法。

训练资料 某企业设有车队、机修两个辅助生产车间，本月提供的劳务量和发生的费用总额如下。

劳务供应量及各受益对象的耗用量如表 3-22 所示。

辅助生产费用明细账上归集的辅助生产费用总额为：车队为 4 950 元；机修车间为 17 000 元。

表 3-22 劳务供应通知单

2024 年 5 月

辅助生产车间	劳务数量		各受益对象耗用量						
	单 位	数 量	A 产品	B 产品	一车间	二车间	厂 部	车 队	机 修
车队	吨公里	16 500	7 000	5 200	2 000	800	1 000		500
机修车间	工时	8 500	4 000	2 500	400	600	500	500	

训练要求 采用一次交互分配法编制辅助生产费用分配表(见表 3-23)，并根据分配结果编制会计分录。

表 3-23 辅助生产费用分配表

2024 年 5 月

项 目		交互分配			直接分配		
辅助生产车间		车队	机修	合计	车队	机修	合计
待分配费用/元							
供应数量							
分配率							
车队	耗用数量						
	分配金额/元						
机修车间	耗用数量						
	分配金额/元						
A 产品	耗用数量						
	分配金额/元						
B 产品	耗用数量						
	分配金额/元						
一车间	耗用数量						
	分配金额/元						
二车间	耗用数量						
	分配金额/元						
厂 部	耗用数量						
	分配金额/元						

【训练 3-4】

训练目的　训练辅助生产费用分配的计划成本分配法。

训练资料　见训练 3-3。假定车队的计划单位成本为 0.25 元/吨公里，机修车间的计划单位成本为 1.80 元/工时。

训练要求

(1) 采用计划成本法编制辅助生产费用分配表(见表 3-24)。

表 3-24　辅助生产费用分配表

2024 年 5 月

分配对象	分配数量		分配金额		合　计
	车　队	机修车间	车　队	机修车间	
	吨公里	小时	0.25 元/吨公里	1.80 元/工时	
车队					
机修车间					
A 产品					
B 产品					
一车间					
二车间					
厂部					
合计/元					

(2) 编制辅助生产费用差异计算表(见表 3-25)。

表 3-25　辅助生产费用差异计算表

2024 年 5 月　　单位：元

部　门	应分配额			按计划成本的分配额	差异额
	直接发生	转　入	合　计		
车队					
机修车间					
合计					

(3) 编制辅助生产费用差异分配表(见表 3-26)。

表 3-26　辅助生产费用差异分配表

2024 年 5 月　　单位：元

分配对象	分配标准(计划分配额)	分配率	分配额
一车间			
二车间			
合计			

(注：以计入各种产品的辅助生产费用的计划成本为分配标准，一车间生产 A 产品，二车间生产 B 产品。分配率保留至小数点后 5 位，余下四舍五入。)

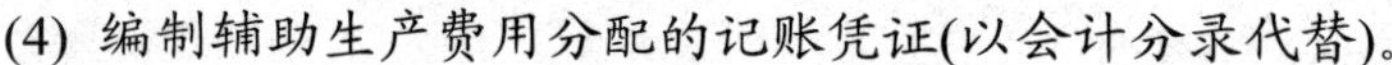

(4) 编制辅助生产费用分配的记账凭证(以会计分录代替)。

【训练 3-5】

训练目的 训练辅助生产费用分配的代数分配法。

训练资料 见训练 3-3。

训练要求

(1) 计算辅助生产费用分配率。

(2) 采用代数分配法编制辅助生产费用分配表(见表 3-27)。

(3) 编制辅助生产费用分配的记账凭证(以会计分录代替)。

表 3-27 辅助生产费用分配表(代数分配法)

2024 年 5 月

辅助生产车间	待分配费用/元	分配数量/件	分配率	分配额									
				A 产品		B 产品		一车间		二车间		厂部	
				数量/件	金额/元	数量/件	金额/元	数量/件	金额/元	数量/件	金额/元	数量/件	金额/元
机修车间													
车队													
合计													

【训练 3-6】

训练目的 训练不可修复废品损失核算的实际成本法。

训练资料 某企业第一生产车间系生产甲产品，原材料在生产开始时一次投入。本月完工合格品 580 件，生产过程中发现不可修复废品 20 件，合格品和废品的全部生产工时为 29 500 小时，其中废品生产工时为 500 小时。甲产品生产成本明细账上列示的合格品和废品的全部生产费用为：直接材料为 90 000 元，直接人工为 16 225 元，制造费用为 13 275 元，废品残料回收价值为 500 元。

训练要求

(1) 采用实际成本法根据资料编制废品损失计算表(见表 3-28)。直接材料费用按合格品产量和废品数量的比例分配，其他费用按生产工时比例分配。

(2) 根据废品损失计算表编制记账凭证(以会计分录代替)。

【训练 3-7】

训练目的 训练不可修复废品损失核算的定额成本法。

训练资料

(1) 参见训练 3-6 的有关资料。

(2) 甲产品的单位废品定额成本为：直接材料为 160 元，每工时直接人工为 0.58 元，制造费用为 0.40 元。

表 3-28　废品损失计算表(实际成本法)

车间：一车间

产品名称：甲产品　　　　　　　　2024 年 5 月

项　目	数量/件	直接材料/元	生产工时/时	直接人工/元	制造费用/元	合　计
费用总额						
分配率						
废品成本						
减：残值						
减：赔款						
废品损失						

训练要求

(1) 按定额成本法填制废品损失计算表(见表 3-29)。

(2) 根据废品损失计算表编制记账凭证(以会计分录代替)。

表 3-29　废品损失计算表(定额成本法)

车间：一车间

产品名称：甲产品　　　　　　　　2024 年 5 月　　　　　　　　单位：元

项　目	直接材料	直接人工	制造费用	成本合计
费用定额				
废品数量/工时				
废品定额成本				
减：残值				
废品损失				

【训练 3-8】

训练目的　训练可修复废品修复费用和不可修复废品损失的核算。

训练资料　某企业第一生产车间在生产甲产品时，有 20 件不可修复废品(按定额成本计算废品损失)和 10 件可修复废品。

(1) 该企业本月甲产品生产成本明细账上归集的全部生产费用(不包括返修费用)参见训练 3-7 的有关资料。

(2) 对 20 件不可修复废品的废品损失按训练 3-7 的资料计算。

(3) 10 件可修复废品的修复费用为：直接材料为 500 元，直接人工为 100 元，制造费用为 50 元。

训练要求

(1) 根据上述资料登记生产成本明细账(见表 3-30)和废品损失明细账(见表 3-31)。

(2) 编制有关的记账凭证(以会计分录代替)。

表 3-30　生产成本明细账

产品名称：甲产品　　产量：610 件　　2024 年 5 月　　单位：元

2024 年		摘　要	直接材料	直接人工	制造费用	废品损失	合　计
月	日						
略	略	根据各分配表	90 000	16 225	13 275		119 500

表 3-31　废品损失明细账

产品名称：甲产品　　2024 年 5 月　　单位：元

2024 年		摘　要	直接材料	直接人工	制造费用	合　计
月	日					
略	略	返修费用	500	100	50	650

【训练 3-9】

训练目的　训练停工损失的计算。

训练资料　某企业第一生产车间 5 月停工 5 天，停工期间发生的费用为：工人工资为 1 140 元，应分配的制造费用为 360 元。经查明，停工系责任事故造成，应由事故责任人张三赔偿 500 元，其余由该车间两种产品按生产工时比例分配负担。甲产品的生产工时为 16 000 小时，乙产品的生产工时为 24 000 小时。

训练要求

(1) 计算该车间的停工净损失。

(2) 在甲、乙两种产品之间分配停工净损失。

(3) 编制有关的会计分录。

微课视频

扫一扫，获取本项目相关微课视频。

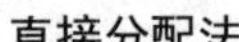

直接分配法

交互分配法和代数分配法

计划成本分配法

顺序分配法

制造费用归集和分配概念及工人工时比例分配法

生产工人工资比例分配法、机器工时比例分配法、年度计划分配率分配法

废品损失概述

停工损失的归集和分配

可修复废品的归集和分配

不可修复废品的归集和分配

项目四

完工产品成本的核算

【知识目标】

- 了解产品成本归集的内容。
- 了解在产品的概念和核算方法。
- 掌握约当产量比例法的内容和适用情况。

【技能目标】

- 能够将生产费用在完工产品与期末在产品之间进行合理分配。

【素养目标】

- 培养遵纪守法意识，积极践行会计人员的“三坚三守”会计职业道德。
- 培养节约意识，树立正确的价值观、消费观。
- 培养精益求精的工作作风、团队协作意识、大数据思维意识。

案例引导

某企业生产的产品是各种口味的月饼。月末进行核算时，共消耗原材料为 24 000 元，人工费用为 16 000 元，制造费用为 12 000 元；生产月饼 6 000 个，其中 1 000 个月饼没有完工，但是原材料已经投入，加工进度到一半。

请问：每个月饼的单位成本是多少元？完工的月饼和未完工的月饼成本分别如何计算？

理论认知

任务一　产品成本的归集

一、产品成本归集的概念

企业在产品生产过程中，会耗用各种材料费用，发生人工费用和其他费用，也会发生各种辅助生产费用、制造费用等，生产费用经过一系列的分配、汇总后，应计入本月产品成本的各项费用已归集在“生产成本”“基本生产成本”账户及其所属的明细账户中，并按成本项目予以反映。

基本生产是指为完成企业主要生产目的而进行的产品生产。“基本生产成本”归集基本生产所发生的各种生产费用，计算基本生产的产品成本。“基本生产成本”科目应按产品品种或产品批别、生产步骤等成本计算对象设置产品成本明细分类账(或称基本生产明细账、产品成本计算单)，账内按产品成本项目分设专栏或专行。该科目借方登记企业为进行基本生产而发生的各种费用；贷方登记转出的完工入库的产品成本；余额在借方，表示基本生产的在产品成本，即基本生产在产品占用的资金。基本生产成本明细账的格式如表 4-1 所示。

表 4-1　基本生产成本明细账

产品名称：乙产品　　　　单位：元

2024 年		摘　要	直接材料	直接人工	制造费用	合　计
月	日					
		月初在产品成本				
		本月发生费用				
		费用合计				
		本月完工产品转出				
		在产品成本				

二、产品成本归集的方法

归集基本生产费用时，应该注意以下内容。

(1) 基本生产费用应按车间区分产品、劳务设置明细账。基本生产费用的归集，首先按车间类别进行归集，然后再按不同的产品或劳务并分成本项目进行归集，明细账内按成本项目设专栏，直接生产费用应根据材料分配表和有关的凭证在有关项目内进行登记。

(2) 基本生产车间发生的除直接材料费用、直接人工费用等以外的其他费用应计入制造费用。如果是属于多种产品或多种劳务的间接费用，应先记入按车间类别设置的“制造费用——基本生产车间”明细账，月终再按一定的标准分配记入本车间各产品或劳务的“基本生产成本”明细账。

在基本生产成本的核算中，往往编制“产品成本计算单”对生产成本进行归集和分配的核算。生产成本归集的核算如表 4-2 所示。

表 4-2　产品成本计算单

车间：缝纫车间

产品：衬衫　　2024 年 6 月　　单位：元

摘　要	直接材料	自制半成品	直接人工	制造费用	合　计
月初在产品成本	200	1 100	4 836	751	6 887
本月材料费	2 900				2 900
本月领用半成品		48 000			48 000
本月人工费			15 264		15 264
本月制造费				23 349	23 349
费用合计	3 100	49 100	20 100	24 100	96 400

任务二　在产品数量的核算

一、在产品数量核算概述

生产费用经过一系列的分配、汇总后，应计入本月产品成本的各项费用已归集在“基本生产”账户及其所属的明细账户中，并按成本项目予以反映。此时应将费用分配到该产品的本月完工产品与本月月末在产品中，具体有以下三种情况。

(1) 某种产品在没有在产品的情况下，计入该种产品成本的全部生产费用，即本期完工产品的成本。

(2) 如果本月没有完工产品，计入该种产品的全部生产费用，即期末在产品成本。

(3) 如果既有完工产品，又有在产品，那么该种产品本月发生的生产费用加月初在产品的生产费用，需要采用适当的分配方法，在本月完工产品和期末在产品之间进行分配，分别计算出完工产品成本和月末在产品成本。

生产费用分配的方法和标准有多种选择，但无论采用哪种方法进行分配，都离不开在产品的数量。取得在产品收入、发出和结存的数量资料，是正确计算完工产品成本的基础。

在产品数量的核算，其主要内容包括两方面：一是做好在产品收入、发出和结存的核算；二是做好在产品定期和不定期的清查盘点，落实数量，查明盈亏的原因和责任。

二、在产品收发结存的日常核算

在产品是指没有完成全部生产过程、不能作为商品销售的产品，包括正在车间加工中的产品、需要继续加工的半成品、等待验收入库的产品、正在返修和等待返修的废品等。对外销售的自制半成品属于可以销售的产品，并已验收入库，故不属于在产品。在产品也不包括不可修复的废品。

对在产品的收入、发出和结存的日常核算，根据在产品的性质不同，应分别进行核算。

(1) 设置“自制半成品”账户。如果在产品是自制半成品，即完成一个生产步骤而未进行下一步生产步骤的半成品，可以通过设置“自制半成品”账户来核算。当自制半成品验收交库时，根据交库单借记“自制半成品”账户；领用时，根据出库单贷记“自制半成品”账户，如表 4-3 所示。

表 4-3　自制半成品明细账

日　期	凭 证 号	摘　要	借　方		贷　方		结　存	
			数量/件	金额/元	数量/件	金额/元	数量/件	金额/元

(2) 设置“在产品收发结存账”。如果在产品是在一个正在加工中的产品，可以通过“在产品收发结存账”进行数量核算。“在产品收发结存账”是按车间设立的，由车间核算人员进行登记，用来核算在产品数量的一种账簿。这种账簿应分车间，按产品品种和名称设置，登记各种在产品的收入、发出和结存数量，如表 4-4 所示。

表 4-4　在产品收发结存账

产品名称：A 产品

车间名称：第一车间

日　期	摘　要	收　入		发　出		结　存	
		凭证号	数量/件	合格品/件	废品/件	完工/件	未完工/件
1 月 15 日		10	120	112		80	32
2 月 15 日		76	160	120	8	40	60
……		……	……	……	……	……	……
	合计		480	400	20	100	120

在产品明细账收入数量和发出数量的登记是根据车间、班组工票、工序进程单以及班组的生产记录和内部转移单等原始凭证进行的。

三、在产品清查的核算

在产品的管理与固定资产及其他存货一样，应该定期或不定期地进行清查，达到在产品账实相符，保护在产品的安全完整。在产品清查报告，如表 4-5 所示。

表 4-5　在产品清查报告

材料名称	规格型号	单　价	账面数量	实盘数量	盘　盈	盘　亏	备　注

根据盘盈数借记“基本生产成本——××产品”账户；贷记“待处理财产损溢”账户。根据盘亏数借记“待处理财产损溢”账户；贷记“基本生产成本——××产品”账户。

毁损在产品的残值，记入“原材料”“银行存款”等科目的借方，“待处理财产损溢”科目的贷方，冲减其损失。

经报批准转销时，应根据不同的原因和责任，分别予以处理。属于经营性损失时，则应借记“管理费用”，贷记“待处理财产损溢”；属于非常损失部分，则应借记“营业外支出——非常损失”，贷记“待处理财产损溢”；对于盘盈部分报批转销时，则应借记“待处理财产损溢”，贷记“管理费用”。

【例 4-1】某工业企业基本生产车间在产品清查结果：甲产品的在产品盘盈 15 件，单位定额成本为 40 元。乙产品的在产品盘亏 8 件，单位定额成本为 60 元，其中过失人赔款 80 元。丙产品的在产品毁损 250 件，单位定额成本 56 元，残料入库作价 3 000 元。其中属于自然灾害损失 4 000 元，应由保险公司赔偿 6 000 元，其余损失计入产品成本。

上述经济业务都已经批准转账。

要求：对以上财产清查的经济业务进行处理。

解析：

(1) 对于甲产品盘盈的核算。

借：基本生产成本——甲产品成本　　600

　　贷：待处理财产损溢　　600

借：待处理财产损溢　　600

　　贷：制造费用　　600

(2) 对于乙产品盘亏的核算。

借：待处理财产损溢　　480

　　贷：基本生产成本——乙产品　　480

借：其他应收款　　80

　　制造费用　　400

　　贷：待处理财产损溢　　480

(3) 对于丙产品毁损的核算。

借：待处理财产损溢　　14 000

　　贷：基本生产成本——丙产品　　14 000

借：原材料　　　　　　　　　　　　　　3 000
　　贷：待处理财产损溢　　　　　　　　　　3 000
借：其他应收款　　　　　　　　　　　　6 000
　　营业外支出　　　　　　　　　　　　4 000
　　制造费用　　　　　　　　　　　　　1 000
　　贷：待处理财产损溢　　　　　　　　　　11 000

任务三　完工产品和在产品之间分配费用的方法

由于在产品具有品种规格多、流动性大、完工程度各不相同等特点，如何合理、简便地划分完工产品成本和月末在产品成本，就成为产品成本计算工作中一个重要而复杂的问题，尤其对于产品结构复杂、零部件种类和加工工序较多的企业，更是如此。企业应根据月末在产品数量的多少、各月月末在产品数量变化的大小、各项成本项目比重的大小、企业定额管理基础工作的好坏等情况，来选择确定适当的分配方法。

完工产品和在产品成本的划分应该按成本项目进行。一般情况下，各成本项目的成本都应在完工产品和月末在产品之间进行分配，以保证正确计算产品成本。但是，在对产品成本计算正确性影响不大的情况下，为了简化成本计算工作，月末在产品也可以只负担部分成本项目的成本。通常情况下，完工产品和在产品之间费用分配的方法主要有两种：一是将月初在产品成本与本月生产费用之和划分为本月完工产品成本和月末在产品成本两部分，即"月初在产品成本+本月生产费用=本月完工产品成本+月末在产品成本"；二是先确定月末在产品成本，然后用月初在产品成本与本月生产费用之和减去月末在产品成本，得到本月完工产品成本，即"月初在产品成本+本月生产费用-月末在产品成本=本月完工产品成本"。

由此可见，生产费用在完工产品和月末在产品之间进行分配，是整个成本核算工作中一个重要而复杂的环节。生产成本如何在完工产品和在产品之间进行分配，取决于企业的生产特点和在产品的具体情况。常用的在产品成本计算方法有以下七种。

一、不计算在产品成本法

不计算在产品成本法是指将某种产品每月发生的生产费用全部作为当月该种产品的完工产品成本，不计算月末在产品成本。采用这种方法时，月末即使有在产品，但也不计算在产品成本。这是因为对于月末在产品数量很少、价值很低，而且各月在产品数量比较稳定的情况，是否计算在产品成本对完工产品成本影响不大，为了简化核算工作，企业可以不计算在产品成本。从公式"本月完工产品成本=月初在产品成本+本月生产费用-月末在产品成本"来看，如果各月月末在产品数量很少，则月初和月末在产品的成本就很小，月初和月末在产品成本的差额就更小。在这种情况下，各产品成本计算单中归集的本月发生的生产费用就是本月该种完工产品的总成本，其再除以产量就是单位产品的制造成本。这种方法适用于期末无在产品或在产品数量很少的企业，以及在产品数量少而稳定的企业，如采掘企业，由于其各月月末在产品数量很少或几乎没有，那么月初和月末的在产品费用就很小。这种方法同时适合于供水、发电等企业。

二、在产品成本按固定年初数计价法

对于月末在产品数量很少或者在产品数量虽大但各月生产比较稳定，月初、月末在产品成本差额对于完工产品成本影响不大的企业，为了简化核算工作、反映在产品占用资金的情况，其年度内各月在产品成本可以按年初在产品成本固定数保留。在这种情况下，各月月末在产品成本不变，月初与月末在产品成本相等，各产品成本计算单中归集的本月发生的生产费用就是本月该种完工产品的总成本。

企业若采用在产品成本按年初数固定计算的方法，在年末必须根据实际盘点数量，运用其他方法重新调整、计算年末在产品成本，并将其作为下一年度各月固定计价的在产品成本，以免在产品成本与实际成本差距过大，影响成本计算的正确性，即每年 1—11 月各月月末在产品的成本固定不变，均采用年初在产品成本作为各月的月末在产品成本。由于每月的在产品成本都是年初在产品成本，实际上本月发生的生产费用即为当月完工产品成本。但在 12 月，企业应该通过实际盘点明确在产品的实际数量，并计算年末在产品成本。一般来说，利用固定容器装置进行生产的炼铁、化工等企业，由于具有生产比较稳定、各月月末在产品数量变化不大的特点，都适合采用这种方法。

三、在产品成本按所消耗原材料计价法

在产品成本按所消耗原材料计价法是指仅将月末在产品所耗原材料费用作为在产品成本，而将其余的生产费用(直接人工和制造费用)全部作为完工产品成本的方法。该方法在计算在产品成本时仅考虑原材料的费用，将直接人工和制造费用等原材料之外的费用完全交由完工产品承担。在直接材料于生产开始时一次性投入的情况下，企业可以按完工产品产量与月末在产品数量的比例分配直接材料费用，求得到月末在产品的直接材料成本。某种产品全部生产费用减去月末在产品直接材料费用，就得到该产品的完工产品成本。此方法适用于材料成本在全部产品成本中所占比重相当大且在开工时一次性投入、各月月末在产品数量较大、变化也大的企业，如纺织、造纸、酿酒等行业的企业。这些企业的产品有一个共同的特点，就是原材料费用在产品成本中所占比重较大。为了简化核算工作，在产品成本可以只计算应负担的原材料费用，不计算加工费用，加工费用全部由完工产品负担，产品成本计算单中的累计生产费用扣除在产品负担的材料费用就是完工产品成本。在产品应负担的原材料费用可以采用约当产量比例法、定额比例法等方法计算。

该方法的计算公式如下。

某产品单位材料成本=该产品所耗材料费用总额÷(该产品完工数量+月末在产品数量)

月末在产品成本=月末在产品数量×该产品单位材料成本

本期完工产品成本=月初在产品成本+本期生产费用−月末在产品成本

【例 4-2】某企业生产 A 产品，该产品的材料成本在全部产品成本中所占比重相当大且在开工时一次性投入，完工产品与在产品之间的费用分配采用在产品按所消耗原材料计价法。A 产品月初在产品直接材料为 20 000 元，本月发生直接材料为 400 000 元，直接人工

为5 000元，制造费用为1500元；本月完工800件，月末在产品200件。因A产品的直接材料费用是生产开始时一次性投入的，则直接材料费用按完工产品和在产品的数量比例分配。具体计算如下。

A产品单位材料成本=(20 000+ 400 000) ÷(800 +200)= 420(元)

完工产品直接材料=800× 420=336 000(元)

月末直接材料(即在产品费用)=200× 420 =84 000(元)

完工产品成本=336 000+5 000+1 500=342 500(元)

或者，完工产品成本=20 000+ (400 000+5 000 +1 500) −84 000= 342 500(元)

四、在产品成本按完工产品成本计价法

在产品成本按完工产品成本计价法是指将当月未完工的在产品按照完工产品计算成本的方法。该方法适用于月末在产品已经接近完工或者产品已经加工完毕，但尚未验收入库的情况。因为这时在产品所耗成本已经接近完工产品，为了简化核算工作，我们可将其视同完工产品，将产品成本计算单中的累计生产费用按照完工产品产量与月末在产品数量的比例进行分配。这种方法实际上属于约当产量比例法的特殊情况，即投料程度和加工程度均为100%时的约当产量比例法。

【例4-3】B产品月初在产品及本月发生的生产费用合计为：直接材料为42 000元，直接人工为8 400元，制造费用为7 000元，总计57 400元。B产品本月完工500件，月末在产品200件，这些在产品已完成总工序的95%，月末在产品成本可以按完工产品成本计价法进行计算。根据以上资料，编制B产品生产费用分配表，如表4-6所示。

表4-6　B产品生产费用分配

成本项目	生产费用合计/元	费用分配率	完工产品		月末在产品	
			数量/件	费用/元	数量/件	费用/元
①	②	③=②÷(④+⑥)	④	⑤=④×③	⑥	⑦=⑥×③
直接材料费用	42 000	60	500	30 000	200	12 000
直接人工费用	8 400	12	500	6 000	200	2 400
制造费用	7 000	10	500	5 000	200	2 000
合计	57 400			41 000		16 400

表4-6中各项费用的分配率是根据该生产费用的累计数除以完工产品数量与月末在产品数量之和得出的；各费用分配率乘以完工产品数量与月末在产品数量，即求出完工产品和月末在产品分配的各项费用。

五、在产品成本按定额成本计价法

在产品成本按定额成本计价法是指按照预先制定的定额成本计算月末在产品成本的方法。在该方法下，月末在产品成本按其数量和单位定额成本计算。产品的月初在产品成本加上本月生产费用，再减去月末在产品的定额成本，其余额即为完工产品成本。产品每月生产费用与定额的差异，全部由完工产品负担。这种方法适用于定额管理基础较好，各项

消耗定额或费用定额比较准确、稳定，而且各月在产品数量变动不大的企业。

采用这种方法时，企业应根据各种在产品有关定额资料以及在产品月末结存数量，计算各种月末在产品的定额成本。其计算公式如下。

月末在产品直接材料定额成本=月末在产品数量×材料定额消耗量×材料计划单价

月末在产品直接人工定额成本=月末在产品数量×定额工时×计划小时工资率

月末在产品制造费用定额成本=月末在产品数量×定额工时×计划小时费用率

【例 4-4】某企业生产乙产品，采用在产品成本按定额成本计价法分配完工产品和在产品费用。本月发生原材料为 45 000 元、直接人工为 21 000 元、制造费用为 18 000 元。完工产品数量为 400 件，月末在产品为 100 件，月初无在产品结存，原材料在生产开始时一次性投入。相关的定额资料如下：原材料定额消耗量为 60 千克，计划单价为 1 元/千克，月末在产品定额工时为 20 小时，计划小时工资率为 1.5 元/时，计划小时费用率为 1 元/时。

完工产品和月末在产品成本计算如下。

月末在产品原材料定额成本=100×60×1= 6 000(元)

月末在产品直接人工定额成本=100×20×1.5=3 000(元)

月末在产品制造费用定额成本=100×20×1=2 000(元)

月末在产品定额成本= 6 000+3 000+2 000=11 000(元)

完工产品成本=45 000+21 000+ 18 000−11 000= 73 000(元)

在产品成本按定额成本计价法简化了生产费用在完工产品和月末在产品之间的分配工作，但月末在产品定额成本与实际成本之间的差异全部由本月完工产品负担却不尽合理。

六、约当产量比例法

约当产量比例法又称折合产量比例法，是指将月末在产品数量按照投料或完工程度折合为相当于完工产品的产量，即约当产量，然后把月初在产品和本期发生的生产费用总和，根据完工产品产量和月末在产品约当产量的比例进行分配，从而计算完工产品成本和月末在产品成本的方法。该方法适用于月末在产品数量较大、各月月末在产品数量变化也较大、产品成本中原材料和直接人工等加工费用所占的比重相差不多的企业。

企业采用约当产量比例法时，应该正确测定月末在产品的完工程度，而且需要将原材料费用与其他费用分开计算。原材料费用的在产品约当产量应按原材料的投料程度计算，如果原材料在开始生产时一次性投入，则投料程度为 100%，此时对于“原材料”项目而言，1 件月末在产品相当于 1 件完工产品，无须对月末在产品进行折算；如果原材料随加工进度陆续投入，则月末在产品的投料程度与其完工程度一致；如果原材料分工序投入，则企业应根据各工序的材料定额消耗量来计算投料程度，即：

某工序投料程度=该工序材料定额消耗量累计数÷各工序材料定额消耗量之和×100%

除原材料外，其他各项费用(直接人工费用和制造费用)的约当产量应依据在产品的完工程度(即完工率)来计算。若产品需要经过若干加工工序，且各工序产品加工程度不一致，各工序上期期末结存的在产品约当产量应按其在各工序的完工率分别折算，然后各工序在产品约当产量加总就是期末在产品约当产量。

某工序在产品完工率=(前面各工序定额工时之和+该工序定额工时×50%)÷产品定额工时×100%

若各道工序在产品数量和单位产品在各工序所用工时都相差不多，后面各工序在产品多加工的程度可以抵补前面各工序少加工的程度，则全部在产品的加工程度均可平均按50%计算。

约当产量比例法计算公式如下。

月末在产品约当产量=月末在产品数量×完工程度

费用分配率=(月初在产品成本+本月生产费用) ÷(完工产品产量+月末在产品约当产量)

完工产品成本=完工产品产量×费用分配率

月末在产品成本=月末在产品约当产量×费用分配率

或

月末在产品成本=月初在产品成本+本月生产费用−完工产品成本

从上述公式可以看出，完工产品和在产品成本划分的关键是月末在产品约当产量的计算，而月末在产品约当产量计算的关键在于合理确定在产品的投料程度和加工程度。

(一)在产品投料程度的确定

在产品投料程度的计算与产品生产过程中原材料的投料方式密切相关，原材料的投料方式一般可分为以下三种情况。

(1) 如果原材料是生产开始时一次性投入的，则月末在产品投料程度为 100%。此时无论月末在产品的完工程度如何，我们都不需要计算月末在产品的约当产量，可以直接按照完工产品产量和月末在产品数量的比例分配直接材料成本。

(2) 如果原材料是随产品生产加工过程逐步、均衡投入的，则月末在产品投料程度与生产工时的进度基本一致，各成本项目的费用也是同比例增加的，在产品的投料程度可以按加工程度计算。如果投料、加工都均衡发生，在产品又均衡分布，则在产品的投料程度和加工程度可平均按 50%计算。

(3) 如果原材料随生产过程陆续投入，投料程度与生产工时的进度不一致，则我们在分配材料费用时，应单独计算在产品的投料程度，并以此来计算在产品的约当产量。

【例 4-5】某公司生产甲产品，该产品由两道工序连续加工完成，原材料随着生产进度陆续投入，原材料消耗定额第一道工序为 60%、第二道工序为 40%；在产品在本工序的消耗定额按 50%计算。月末在产品数量第一道工序为 1 200 件、第二道工序为 900 件。本月月初在产品原材料费用和本月原材料费用合计为 8 540 元。该月完工产品为 1 360 件。根据以上资料，采用约当产量比例法分配原材料费用，结果如表 4-7 所示。

表 4-7　在产品投料程度及约当产量计算

工　序	材料定额/%	投料程度/%	在产品数量/件	在产品约当产量/件
第一道工序	60	30	1 200	1200×30%=360
第二道工序	40	80	900	900×80%=720
合计	100		2 100	1 080

甲产品直接材料费用分配率=8 540÷(1 360+1 080)=3.5

完工甲产品应负担的直接材料费用=1 360×3.5= 4 760(元)

月末在产品应负担的直接材料费用=1 080×3.5=3 780(元)

(4) 如果原材料是分工序且在每道工序开始时一次性投入的，则每道工序的在产品投料程度是不同的，这时我们就需要分别计算各工序在产品的投料程度。

【例 4-6】假定某产品的加工需经过三道工序完成，原材料分三次在每道工序开始时一次性投入，该产品材料消耗定额为 200 千克，其中第一道工序投入 80 千克，第二道工序投入 60 千克，第三道工序投入 60 千克。若三道工序在产品的盘存数量分别为 40 件、60 件和 40 件，则各工序在产品投料程度和约当产量的计算结果如表 4- 8 所示。

表 4-8　月末在产品约当产量计算

工　序	材料消耗定额/千克	月末在产品数量/件	在产品投料程度/%	在产品约当产量/件
第一道工序	80	40	40	16
第二道工序	60	60	70	42
第三道工序	60	40	100	40
合计	200			98

如果本月直接材料费用累计为 30 900 元，本月完工产品为 520 件，则：

直接材料费用分配率=30 900÷ (520+98)= 50

完工产品直接材料费用=520×50=26 000(元)

月末在产品直接材料费用=98×50=4 900(元)

(二)在产品加工程度的确定

在产品的加工程度一般可以通过技术测定或其他方法测定。

如果产品加工进度比较均衡，且各工序在产品数量又均衡分布，则月末在产品的加工程度可以按平均 50%计算。因为在这种情况下，第一道工序在产品的加工虽然刚刚开始，但最后一道工序的在产品则已接近完工，后面各工序在产品多加工的程度可以抵补前面几道工序少加工的程度，两者平均按 50%计算是比较合理的。

【例 4-7】某企业生产甲产品，原材料在生产开始时一次性投入，本月甲产品完工入库 240 件，月末在产品 80 件，加工程度为 50%，则完工产品成本和月末在产品成本的计算结果如表 4-9 所示。

表 4-9　产品成本计算单

产品名称：甲产品　　　　2024 年 2 月　　　　单位：元

摘　要	直接材料费用	燃料和动力费用	直接人工费用	制造费用	合　计
月初在产品成本	3 100	650	720	940	5 410
本月生产费用	16 100	2 710	3 200	3 540	25 550
生产费用累计	19 200	3 360	3 920	4 480	30 960
单位成本(分配率)	60	12	14	16	102
本月完工产品成本	14 400	2 880	3 360	3 840	24 480
月末在产品成本	4 800	480	560	640	6480

具体计算过程如下：

直接材料成本项目在产品约当产量=80×100% =80(件)

其他费用项目在产品约当产量=80×50% =40(件)

直接材料费用分配率=19 200÷(240+80)=60

完工产品负担的直接材料费用=240×60= 14 400(元)

在产品负担的直接材料费用=80×60= 4 800(元)

燃料和动力费用分配率=3 360+ (240+40)=12

完工产品负担的燃料和动力费用=240×12=2 880(元)

在产品负担的燃料和动力费用=40×12= 480(元)

直接人工费用分配率=3 920÷(240+40)=14

完工产品负担的直接人工费用=240×14=3 360(元)

在产品负担的直接人工费用=40×14= 560(元)

制造费用分配率=4 480÷(240+40)=16

完工产品负担的制造费用= 240×16=3 840(元)

在产品负担的制造费用=40×16=640(元)

如果产品加工进度不均衡，或者各工序在产品数量分布不均衡，则月末在产品的完工程度就不能按平均 50%计算，而应该分工序测定各工序在产品的完工程度。计算公式如下。

某工序在产品完工程度=[(前面各工序累计定额工时+本工序定额工时×50%)÷完工产品定额工时]×100%

【例 4-8】某产品要经过三道工序加工完成，单位产品定额工时为 30 小时，其中第一道工序定额工时为 6 小时，第二道工序定额工时为 12 小时，第三道工序定额工时为 12 小时。各工序的在产品完工程度计算如下：

第一道工序在产品完工程度=(6×50% ÷ 30)×100% = 10%

第二道工序在产品完工程度=[(6+12×50%)÷30]×100% = 40%

第三道工序在产品完工程度=[(18 + 12×50%) ÷ 30]×100% = 80%

假如该产品本月完工 500 件，三道工序的在产品数量分别为 30 件、100 件和 40 件，该产品应负担的制造费用总额为 8 050 元，则在产品的约当产量以及完工产品和在产品应负担的制造费用计算如下：

第一道工序在产品的约当产量= 30×10% =3(件)

第二道工序在产品的约当产量=100×40% = 40(件)

第三道工序在产品的约当产量=40×80% = 32(件)

在产品总的约当产量=3 + 40 + 32 =75(件)

制造费用分配率= 8 050 ÷ (500+75) = 14

完工产品负担的制造费用= 500×14 = 7 000(元)

在产品负担的制造费用=75×14 = 1 050(元)

【例 4-9】某企业甲产品本月完工产品数量为 100 件，在产品数量为 20 件，完工程度按平均 50%计算，原材料在生产开始时一次性投入，其他费用按约当产量比例分配。甲产品本月月初在产品和本月直接材料共计 144 000 元、直接人工为 66 000 元、制造费用为 9 900 元。

甲产品各项费用的分配计算过程如下。

(1) 直接材料的分配。

由于材料在生产开始时一次性投入，因此应按完工产品和在产品的实际数量比例进行分配，不必计算约当产量。

完工产品应负担的直接材料成本=144 000÷(100+ 20)×100= 120 000(元)

月末在产品应负担的直接材料成本=144 000÷ (100+ 20)×20=24 000(元)

(2) 直接人工的分配。

直接人工费用和制造费用均应按约当产量进行分配，在产品 20 件折合约当产量 10 件(20×50%)。

完工产品应负担的直接人工=66 000÷ (100+10)×100=60 000(元)

月末在产品应负担的直接人工=66 000 ÷ (100+10)×10=6 000(元)

(3) 制造费用的分配。

完工产品应负担的制造费用=9 900÷ (100+10)×100 =9 000(元)

月末在产品应负担的制造费用=9 900 ÷(100+10)×10 =900(元)

根据以上按约当产量比例法分配计算的结果，汇总甲产品完工产品成本和在产品成本计算如下：

本月甲产品完工产品成本=120 000+60 000+9 000=189 000(元)

本月甲产品在产品成本= 24 000+ 6 000 + 900 =30 900(元)

七、定额比例法

定额比例法是指将产品的生产费用按完工产品和月末在产品的定额消耗量或定额费用的比例进行分配的方法。通常情况下，直接材料费用与非直接材料费用应分开计算，直接材料费用按照材料定额消耗量或定额费用比例分配，直接人工和制造费用则按定额工时比例进行分配。这种方法适用于各项定额消耗量或定额费用比较准确、稳定，但各月月末在产品数量变化较大的产品生产企业。我们采用这一方法，不仅使分配结果比较合理，而且还便于将实际成本与定额成本相比较，以考核和分析定额的执行情况。

(一)计算完工产品和月末在产品的直接材料定额消耗量及定额工时

完工产品和月末在产品的直接材料定额消耗量及定额工时的计算公式如下。

完工产品直接材料定额消耗量=完工产品数量×单位产品直接材料定额消耗量

月末在产品直接材料定额消耗量=月末在产品数量×单位产品直接材料定额消耗量

完工产品定额工时=完工产品数量×单位产品定额工时

月末在产品定额工时=月末在产品数量×单位产品定额工时

(二)计算分配率

分配率的计算公式如下。

分配率=(月初在产品实际成本+本月实际成本)÷(完工产品定额消耗量+月末在产品定额消耗量)

(三)计算完工产品成本和月末在产品成本

完工产品成本和月末在产品成本的计算公式如下。

月末在产品成本=月末在产品定额消耗量×分配率

完工产品成本=完工产品定额消耗量×分配率

或

完工产品成本=费用总额-月末在产品成本

上述公式中的“定额消耗量”可使用“定额费用”“定额工时”等参数替代。

【例 4-10】某产品由甲、乙两种零件组成，需耗用 A、B 两种材料，材料于生产开始时一次性投入，甲、乙两种零件各经过两道工序加工，产品及零件定额资料分别如表 4-10 和表 4-11 所示。

表 4-10　产品及零件材料定额成本

项　目		A 材料(1 元/千克)	B 材料(2 元/千克)	小　计	产品需零件个数	产品材料定额成本/元
甲零件	数量	8	2	12	1	12
	成本	8	4			
乙零件	数量	12	4	20	2	40
	成本	12	8			
合计						52

表 4-11　产品及零件定额工时

零件名称	第一道工序/时	第二道工序/时		产品需零件个数	产品定额工时/时
		本工序	累　计		
甲零件	2	4	6	1	6
乙零件	1	2	3	2	6
合计					12

本月完工产品入库 1 000 件，月末在产品数量如表 4-12 所示。

表 4-12　月末在产品数量　　单位：件

零件名称	第一道工序	第二道工序
甲零件	10	20
乙零件	5	10

注：假设各工序在产品的加工程度均为 100%。

该产品本月累计生产费用为 259 340 元，其中包括直接材料为 210 640 元、直接人工为 29 220 元、制造费用为 19 480 元，则按定额比例法分配计算完工产品和月末在产品成本的过程如下。

(1) 计算完工产品和月末在产品定额，结果如表 4-13 所示。

表 4-13　定额资料计算表

项　目		数量/件		材料定额成本/元		定额工时耗用量/时	
		第一道工序	第二道工序	单位定额	总定额	单位定额	总定额
在产品	甲零件	10	20	12	360		140
	乙零件	5	10	20	300		35
	小计				660		175
完工产品		1 000		52	52 000	12	12 000
合计					52 660		12 175

在表 4-13 中，月末在产品定额工时耗用量计算如下。

甲零件定额工时耗用量=2×10+6×20 = 140(小时)

乙零件定额工时耗用量=1×5+3×10 = 35(小时)

(2) 确定各成本项目费用分配率。

直接材料分配率=210 640 ÷ (52 000 + 660) = 4

直接人工分配率=29 220 ÷(12 000 + 175)= 2.4

制造费用分配率=19 480 ÷ (12 000 + 175)=1.6

(3) 计算完工产品成本和月末在产品成本，结果如表 4-14 所示。

表 4-14　产品成本计算单

产品名称：××　　　　日期：2024 年 6 月　　　　单位：元

摘　要		直接材料	直接人工	制造费用	合　计
生产费用累计		210 640	29 220	19 480	259 340
分配率		4	2.4	1.6	
本月完工产品成本	定额	52 000	12 000 小时	12 000 小时	
	实际	208 000	28 800	19 200	256 000
月末在产品成本	定额	660	175 小时	175 小时	
	实际	2 640	420	280	3 340

【例 4-11】某企业 2024 年 12 月继续生产 D 产品，月初在产品 10 件，本月投产 50 件，本月完工验收入库 55 件，月末在产品 5 件。直接材料于生产开始时一次性投入，D 产品单位直接材料定额消耗量为 200 千克，定额工时为 400 小时，月末在产品单件定额工时为 240 小时。其基本生产成本明细账如表 4-15 所示。

根据上述资料，编制表 4-16 以反映定额比例法下的完工产品与月末在产品成本的计算过程。

除以上七种计算在产品成本的方法外，在实际工作中，对于生产周期短、工艺过程比较简单的产品，我们可以将在产品按完工程度分成两个阶段，按不同方法计算在产品成本。换言之，月末凡是处于生产过程前一阶段的在产品，可只计算其应负担的原材料费用，其他费用全部由完工产品成本负担；凡是处于生产过程后一阶段或已经加工完毕但尚未验收入库的在产品，可以视同完工产品，以简化核算工作。

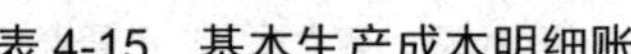

表 4-15　基本生产成本明细账

产品名称：D　　　　单位：元

2022 年		凭　证		摘　要	成本项目			
月	日	种类	号数		直接材料	直接人工	制造费用	合计
12	1			月初在产品成本	9 000	3 000	5 000	17 000
12	31	—	—	耗料	18 000			18 000
	31			用工		5 000		5 000
	31			分配制造费用			9 000	9 000
	31			本月生产费用累计	27 000	8 000	14 000	49 000
	31			转出完工产品成本	24 750	7 480	13 200	45 430
				月末在产品成本	2 250	520	800	3 570

表 4-16　完工产品与月末在产品成本计算表

产品名称：D　　　　2024 年 12 月　　　　单位：元

项　目		直接材料	直接人工	制造费用	成本合计
月初在产品成本①		9 000	3 000	5 000	17 000
本月生产费用②		18 000	5 000	9 000	32 000
生产费用合计③		27 000	8 000	14 000	49 000
定额消耗量合计④		12 000	23 200	23 200	
成本费用分配率⑤		2.25	0.34	0.60	
完工产品	定额消耗量⑥	11 000	22 000	22 000	
	实际成本⑦	24 750	7 480	13 200	45 430
月末在产品	定额消耗量⑧	1 000	1 200	1 200	
	实际成本⑨	2 250	520	800	3 570

注：③=①+②；⑤=③÷④；④=⑥+⑧；⑦=⑥×⑤；⑨=③−⑦。

任务四　完工产品成本的结转

对于企业生产完成的完工产品，生产单位应填制完工产品入库单，并同质检部门出具的质量验收合格凭证一起送交产成品仓库，产成品仓库据以作为产成品入库的依据。我们从表 4-16 可以清楚地看到 D 产品本月需要分配的生产费用(49 000 元)已分解为完工产品成本(45 430 元)和月末在产品成本(3 570 元)。完工产品成本应从"生产成本——基本生产成本"账户的贷方转出，记入"库存商品"账户的借方。"生产成本——基本生产成本"账户月末的借方余额就是月末在产品的成本，也是资产负债表中存货的构成部分，完工产品应编制的会计分录如下。

借：库存商品——D 产品　　　　45 430

　　贷：生产成本——基本生产成本　　　　45 430

案例解析

6 000 个月饼如果都完工了，所有的费用可以平均分配。1 000 个没有完工的月饼，原材料全部投入，所以原材料费用可以按 6 000 个分配。加工进度到一半，即相当于 500 个完工月饼，所以人工费用和制造费用应该按 5 500(5 000+500)个月饼分配。

项 目 小 结

本项目介绍了在产品数量的核算，而在产品数量的确定是核算在产品成本的基础，在产品成本与完工产品成本之和就是产品的生产费用。月末，产品成本明细账中按照成本项目归集的生产费用还需明确完工产品和月末在产品的成本。此外。本项目还介绍了在产品不计算成本法、在产品成本按固定年初数计价法、在产品成本按所消耗原材料计价法、在产品成本按完工产品成本计价法、在产品成本按定额成本计价法、约当产量比例法和定额比例法七种生产费用分配方法。企业应结合自身的生产特点、在产品数量的多少及变化大小各项成本比重的大小以及定额管理基础的好坏等具体条件，采用适当的分配方法将生产费用在完工产品和月末在产品之间进行分配。

项目强化训练

一、单项选择题

1. 在产品数量的日常核算应设置(　　)。

A. 生产成本明细账　　B. 在产品台账

C. 制造费用明细账　　D. 在产品明细账

2. 某种产品月末在产品数量较大，各月末在产品数量变化也较大，产品成本中直接材料费用和各项费用所占比重相差不多，应采用(　　)。

A. 在产品按定额成本计价法　　B. 约当产量比例法

C. 按年初数固定计算在产品成本法　　D. 在产品按所耗直接材料费用计价法

3. 累计生产成本按完工产品和月末在产品数量分配时应具备的条件是(　　)。

A. 材料是陆续投入的　　B. 在产品已接近完工

C. 在产品数量很少　　D. 材料是生产开始时一次投入的

4. 在产品完工率的计算方法为，(　　)与完工产品工时定额的比率。

A. 所在工序工时定额

B. 所在工序工时定额的 50%

C. 所在工序累计工时定额

D. 上道工序累计工时定额与所在工序工时定额的 50%的合计数

5. 原材料在每道工序开始时一次投料的情况下，分配直接材料费用的在产品完工率，等于直接材料的(　　) 与该产品完工的原材料消耗定额的比率。

A. 所在工序消耗定额　　　　　　　　B. 所在工序累计消耗定额
C. 所在工序累计消耗定额的 50%　　　D. 所在工序消耗定额的 50%

6. 采用约当产量比例法，如果产品生产过程中燃料和动力、直接人工和制造费用的发生都比较均衡，这几个成本项目的在产品完工程度可以按(　　)计算。

A. 25%　　　B. 50%　　　C. 60%　　　D. 100%

7. 某厂生产的甲产品顺序经过第一、第二两道工序加工，原材料在第一道工序生产开始时投入 90%，第二道工序生产开始时投入 10%，则第二道工序月末在产品的投料率为(　　)。

A. 10%　　　B. 90%　　　C. 50%　　　D. 100%

8. 某企业产品经过两道工序，各工序的工时定额分别为 30 小时和 40 小时，则第二道工序的在产品完工率为(　　)。

A. 68%　　　B. 69%　　　C. 70%　　　D. 71%

9. 下列方法中，不属于完工产品与月末在产品之间分配费用的方法是(　　)。

A. 约当产量比例法　　　　　　　　B. 不计算在产品成本法
C. 年度计划分配率分配法　　　　　D. 定额比例法

10. 不计算在产品成本法的适用范围是(　　)。

A. 在产品数量较大，且各月数量大体稳定
B. 在产品数量较小，且各月数量变动不大
C. 材料费用占产品成本的比重较大
D. 在产品已接近完工

11. 完工产品与在产品之间分配费用，采用按年初数固定计算在产品成本法，适用的情况是(　　)。

A. 各月末在产品数量很小
B. 各月末在产品数量虽大但各月之间在产品数量变动不大
C. 各月成本水平相差不大
D. 各月末在产品数量较大

12. 采用固定在产品成本法，1—11 月各月完工产品成本等于(　　)。

A. 月初在产品成本　　　　　　　　B. 本月发生生产费用
C. 生产费用合计数　　　　　　　　D. 生产费用累计数

13. 某种产品月末在产品数量较大，各月末在产品数量变化也较大，直接材料费用占产品成本比重较大，为了简化费用的分配工作，月末在产品与完工产品之间分配费用。可采用(　　)。

A. 约当产量比例法　　　　　　　　B. 在产品按定额成本计价法
C. 完工产品成本计算法　　　　　　D. 在产品按所耗直接材料费用计价法

14. 某企业定额管理基础比较好，能够制定比较准确、稳定的消耗定额，各月末在产品数量变化不大的产品，应采用(　　)。

A. 在产品按定额成本计价法　　　　B. 定额比例法
C. 在产品按所耗原材料费用计价法　D. 按年初数固定计算在产品成本法

15. 某种产品在产品数量较小，或者数量虽大但各月之间在产品数量变动不大，月初、

月末在产品成本的差额对完工产品成本的影响不大，为了简化核算工作，可采用(　　)。

A. 不计算在产品成本法　　B. 在产品按所耗原材料费用计价法

C. 按年初数固定计算在产品成本法　　D. 定额比例法

二、多项选择题

1. 广义在产品包括(　　)。

A. 生产单位正在加工中的在制品　　B. 加工已告一段落的自制半成品

C. 已完成生产过程，等待入库的产品　　D. 已销售的自制半成品

2. 选择完工产品与在产品之间费用分配方法时，应考虑的条件有(　　)。

A. 在产品数量的多少　　B. 各月在产品数量变化的大小

C. 各项费用比重的大小　　D. 定额管理基础的好坏

3. 下列各项中，属于计算在产品成本的方法有(　　)。

A. 在产品只计算材料成本法　　B. 固定在产品成本法

C. 约当产量比例法　　D. 定额比例法

4. 完工产品与在产品之间分配费用的方法有(　　)。

A. 约当产量比例法　　B. 交互分配法

C. 固定计算在产品成本法　　D. 系数比例法

5. 在产品按完工产品成本计价法只能用于(　　)等情况。

A. 月末在产品已接近完工

B. 月末在产品已经完工，但尚未包装

C. 月末在产品已经完工，但未验收入库

D. 月末在产品已经完工，并已经验收入库

6. 定额比例法的分配标准包括产品的(　　)等。

A. 原材料定额消耗总量　　B. 原材料定额总成本

C. 工时定额消耗总量　　D. 定额总费用

7. 约当产量比例法适用于(　　)的产品。

A. 月末在产品接近完工

B. 月末在产品数量较大

C. 各月末在产品数量变化较大

D. 产品成本中直接材料费用和加工费用比重相差不多

8. 完工产品与在产品之间分配费用，采用在产品按年初数固定成本计价法适用于(　　)的产品。

A. 各月末在产品数量较小

B. 各月末在产品数量较大

C. 各月末在产品数量虽大，但各月之间变动不大

D. 各月成本水平相差不大

9. 采用在产品按所耗直接材料费用计价法，分配完工产品和月末在产品费用，应具备的条件有(　　)。

A. 直接材料费用在产品成本中所占比重较大

B. 各月在产品数量比较稳定

C. 各月末在产品数量较大

D. 各月末在产品数量变化较大

10. 采用定额比例法分配完工产品和在产品费用，应具备的条件有(　　)。

A. 消耗定额比较准确　　B. 消耗定额比较稳定

C. 各月末在产品数量变动不大　　D. 各月末在产品数量变动较大

三、判断题

1. 企业本月完工产品总成本应等于本月生产费用累计数。(　　)

2. 盘亏或毁损的在产品经批准后均应记入“制造费用”账户。(　　)

3. 按规定核销在产品盘亏和毁损时，一律应借记“营业外支出”科目，贷记“待处理财产损溢”科目。(　　)

4. 正确确定本期完工产品成本，关键是正确计算期末在产品成本。(　　)

5. 意外事故或自然灾害等造成的在产品毁损，扣除保险公司赔偿和残料回收价值以后，净损失计入营业外支出。(　　)

6. 月初在产品成本加上本月发生生产费用，等于本月完工产品成本加上期末在产品成本。(　　)

7. 任何情况下都需要经过生产费用在完工产品与月末在产品之间分配这项工作。(　　)

8. 如果本月生产的产品已全部完工，本月完工产品成本等于该产品本月生产费用累计数。(　　)

9. 在产品约当量也就是在产品盘点数量。(　　)

10. 在产品约当量是指期末在产品按其完工程度折合为完工产品数量。(　　)

11. 约当产量比例法适用于月末在产品数量较大、各月末在产品数量变化也较大，产品成本中原材料费用和工资等其他费用比重相差不多的产品。(　　)

12. 完工产品与在产品之间分配费用的约当产量比例法只适用于加工费用的分配，不适用于直接材料费用的分配。(　　)

13. 在约当产量比例法下，从精细化分配费用的角度说，应针对不同成本项目的具体情况来确定约当产量，进而分配费用。(　　)

14. 直接分配法、约当产量比例法、定额比例法等都是完工产品与月末在产品之间分配费用的方法。(　　)

15. 采用约当产量比例法计算月末在产品成本，原材料费用分配时必须考虑原材料的投料方式。(　　)

16. 采用约当产量比例法分配原材料费用的完工率与分配加工费用的完工率是相同的。(　　)

17. 只要在产品在各工序的分布均衡，那么就可以不分工序计算完工率，即完工率一律按50%确定。(　　)

18. 各月末的在产品数量变化不大的产品，可以不计算月末在产品成本。(　　)

19. 月末在产品数量较小，或者在产品数量虽大但各月之间在产品数量变化不大的产品，月末在产品成本可以按年初数固定计算。(　　)

20. 采用按年初数固定计算在产品成本法时，某种产品本月发生的生产费用是本月完工

产品的成本。 ( )

21. 不计算在产品成本法适用于月末没有在产品的产品。 ( )

22. 在产品只计算材料成本法仅适用于材料费用占产品成本比重较大的产品。 ( )

23. 在产品按完工产品成本计算法只适用于月末在产品已经加工完成，但尚未包装或未验收入库，或已接近完工的产品。 ( )

24. 原材料在生产产品的每道工序开始时一次投入，用来分配原材料费用的完工率，是该工序累计的原材料消耗定额与完工产品原材料消耗定额的比率。 ( )

25. 完工产品与在产品之间分配费用，采用在产品按完工产品成本计价法时，在产品就是完工产品，全部生产费用之和就是完工产品成本。 ( )

四、思考题

1. 如何理解在产品的两种不同含义?
2. 完工产品和月末在产品之间费用分配的方法有几种?
3. 约当产量应如何确定?
4. 完工产品和月末在产品成本应该怎样进行相应的账务处理?
5. 确定完工产品和月末在产品之间费用的分配方法时，应考虑哪些具体情况?

五、计算分析题

1. 某机械厂生产甲产品，需要经过三道工序制成，某月投入生产 1 000 件(原材料在生产开始时一次性投入)，完工产品为 700 件，假定各工序在产品平均完工程度为 50%；各工序在产品数量及生产费用情况如表 4-17 和表 4-18 所示。

表 4-17 在产品盘点表

工 序	定额工时/时	在产品盘存数/件
第一道工序	10	50
第二道工序	20	100
第三道工序	20	150
合 计	50	300

表 4-18 生产费用资料表

单位：元

成本项目	月初在产品成本	本月发生费用	生产成本合计
直接材料	10 000	90 000	100 000
直接人工	5 000	10 000	15 000
制造费用	2 000	20 000	22 000

要求：计算完工产品的总成本和单位成本。

2. 甲公司生产 A、B 两种产品，领用某材料 4 400 千克，该材料每千克 20 元。本月投产的 A 产品为 200 件，B 产品为 250 件。A 产品的材料定额消耗量为 15 千克、B 产品的材料定额消耗量为 10 千克。

要求：以产品所耗费的材料定额消耗量为分配标准、计算 A 产品和 B 产品应分配的材料费用。

3. 某企业 2024 年 4 月生产的甲产品经过三个生产工序，各工序单位产品定额工时及在产品数量如表 4-19 所示，各工序在产品完工程度平均按 50%计算。

表 4-19　定额工时及在产品数量

工　序	定额工时/时	各工序在产品数量/件
第一道工序	32	250
第二道工序	40	360
第三道工序	28	160
合　计	100	770

要求：计算各工序的完工率和约当产量，并编制如表 4-20 所示的完工率和约当产量计算表。

表 4-20　各工序的完工率和约当产量计算表

工　序	定额工时/时	完工率/%	在产品数量/件	约当产量/件

六、综合题

某企业生产乙产品，2024 年 5 月初在产品成本和本月生产费用如表 4-21 所示。

表 4-21　月初在产品成本和本月生产费用

单位：元

项　目	直接材料	燃料和动力	直接人工	制造费用	合　计
月初在产品成本	4 680	230	970	600	6 480
本月生产费用	43 460	3 170	5 880	2 300	54 810

其他资料如下。

(1) 乙产品本月完工 80 件，月末在产品 20 件，原材料在生产开始时一次性投入，在产品完工程度为 50%。

(2) 乙产品月末在产品单件定额成本为：直接材料费用 470 元，燃料和动力费用 20 元，直接人工费用 42 元，制造费用 18 元。

(3) 乙产品完工产品单件定额成本为：直接材料费用 470 元，燃料和动力费用 36 元，直接人工费用 70 元，制造费用 31 元。

要求：根据上述资料，按照以下几种分配方法计算乙产品完工产品成本和月末在产品成本，并编制完工产品结转的会计分录。

(1) 按约当产量比例法计算，编制如表 4-22 所示的乙产品成本计算单。

(2) 按定额成本计价法计算，编制如表 4-23 所示的乙产品成本计算单。

表 4-22　乙产品成本计算单(约当产量比例法)

摘　要	直接材料	燃料和动力	直接人工	制造费用	合　计
月初在产品成本/元					
本月生产费用/元					
合计/元					
约当产量/件					
分配率					
完工产品成本/元					
月末在产品成本/元					

表 4-23　乙产品成本计算单(定额成本计价法)

单位：元

摘　要	直接材料	燃料和动力	直接人工	制造费用	合　计
月初在产品成本					
本月生产费用					
合计					
完工产品成本					
月末在产品成本					

(3) 按定额比例法计算，编制如表 4-24 所示的乙产品成本计算单。

(4) 按在产品成本按固定年初数计价法计算，编制如表 4-25 所示的乙产品成本计算单。

(5) 所消耗原材料计价法计算，编制如表 4-26 所示的乙产品成本计算单。

表 4-24　乙产品成本计算单(定额比例法)

单位：元

摘　要		直接材料	燃料和动力	直接人工	制造费用	合　计
月初在产品成本						
本月生产费用						
合计						
完工产品成本	定额成本					
	实际成本					
月末在产品成本	定额成本					
	实际成本					
分配率						

表 4-25　乙产品成本计算单(在产品成本按固定年初数计价法)

单位：元

摘　要	直接材料	燃料和动力	直接人工	制造费用	合　计
月初在产品成本					
本月生产费用					
合计					
完工产品成本					
月末在产品成本					

表 4-26　乙产品成本计算单(在产品成本按照所消耗原材料计价法)

摘　要	直接材料	燃料和动力	直接人工	制造费用	合　计
月初在产品成本/元					
本月生产费用/元					
合计/元					
约当产量/件					
分配率					
完工产品成本/元					
月末在产品成本/元					

微课视频

扫一扫，获取本项目相关微课视频。

产品成本归集的概念和方法

在产品数量核算

在产品不计算成本法、在产品成本按固定年初数计价法

在产品成本按所消耗原材料计价法、在产品成本按完工产品成本计价法

在产品成本按定额成本计价法、约当产量比例法概述

约当产量比例法

定额比例法

项目五

产品成本计算的品种法

【知识目标】

- 了解工业企业的生产类型，掌握企业生产经营特点和成本管理要求对成本计算方法的影响。
- 熟悉品种法的含义、适用范围及特点。
- 掌握品种法的成本计算程序。

【技能目标】

- 能够结合工业企业的生产类型和管理要求选择适当的成本计算方法。
- 能够熟练、正确地运用品种法计算产品成本和实务操作。

【素养目标】

- 培养责任担当意识，珍惜粮食，积极践行光盘行动。
- 培养精益求精的工作作风、团队协作意识、大数据思维意识。

案例引导

某火力发电厂要招聘一名成本核算人员核算电力成本，小郑前往应聘，该厂财务主管老李负责面试并介绍了该厂的生产情况：该厂属于大量大批单步骤生产，工艺过程为热能—机械能—电能的转换，即以煤为燃料，对锅炉中的水加热，使其变成高温高压的蒸气，蒸气驱动涡轮发电机组发电，产生电力。该厂生产电力产品除本厂使用外，全部对外供应，厂内设有燃料、锅炉、汽机、电机四个基本生产车间，另设有一个检修辅助车间和若干个管理部门。老李问小郑："请你说一说我们厂应该选择什么方法计算电力成本？"小郑思考片刻后回答："根据电厂的生产特点及管理要求，应选择品种法计算电力成本。大家觉得小郑的回答正确吗？

理论认知

任务一　产品成本计算方法概述

一、生产类型特点和管理要求对产品成本计算方法的影响

产品成本是由产品生产过程中企业各个生产单位(如车间、分厂)所发生的生产费用形成的。工业企业有多种计算产品成本的方法，不同生产类型的企业及管理要求不同的企业所采用的成本计算方法不同，为了正确计算产品成本，提供准确可靠的成本信息，企业应在考虑企业生产类型及成本管理要求的基础上，选择适当的成本计算方法计算产品成本。

(一)企业的生产类型

1. 按生产工艺过程分类

生产工艺过程是指通过一定的生产设备或管道，从原材料投入成品产出，按顺序连续进行加工的全过程。按生产工艺过程的特点分类，企业生产分为简单生产和复杂生产。

简单生产又称为单步骤生产，是指生产工艺过程不能中断，不可能或不需要划分为几个生产步骤的生产，其特点是：生产地点一般比较集中，产品品种比较单一，产品生产周期较短，通常没有在产品、自制半成品或其他中间产品，只能由一个企业独立完成。例如，发电业、采掘业、玻璃制品的熔制、供水业、化肥生产等。

复杂生产又称为多步骤生产，是指生产工艺过程由若干个可以间断的生产步骤所组成的生产，其特点是：产品生产周期一般较长，工艺技术较复杂，通常有自制半成品或其他中间产品，可以由一个企业独立完成，也可以由多个企业分工协作完成。多步骤生产按其加工方式，又可分为连续加工式生产和装配式生产。连续加工式生产，是指从原材料投入生产到产品完工，要依次经过若干个生产步骤的连续加工的生产，前一步骤生产出来的半成品是下一步骤的加工对象，一直到最后一个步骤生产出产成品，如纺织、冶金、造纸、服装、钢铁、搪瓷等生产。该种生产方式在各个步骤(除最后一步)加工完成后多数为企业的自制半成品，主要为下一步骤继续加工，也可以对外销售。如纺织企业将棉麻进行清花、

梳棉、并条、粗纺、细纺和落桶加工成棉纱，然后对棉纱进行整经、浆纱、穿经、织造和整理等步骤制成坯布。棉条、粗纱、细纱都是企业自制半成品，可以继续加工也可以对外销售。装配式生产又称平行加工式生产，是指原材料投入生产后，平行加工成各种零件、部件，再将零件、部件装配成产成品的生产。如自行车、钟表、船舶等的生产，汽车、飞机等的制造。如自行车生产企业将原材料加工成车架、车把、前叉、钢圈、轮胎和车链等部件，进而组装成自行车产成品。

2. 按生产组织方式分类

生产组织是指为了确保生产的顺利进行所进行的各种人力、设备、材料等生产资源的配置。生产按生产组织方式分类，分为大量生产、成批生产和单件生产。

大量生产是指不断地大量重复生产相同产品的生产，其特点是产品品种少、产量较大，通常采用专业设备重复地进行生产，专业化水平也较高。如纺织、面粉、冶金、化肥、供水、供电、采掘、造纸等的生产为大量生产方式。

成批生产，是按照事先规定的产品批别和数量进行生产。其特点是产品品种较多、生产具有重复性，专业化程度较高，如服装、药品、卷烟、鞋、机械等的生产。成批生产又按批量大小分为大批生产和小批生产。

大批生产产品批量较大，往往几个月内重复生产，性质上接近大量生产，因而将二者划分为大量大批生产。

小批生产，产品批量较小，一批产品一般可同时完工，性质上接近单件生产，因此将二者划分为单件小批生产。单件生产，是根据订货单位的要求，生产个别的、性质特殊的产品。其特点是：产品的品种多、产量少，一般不重复或不定期重复生产，如船舶、飞机、精密仪器、专用设备、高级服饰、新产品试制等的生产。

(二)管理要求对产品成本计算方法的影响

一个企业究竟采用什么方法计算产品成本，除了受生产类型的特点影响外，还必须根据企业成本管理的要求来选择成本计算方法。

在成本计算中，一般将企业的生产类型分为大量大批单步骤生产、大量大批多步骤生产、单件小批多步骤生产。大量大批单步骤生产，其特点是产品品种少、产量大，生产连续、稳定，具有较强的重复性，因此管理上一般按产品品种提供成本信息；大量大批多步骤生产，其特点是产品品种较少，生产步骤复杂，一般有半成品等中间产品，因此，管理上一般分产品品种按步骤提供成本信息；单件小批多步骤生产，其特点是产品产量少、品种多，产品基本能同时完工，因此管理上一般按生产批次或订单提供成本信息。

二、产品成本计算方法的确定

企业在选择产品成本计算方法时，应考虑企业的生产类型、特点及成本管理要求对成本计算方法的影响。构成成本计算方法的主要因素有三个：成本计算对象、成本计算期、生产费用在完工产品与在产品之间的分配。这三个因素的有机结合构成了特定成本计算方法的主要特点。

(一)对成本计算对象的影响

成本计算对象就是生产费用归集的对象，也就是生产费用的承担者。生产特点和管理要求对成本计算的影响主要表现在对成本计算对象的确定。成本计算对象可以是一个品种、一个批次、一个步骤或某项作业。确定成本计算对象是正确计算产品成本的前提，是设置“生产成本——基本生产成本明细账”的依据，也是区别各种成本计算方法的主要标志。

成本计算对象应根据企业的生产类型特点结合管理要求来确定。根据企业的三种综合生产类型，主要确定以下三种成本计算对象：大量大批简单生产(单步骤生产)以及管理上不要求分步骤计算成本的大量大批多步骤生产企业，具有产品品种少、产量大的特点，因此，以产品品种作为成本计算对象是适当的；大量大批多步骤生产且管理上要求分步提供产品成本信息的企业，一般以各产品品种及其生产步骤作为成本计算对象；单件小批多步骤生产企业，具有产品品种多，产品基本同时完工的特点，因此以产品的生产批别或订单作为成本计算对象。单件单步骤生产一般不存在。

(二)对成本计算期的影响

成本计算期是指计入产品成本的起止时期，即多长时间计算一次完工产品成本。不同生产类型的企业，确定的成本计算期不同。一般分为两种情况：第一，大量大批简单生产及大量大批复杂生产企业，具有重复性生产、不间断生产的特点，生产周期较短，每月都有大量的完工产品，因此，产品成本计算要定期在月末进行，成本计算期与会计核算期相同，按月进行，却不一定与生产周期一致；第二，单件小批复杂生产(多步骤生产)企业，生产周期一般较长，并具有同批产品基本同时完工的特点，因此，成本计算往往是在产品完工时进行，成本计算期与生产周期一致，与会计核算期不一致，是不定期进行的。

(三)对生产费用在完工产品与在产品之间分配的影响

生产费用在完工产品与在产品之间的分配，同样取决于企业的生产类型。大量大批简单生产企业，期末在产品很少或没有，为了简化核算，一般不需要将生产费用在完工产品和在产品之间进行分配，生产费用全部计入完工产品成本；大量大批复杂生产企业，生产步骤多，期末在产品一般也较多，则需要将生产费用在完工产品和在产品之间进行分配，从而计算出完工产品和在产品成本；单件小批复杂生产企业一般在该批产品完工后计算其成本，不存在在产品，因此一般不存在分配问题，但是在跨月陆续完工或分次交货的情况下，需要将生产费用在完工产品和在产品之间进行分配。

三、产品成本计算的方法

产品成本计算的方法有基本方法和辅助方法两大类。

(一)产品成本计算的基本方法

工业企业根据不同的生产类型，确定有产品品种、产品批别、生产步骤三种成本计算对象。成本计算对象是区分不同成本计算方法的主要标志，根据不同的成本计算对象有品种法、分批法、分步法三种成本计算方法。

1. 品种法

品种法是指以产品品种为成本计算对象，归集生产费用计算产品成本的方法。品种法是基本方法中最基本的成本计算方法。一般适用于大量大批单步骤生产，如发电、供水、采掘等；也可用于管理上不要求分步骤计算成本的大量大批多步骤生产的企业，如小型水泥厂、酿造、造纸等。

大量大批生产企业产品品种少、生产连续、稳定，以产品品种为成本计算对象有利于减少成本核算工作量。

2. 分批法

分批法是指以产品的生产批次(或订单)作为成本计算对象，归集生产费用计算产品成本的方法。分批法适用于单件小批多步骤生产企业，如重型机械制造、船舶制造、飞机制造、修理作业等。该类型企业产品品种较多，生产重复性小，同批产品基本同时完工，以产品生产批别作为成本计算对象，能加强产品批别的成本管理，更有利于节约工作量。

3. 分步法

分步法是指以产品品种及其生产步骤为成本计算对象，归集生产费用计算产品成本的方法。分步法主要适用于管理上要求分步骤提供成本信息的大量大批多步骤生产企业，如机械、纺织、冶金等。该类型企业有半成品等中间产品，而且中间产品可能会对外出售，因此，提供中间产品的成本信息也是必要的；多步骤生产工艺过程是间断的，能够满足分步骤计算产品成本的需要。

以上三种成本计算基本方法在成本计算对象、成本计算期、生产费用在完工产品与月末在产品之间的分配及适用范围的区别如表 5-1 所示。

表 5-1　成本计算基本方法的区别

成本计算方法	成本计算对象	成本计算期	生产费用在完工产品与月末在产品之间分配	适用范围	
				生产特点	成本管理要求
品种法	产品品种	按月，与会计核算期一致	一般不分配；有在产品时，需要分配	大量大批单步骤或多步骤	管理上不要求分步
分批法	产品批别	不定期，与生产周期一致	可同时完工，一般不分配；跨月陆续完工时要分配	单件小批单步骤或多步骤	管理上不要求分步
分步法	各种产品及其经过的生产步骤	按月，与会计核算期一致	通常有在产品，需要分配	大量大批多步骤	管理上要求分步

(二)产品成本计算的辅助方法

企业在采用产品成本计算的基本方法的同时，还可以采用辅助方法，辅助方法不能单独使用，辅助方法与企业的生产类型及管理要求没有直接的联系，采用辅助方法往往是为了简化成本计算工作或加强对成本的控制。

1. 分类法

分类法是指以产品类别为成本计算对象归集分配生产费用，计算出各类产品的成本，再在类别内各产品之间进行成本分配，最终计算出类别内各产品成本的方法。这种方法适用于产品品种繁多，生产工艺基本相同，并且可以按照一定标准对产品进行分类的企业或生产单位。如鞋厂、石油冶炼、原油提炼、食用油厂的主副产品。

2. 定额法

定额法是指以产品的定额成本为基础，加减脱离定额差异、材料成本差异和定额变动差异，进而计算出产品实际成本的方法。它主要用于定额管理制度比较健全、定额基础工作较好、生产比较稳定的企业，为了配合和加强生产费用和产品成本的定额管理，较好地利用定额管理的条件，所采用的一种将符合定额的费用和脱离定额的差异分别核算的产品成本计算方法。

四、各种成本计算方法的实际应用

品种法、分批法、分步法是产品成本计算的基本方法，分类法、定额法是辅助计算方法，不能单独使用，必须结合其他的基本方法使用。在实际工作中，一个企业往往将几种方法同时应用或一种产品的成本计算往往结合应用几种方法。

(一)几种成本计算方法同时应用

在一个企业各个生产车间，如果生产类型不一样，可以同时使用不同的成本计算方法计算产品成本。如有的产品已基本定型，可以大量大批地投入生产，则根据具体要求可以采用品种法或分步法进行成本计算；而有的产品则还属于中间试制阶段，不可能大批投产，可以采用分批法计算产品成本。如家具厂所生产的各种家具，有的已经定型，属于大量大批生产，可以采用分步法计算成本；而有的产品正在试制，只能单件、小批生产，应采用分批法计算产品成本。工业企业一般都设置基本生产部门和辅助生产部门。由于不同生产部门的生产类型的要求各不相同，可根据不同要求，同时使用几种成本计算方法。例如，纺织企业的纺纱和织布等基本生产车间，一般属于大量大批多步骤生产，且管理上要求计算各生产步骤半成品纱和产成品布的成本，应当采用分步法计算产品成本；但企业内部供水、供电等辅助生产部门，属于大量大批单步骤生产，应当采用品种法计算成本。

(二)几种成本计算方法结合使用

在实际工作中，即使是一种产品，由于其在各个生产步骤的生产特点和管理要求不同，也有可能把几种成本计算方法结合起来应用。如单件小批生产的机械制造企业，一般采用分批法计算产品成本。但产品生产过程由铸造、加工、装配等步骤组成。铸造车间的铸件按品种法计算成本；加工、装配车间各自采用分批法计算各批产品的成本；在铸造车间和加工车间之间可以采用逐步结转分步法结转铸件的成本；在加工车间和装配车间之间则可能采用平行结转分步法结转各零部件成本。这样，该机械厂的某一产品的成本计算主要以分批法为主，结合应用了品种法和分步法。如果该机械厂的零部件规格很多，定额资料比较准确稳定，还可以结合使用分类法和定额法计算成本。

任务二　品种法的核算

一、品种法的含义、适用范围及特点

(一)品种法的含义

品种法是指以产品品种为成本计算对象，归集生产费用计算产品成本的方法。采用这种方法既不要求计算产品批次的成本，也不要求计算生产步骤的成本，只需要计算产品品种的成本即可。采用品种法，需要按产品品种开设产品成本明细账，归集和分配直接材料费用、直接人工费用和制造费用等，最终计算出产成品的总成本和单位成本。品种法是最基本的成本计算方法。

(二)品种法的适用范围

品种法一般适用于大量大批单步骤生产，如发电、供水、采掘等，企业辅助生产的供水、供电、供气等部门提供的水、电、气等产品或劳务，由于其是大量单步骤生产，因而也应当采用品种法计算成本；也可用于管理上不需分步骤计算成本的大量大批多步骤生产，如小型水泥、制砖厂等。

(三)品种法的特点

1. 成本计算对象

成本计算对象是产品品种，并按此设置产品成本明细账。采用品种法计算成本时，如果企业(或生产单位)只生产一种产品，成本计算对象就是该种产品的产成品，只需开设一个产品成本明细账，发生的全部生产费用都是为了生产该产品发生的，可以直接根据有关凭证和费用分配表，分成本项目全部列入该种产品的成本计算单中。如果企业生产多种产品，则需要按照产品品种分别开设产品成本明细账，发生的生产费用，要区分直接费用和间接费用，凡能分清应由某种产品负担的直接费用，应直接计入该种产品的成本计算单中；凡是几种产品共同耗用而又分不清应由哪种产品负担多少数额的费用，应采用适当的分配方法，在各种产品之间进行分配，再计入各产品成本明细账中的有关成本项目。

2. 成本计算期

由于采用品种法计算产品成本的企业是大量大批连续不断进行生产的，不可能在产品完工时就计算其产品成本，只能定期在月末计算当月产出的完工产品成本。成本计算期按月进行，与会计核算期一致，与生产周期不一致。

3. 生产费用在完工产品与在产品之间的分配

大量大批单步骤生产，产品品种单一，月末一般没有在产品，不需要将生产费用在完工产品与在产品之间进行分配；而大量大批多步骤生产管理上要求分步的企业，月末一般有在产品，就需要将生产费用在完工产品与在产品之间进行分配，从而确定完工产品成本和月末在产品成本。

二、品种法的一般程序

(一)按照产品品种设置成本明细账

在成本明细账内按照成本项目设置专栏，如“直接材料”“直接人工”“燃料及动力”“制造费用”等。月初如有在产品，还应将月初在产品成本登记到成本明细账中。

(二)核算要素费用，编制各种费用分配表，据以登记生产成本明细账

根据各种原始凭证编制各种费用分配表，分配各种要素费用，登记各种明细账。

(三)分配辅助生产费用

将辅助生产成本明细账上归集的辅助生产费用按照各受益单位耗用数量采用适当的方法进行分配，编制“辅助生产费用分配表”，填制记账凭证，并登记成本费用相关明细账。如果辅助生产车间开设了制造费用明细账，需要先将辅助生产车间制造费用明细账上的金额结转到辅助生产成本明细账，然后再进行辅助生产成本的分配。

(四)分配基本生产车间的制造费用

将基本生产车间“制造费用明细账”归集的费用进行汇总，采用一定的方法，在生产的各产品之间进行分配，编制“制造费用分配表”，登记到各产品成本明细账的“制造费用”成本项目。

(五)核算废品损失及停工损失

在单独核算废品损失及停工损失的企业，需要将归集的废品损失计入相应产品的成本，即成本明细账的“废品损失”成本项目；停工损失根据实际情况计入成本明细账的“停工损失”成本项目，非正常原因计入“营业外支出”账户。

不单独核算的企业，将废品损失及停工损失在发生时，与成本有关的记入“制造费用”账户核算。

(六)分配计算各种完工产品成本与月末在产品成本

月末，将记入产品成本明细账中的各种生产费用汇总，计算累计生产费用。如果企业没有在产品，则不需要分配，累计生产费用即为完工产品总成本；如果企业有在产品，则需要采用适当的方法，将累计生产费用在完工产品与月末在产品之间进行分配，计算出完工产品成本与月末在产品成本。

(七)结转本月完工产品成本

根据产品成本计算结果，编制“完工产品成本汇总表”，填制入库单，据以编制完工

产品成本会计分录，填制记账凭证，分别登记产品成本明细账和库存商品明细账。

品种法成本核算程序如图 5-1 所示。

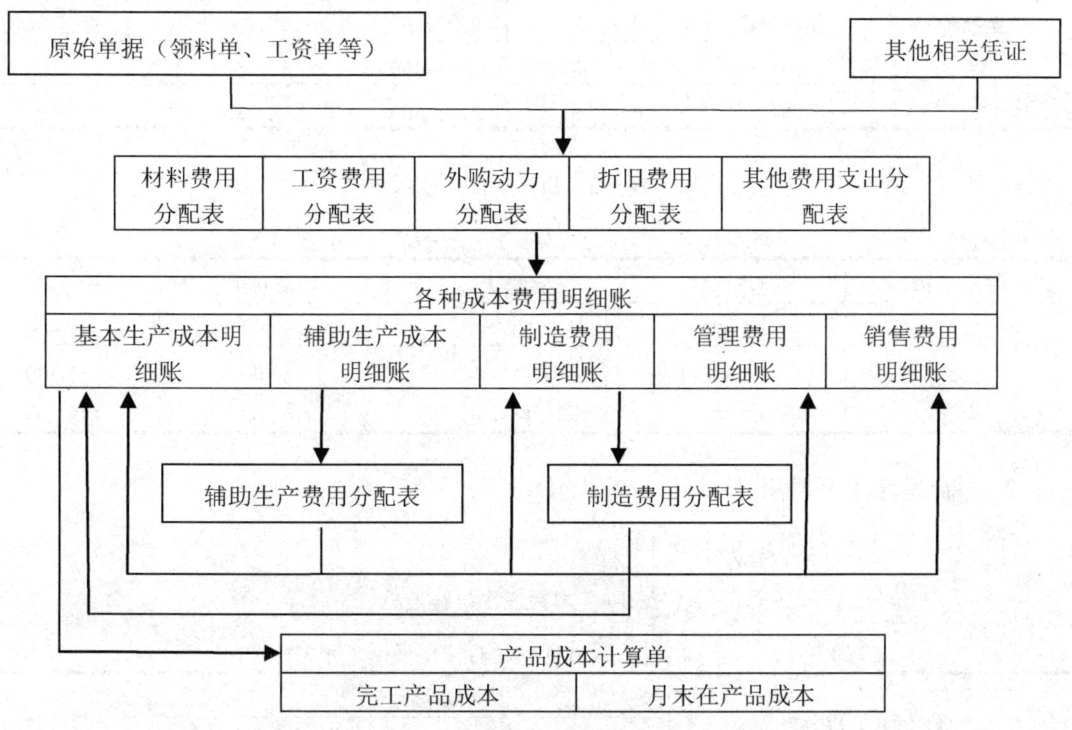

图 5-1　品种法成本核算程序

三、品种法的应用

(一)成本计算相关资料

【例 5-1】福州兴达有限公司是一家大量大批单步骤生产的企业，主要生产甲、乙两种产品，设有一个基本生产车间，还设有运输车间和锅炉车间两个辅助生产车间，为生产提供劳务。根据生产特点和管理要求采用品种法计算产品成本。企业开设“基本生产成本”和“辅助生产成本”两个总账，“基本生产成本”总账分别按甲、乙产品设置基本生产成本明细账，“辅助生产成本”总账分别按运输车间和锅炉车间开设辅助生产成本明细账。“制造费用”核算基本生产车间发生的间接费用，运输车间和锅炉车间两个辅助生产车间发生的制造费用不通过“制造费用”账户核算，直接计入“辅助生产成本”明细账的相应项目。2024 年 6 月有关产品成本核算资料如下。

1. 生产产量情况

生产产量情况如表 5-2 所示。

2. 月初在产品成本

月初在产品成本如表 5-3 所示。

表 5-2　生产产量情况

2024 年 7 月

产品品种	月初在产品	本月投产	完工产品	月末在产品	完工率/%
甲	800	5 700	6 000	500	50
乙	600	3 800	3 600	800	40

表 5-3　月初在产品成本

2024 年 7 月　　单位：元

产品品种	直接材料	直接人工	制造费用	合　计
甲	42 000	20 500	25 100	87 600
乙	25 400	11 400	14 500	51 300
合计	67 400	31 900	39 600	138 900

3. 本月发生生产费用

(1) 本月发出材料汇总如表 5-4 所示。

表 5-4　本月发出材料汇总

2024 年 7 月　　单位：元

领料部门及用途	材料类别			合　计
	原材料	包装物	低值易耗品	
甲产品耗用	350 000	10 000		360 000
乙产品耗用	208 000	6 000		214 000
甲、乙产品共同耗用	80 000			80 000
基本生产车间一般耗用	10 000		2 000	12 000
运输车间耗用	2 500			2 500
锅炉车间耗用	1 600			1 600
厂部管理部门耗用	1 500		1 000	2 500
合计	653 600	16 000	3 000	672 600

(2) 本月职工薪酬及各项费用汇总如表 5-5 所示。

表 5-5　本月职工薪酬及各项费用汇总

2024 年 7 月　　金额单位：元

人员类别	应付工资/元	职工福利费(10%)	养老保险费(8%)	医疗保险费(8%)	工会经费(2%)	职工教育经费(2.5%)	合　计
产品生产工人	200 000	20 000	16 000	16 000	4 000	5 000	261 000
基本生产车间管理人员	30 000	3 000	2 400	2 400	600	750	39 150
运输车间	10 000	1 000	800	800	200	250	13 050

续表

人员类别	应付工资/元	职工福利费(10%)	养老保险费(8%)	医疗保险费(8%)	工会经费(2%)	职工教育经费(2.5%)	合　计
锅炉车间	8 000	800	640	640	160	200	10 440
厂部管理人员	50 000	5 000	4 000	4 000	1 000	1 250	65 250
合计	298 000	29 800	23 840	23 840	5 960	7 450	388 890

(3) 部门用电情况如 5-6 所示。

表 5-6　部门用电情况表

2024 年 7 月

部门及用途	用电量/度	单价/(元/度)	金额/元
生产产品动力用	150 000	0.8	120 000
基本生产车间照明及办公用	2 000	0.8	1 600
运输车间	2 500	0.8	2 000
锅炉车间	10 000	0.8	8 000
厂部办公用	4 000	0.8	3 200
合计	168 500	0.8	134 800

(4) 本月固定资产折旧费计提如表 5-7 所示。

表 5-7　固定资产折旧费计提表

2024 年 7 月　　单位：元

部门名称	金　额
基本生产车间	35 000
运输车间	4 000
锅炉车间	8 000
厂部管理部门	15 000
合计	62 000

(5) 本月以银行存款支付的其他费用情况如表 5-8 所示。

表 5-8　其他费用情况

2024 年 7 月　　单位：元

部　门	办公费	劳保费	财产保险费	差旅费	合　计
基本生产车间	1 200	10 000	4 000	9 000	24 200
运输车间	400	2 000	3 000	3 500	8 900
锅炉车间	300	1 500	2 500	3 000	7 300
厂部管理部门	500	2 000	1 600	5 000	9 100
合计	2 400	15 500	11 100	20 500	49 500

(6) 有关费用分配方法如下。

① 共同耗用材料按材料定额消耗量比例分配。

② 动力用电按实际生产工时比例分配，计入成本明细账的“制造费用”成本项目。

③ 生产工人工资按两种产品实际生产工时比例分配。

④ 辅助生产费用采用直接分配法分配。

⑤ 制造费用按两种产品实际生产工时比例分配，甲产品 12 000 小时，乙产品 8 000 小时。

⑥ 采用约当产量比例法计算完工产品与月末在产品成本。原材料都是在生产开始时一次性投入。

(二)要求

(1) 分配各项要素费用(见表 5-9～表 5-13)并编制会计分录，登记相关明细账。

表 5-9　材料费用分配表

2024 年 7 月

应借账户		直接计入/元	共同耗用			合计/元
			定额消耗量/元	分配率	金额/元	
基本生产成本	甲产品	360 000	30 000		48 000	408 000
	乙产品	214 000	20 000		32 000	246 000
	小计	574 000	50 000	1.6	80 000	654 000
制造费用	材料费用	12 000				12 000
辅助生产成本	运输车间	2 500				2 500
	锅炉车间	2 600				2 600
管理费用	材料费用	1 500				1 500
合计		592 600			80 000	672 600

凭证编号：记字 1 号　　日期：2024 年 7 月 31 日　　　摘要：材料费用分配

借：基本生产成本——甲产品(直接材料)　　408 000
　　　　　　　　——乙产品(直接材料)　　246 000
　　制造费用——材料费用　　12 000
　　辅助生产成本——运输车间　　2 500
　　　　　　　　——锅炉车间　　2 600
　　管理费用——材料费用　　1 500
　　贷：原材料　　653 600
　　　　周转材料——包装物　　16 000
　　　　　　　　——低值易耗品　　3 000

表 5-10　职工薪酬分配表

2024 年 7 月

应借账户		实际生产工时/时	分配率	应分配职工薪酬/元
基本生产成本	甲产品	12 000	13.05	156 600
	乙产品	8 000		104 400
	小计	20 000	13.05	261 000
制造费用	职工薪酬	—	—	39 150
辅助生产成本	运输车间	—	—	13 050
	锅炉车间	—	—	10 440
管理费用	职工薪酬	—	—	65 250
合计		—	—	388 890

凭证编号：记字 2 号　　日期：2024 年 7 月 31 日　　　摘要：职工薪酬分配

借：基本生产成本——甲产品(直接人工)　　156 600

——乙产品(直接人工)　　104 400

制造费用——职工薪酬　　39 150

辅助生产成本——运输车间　　13 050

——锅炉车间　　10 440

管理费用——职工薪酬　　65 250

贷：应付职工薪酬——短期薪酬(工资)　　298 000

——短期薪酬(职工福利费)　　29 800

——离职后福利(养老保险费)　　23 840

——短期薪酬(医疗保险费)　　23 840

——短期薪酬(工会经费)　　5 960

——短期薪酬(职工教育经费)　　7 450

表 5-11　动力费用分配表

2024 年 7 月

应借账户		实际生产工时/时	分配率	应分配电费/元
基本生产成本	甲产品	12 000	6	72 000
	乙产品	8 000		48 000
	小计	20 000	6	120 000
制造费用	电费	—	—	1 600
辅助生产成本	运输车间	—	—	2 000
	锅炉车间	—	—	8 000
管理费用	电费	—	—	3 200
合计		—	—	134 800

凭证编号：记字 3 号　日期：2024 年 7 月 31 日　摘要：动力费用分配

借：基本生产成本——甲产品(制造费用)　72 000

　　——乙产品(制造费用)　48 000

　制造费用——电费　1 600

　辅助生产成本——运输车间　2 000

　　——锅炉车间　8 000

　管理费用——电费　3 200

　贷：应付账款　134 800

表 5-12　固定资产折旧分配表

2024 年 7 月　单位：元

应借账户		成本或费用项目	金　额
制造费用		折旧费	35 000
辅助生产成本	运输车间	折旧费	4 000
	锅炉车间	折旧费	8 000
管理费用		折旧费	15 000
合计			62 000

凭证编号：记字 4 号　日期：2024 年 7 月 31 日　摘要：折旧费用分配

借：制造费用——折旧费　35 000

　辅助生产成本——运输车间　4 000

　　——锅炉车间　8 000

　管理费用——折旧费　15 000

　贷：累计折旧　62 000

表 5-13　其他费用分配表

2024 年 7 月　单位：元

应借账户		成本或费用项目	金　额
制造费用		其他费用	24 200
辅助生产成本	运输车间	其他费用	5 000
	锅炉车间	其他费用	10 000
管理费用		其他费用	9 100
合计			48 300

凭证编号：记字 5 号　日期：2024 年 7 月 31 日　摘要：其他费用分配

借：制造费用——其他费用　24 200

　辅助生产成本——运输车间　5 000

　　——锅炉车间　10 000

　管理费用——折旧费　9 100

贷：银行存款　48 300

(2) 根据各种费用分配表编制的记账凭证，登记辅助生产成本明细账，如表 5-14、表 5-15 所示，本月运输和锅炉车间提供劳务数量如表 5-16 所示，采用直接分配法编制辅助生产费用分配表如表 5-17 所示。

表 5-14　辅助生产成本明细账(运输车间)

车间名称：运输车间　　　　2024 年 7 月　　　　单位：元

2024 年		凭证号	摘　要	材料费用	职工薪酬	电　费	折旧费	其他费用	合　计
月	日								
7	31	记 1	材料费用分配	2 500					2 500
7	31	记 2	职工薪酬分配		13 050				13 050
7	31	记 3	动力费用分配			2 000			2 000
7	31	记 4	折旧费用分配				4 000		4 000
7	31	记 5	其他费用分配					5 000	5 000
7	31		合计	2 500	13 050	2 000	4 000	5 000	26 550
7	31	记 6	分配转出	2 500	13 050	2 000	4 000	5 000	26 550

表 5-15　辅助生产成本明细账(锅炉车间)

车间名称：锅炉车间　　　　2024 年 7 月　　　　单位：元

2024 年		凭证号	摘　要	材料费用	职工薪酬	电　费	折旧费	其他费用	合计
月	日								
7	31	记 1	材料费用分配	2 600					2 600
7	31	记 2	职工薪酬分配		10 440				10 440
7	31	记 3	动力费用分配			8 000			8 000
7	31	记 4	折旧费用分配				8 000		8 000
7	31	记 5	其他费用分配					10 000	10 000
7	31		合计	2 600	10 440	8 000	8 000	10 000	39 040
7	31	记 6	分配转出	2 600	10 440	8 000	8 000	10 000	39 040

表 5-16　辅助生产车间提供的产品及劳务

2024 年 7 月

受益单位	运输工时/时	供气数量/吨
运输车间		10
锅炉车间	20	
基本生产车间	1 080	305
厂部管理部门	100	15
合计	1 200	330

表 5-17　辅助生产费用分配表

2024 年 7 月　　单位：元

辅助生产车间		运输车间	锅炉车间	合　计
待分配费用		26 550	39 040	65 590
辅助生产车间以外部门受益劳务量		1 180	320	—
费用分配率		22.50 元/时	122 元/吨	—
基本生产车间	受益数量	1 080	305	—
	分配金额	24 300	37 210	61 510
厂部管理部门	受益数量	100	15	—
	分配金额	2 250	1 830	4 080
合计		26 550	39 040	65 590

凭证编号：记字 6 号　　日期：2024 年 7 月 31 日　　摘要：辅助费用分配

借：制造费用——运费　　24 300
　　　　　　——气费　　37 210
　　管理费用——运费　　2 250
　　　　　　——气费　　1 830
贷：辅助生产成本——运输车间　　26 550
　　　　　　　　——锅炉车间　　39 040

(3) 分配制造费用(见表 5-18～表 5-19 所示)，编制会计分录，并登记有关明细账。

表 5-18　制造费用明细账

车间名称：基本生产车间　　2024 年 7 月　　单位：元

2022 年 月	日	凭证号	摘　要	材料费用	职工薪酬	电　费	折旧费用	其他费用	运　费	气　费	合　计
7	31	记 1	材料费用分配	12 000							12 000
7	31	记 2	职工薪酬分配		39 150						39 150
7	31	记 3	动力费用分配			1 600					1 600
7	31	记 4	折旧费用分配				35 000				35 000
7	31	记 5	其他费用分配					24 200			24 200
7	31	记 6	辅助费用分配						24 300	37 210	61 510
7	31		合计	12 000	39 150	1 600	35 000	24 200	24 300	37 210	173 460
7	31	记 7	分配转出	12 000	39 150	1 600	35 000	24 200	24 300	37 210	173 460

表 5-19　制造费用分配表

2024 年 7 月

产品名称	成本项目	实际生产工时	分配率	分配额/元
甲产品	制造费用	12 000		104 076
乙产品	制造费用	8 000		69 384
合计		20 000	8.673	173 460

凭证编号：记字 7 号　　日期：2024 年 7 月 31 日　　　摘要：制造费用分配

借：基本生产成本——甲产品(制造费用)　　104 076

——乙产品(制造费用)　　69 384

贷：制造费用　　173 460

(4) 根据上述成本费用的归集和分配资料，采用约当产量比例法计算完工产品成本与月末在产品成本，编制产品成本计算单，如表 5-20、表 5-21 所示，并登记产品成本明细账，如表 5-22、表 5-23 所示。

表 5-20　产品成本计算单(甲产品)

2024 年 7 月

产品名称：甲产品　　本月完工：5 900 件　　完工率：50%　　月末在产品：600 件　　单位：元

摘　要	直接材料	直接人工	制造费用	合　计
月初在产品成本	42 000	20 500	25 100	87 600
本月生产费用	408 000	156 600	176 076	740 676
生产费用合计	450 000	177 100	201 176	828 276
完工产品数量	5 900	5 900	5 900	—
月末在产品约当产量	600	300	300	—
生产产量合计	6 500	6 200	6 200	—
单位成本	69.23	28.56	32.45	130.24
完工产品成本	408 457	168 504	191 455	768 416
月末在产品成本	41 543	8 596	9 721	59 860

注：单位成本保留两位小数，尾差由月末在产品负担。

表 5-21　产品成本计算单(乙产品)

2024 年 7 月

产品名称：乙产品　　本月完工：3 600 件　　完工率：40%　　月末在产品：800 件　　单位：元

摘　要	直接材料	直接人工	制造费用	合　计
月初在产品成本	25 400	11 400	14 500	51 300
本月生产费用	246 000	104 400	117 384	467 784
生产费用合计	271 400	115 800	131 884	519 084
完工产品数量	3 600	3 600	3 600	—
月末在产品约当产量	800	320	320	—
生产产量合计	4 400	3 920	3 920	—
单位成本	61.68	29.54	33.64	124.86
完工产品成本	222 048	106 344	121 104	449 496
月末在产品成本	49 352	9 456	10 780	69 588

表 5-22　基本生产成本明细账(甲产品)

产品名称：甲产品　　　　2024 年 7 月　　　　单位：元

2024 年		凭证号	摘　要	借　方				贷　方	余　额
月	日			直接材料	直接人工	制造费用	合　计		
			月初在产品成本	42 000	20 500	25 100	87 600		87 600
7	31	记 1	材料费用分配	408 000			408 000		
7	31	记 2	职工薪酬分配		156 600		156 600		
7	31	记 3	动力费用分配			72 000	72 000		
7	31	记 7	制造费用分配			104 076	104 076		
7	31		本月生产费用	408 000	156 600	176 076	740 676		
7	31		生产费用合计	450 000	177 100	201 176	828 276		
7	31	记 8	分配转出	408 457	168 504	191 455	768 416	768 416	
7	31		月末在产品成本	41 543	8 596	9 721	59 860		59 860

表 5-23　基本生产成本明细账(乙产品)

产品名称：乙产品　　　　2024 年 7 月　　　　单位：元

2024 年		凭证号	摘　要	借　方				贷　方	余　额
月	日			直接材料	直接人工	制造费用	合　计		
			月初在产品成本	25 400	11 400	14 500	51 300		51 300
7	31	记 1	材料费用分配	246 000			246 000		
7	31	记 2	职工薪酬分配		104 400		104 400		
7	31	记 3	动力费用分配			48 000	48 000		
7	31	记 7	制造费用分配			69 384	69 384		
7	31		本月生产费用	246 000	104 400	117 384	467 784		
7	31		生产费用合计	271 400	115 800	131 884	519 084		
7	31	记 8	分配转出	222 048	106 344	121 104	449 496	449 496	
7	31		月末在产品成本	49 352	9 456	10 780	69 588		69 588

(5) 编制完工产品成本汇总表，如表 5-24 所示，并据以结转完工产品成本。

表 5-24　完工产品成本汇总表

单位：元

成本项目	甲产品(5 900 件)		乙产品(3 600 件)	
	总成本	单位成本	总成本	单位成本
直接材料	408 457	69.23	222 048	61.98
直接人工	168 504	28.56	106 344	29.54
制造费用	191 455	32.45	121 104	33.64
合计	768 416	130.24	449 496	124.86

凭证编号：记字 8 号　　日期：2022 年 7 月 31 日　　　摘要：结转完工产品成本

借：库存商品——甲产品　　768 416

　　　　　　——乙产品　　449 496

　　贷：基本生产成本——甲产品　　768 416

　　　　　　　　　　——乙产品　　449 496

案例解析

该火力发电厂的生产特点为大量大批单步骤生产，品种单一，管理上不要求按步骤计算成本，因此可以选择品种法计算电力成本，小郑的回答正确。

项目小结

工业企业的生产按工艺过程的特点可分为单步骤生产和多步骤生产；按生产组织方式可分为大量生产、成批生产和单件生产。

产品的生产特点和管理要求是决定成本计算方法的主要因素。主要表现在成本计算对象的确定、成本计算期的确定、生产费用在完工产品与在产品之间的分配上。

以产品成本计算对象为标志的三种成本计算的基本方法是品种法、分批法和分步法，其中品种法是最基本的成本计算方法。产品成本计算的辅助方法有分类法、定额法等。基本方法可以单独使用，是计算产品实际成本必不可少的，辅助方法不能单独使用，必须结合基本方法，不是计算产品实际成本必不可少的方法。

品种法是指以产品品种为成本计算对象，归集生产费用计算产品成本的方法，是产品成本计算中最基本的方法。品种法的适用范围：适用于单步骤的大量大批生产，也可用于管理上不需分步骤计算成本的多步骤的大量大批生产。

品种法的特点：以产品品种为成本计算对象，设置产品成本明细账和成本计算单，归集生产费用。成本计算定期按月进行，品种法成本计算期与会计核算期一致，但与产品生产周期不一致。大量大批单步骤生产，产品品种单一，月末一般没有在产品，不需要将生产费用在完工产品与在产品之间进行分配；而大量大批多步骤生产，月末一般有在产品，就需要将生产费用在完工产品与在产品之间进行分配，从而确定完工产品成本和月末在产品成本。

品种法计算产品成本的一般程序是：按照产品品种设置成本明细账，在明细账内按照成本项目设置专栏；编制费用分配汇总表，根据各种原始凭证编制各种费用分配汇总表。

分配辅助生产费用，编制“辅助生产费用分配表”，将辅助生产成本明细账中所归集的生产费用，采用适当的方法分配给各受益对象，并据以登记有关成本费用明细账；分配基本生产车间制造费用，编制“制造费用分配表”，登记到各产品的成本项目中；分配计算各种完工产品成本和月末在产品成本；结转完工产品成本。

项目强化训练

一、单项选择题

1. 大量、大批多步骤生产管理上不要求分步的企业适用的成本计算方法是(　　)。
   A. 品种法　　B. 分类法　　C. 分批法　　D. 分步法
2. 工业企业的生产按其组织方式不同分为(　　)。
   A. 单步骤生产和多步骤生产　　B. 大量生产、成批生产和单件生产
   C. 连续式生产和装配式生产　　D. 简单生产和复杂生产
3. 区分产品成本计算基本方法的主要标志是(　　)。
   A. 成本计算期　　B. 制造费用的分配方法
   C. 成本计算对象　　D. 完工产品与在产品之间分配费用的方法
4. 单件小批生产的企业，应选择的成本计算方法是(　　)。
   A. 品种法　　B. 分类法　　C. 分批法　　D. 分步法
5. 分步法适用于(　　)。
   A. 大量大批多步骤生产管理上要求分步　　B. 单件生产
   C. 小批生产　　D. 大量大批单步骤
6. 品种法适用于(　　)。
   A. 大量大批多步骤生产管理上要求分步　　B. 大量大批单步骤生产
   C. 联产品的多步骤生产　　D. 单件小批类型的生产
7. 品种法成本计算对象是(　　)。
   A. 产品结构　　B. 产品品种　　C. 生产步骤　　D. 产品批次
8. 品种法成本计算期的特点是(　　)。
   A. 定期按月计算，与生产周期一致
   B. 定期按月计算，与生产周期不一致
   C. 不定期计算成本，与生产周期一致
   D. 不定期计算成本，与会计报告期不一致
9. 品种法是产品成本计算的(　　)。
   A. 主要方法　　B. 重要方法　　C. 最基本方法　　D. 最一般方法
10. 在品种法下，若只生产一种产品，则发生的费用(　　)。
    A. 全部直接计入费用
    B. 全部间接计入费用
    C. 部分是直接费用，部分是间接费用
    D. 需要将生产费用在各种产品中进行分配

二、多项选择题

1. 下列产品成本计算方法中，属于辅助方法的有(　　)。
   A. 品种法　　B. 分类法　　C. 定额法　　D. 分步法

2. 产品成本计算的基本方法有(　　)。

A. 品种法　　B. 分类法　　C. 分批法　　D. 分步法

3. 企业在确定产品成本计算方法时，必须从企业的具体情况出发，同时考虑(　　)等因素。

A. 企业生产特点　　B. 企业生产规模大小

C. 管理要求　　D. 月末有无在产品

4. 产品成本计算期与产品生产周期不一致的成本计算方法有(　　)。

A. 品种法　　B. 分类法　　C. 分批法　　D. 分步法

5. 受生产特点和管理要求影响，产品成本计算的对象有(　　)。

A. 产品品种　　B. 产品类别　　C. 产品批别　　D. 产品生产步骤

6. 下列(　　)是品种法的特点。

A. 以品种为成本计算对象　　B. 成本计算期与会计报告期一致

C. 不分步计算产品成本　　D. 计算自制半成品成本

7. 下列企业适宜采用品种法进行成本计算的是(　　)。

A. 发电厂　　B. 煤矿厂　　C. 钢铁厂　　D. 造船厂

8. 品种法的计算程序依次是(　　)。

A. 分配各种要素费用

B. 分配辅助生产成本和基本生产车间的制造费用

C. 按产品品种开设成本明细账

D. 计算完工产品成本和月末在产品成本

9. 在采用品种法计算产品成本的企业或车间里，(　　)。

A. 如果只生产一种产品，所发生的全部生产费用都是直接费用

B. 如果只生产一种产品，不存在在各成本计算对象之间分配费用的问题

C. 如果生产多种产品，直接费用可以直接计入各产品成本明细账的有关成本项目

D. 如果生产多种产品，间接费用则要采用适当的分配方法，在各成本计算对象之间进行

10. 品种法是最基本的成本计算方法，是因为(　　)。

A. 各种方法最终都要计算出各产品品种的成本

B. 品种法定期按月计算成本

C. 品种法成本计算程序是成本计算的一般程序

D. 品种法不需要进行费用分配

三、判断题

1. 产品成本计算最基本的方法是品种法。(　　)

2. 成本计算对象的确定主要取决于成本管理的要求。(　　)

3. 成本计算期在所有企业都是一个月。(　　)

4. 产品成本计算的基本方法和辅助方法，是从计算产品实际成本是否必不可少的角度划分的。(　　)

5. 一个工业企业只能采用一种成本计算方法，不能同时采用其他方法。(　　)

6. 品种法是一种不分批不分步计算产品成本的一种方法。 ( )

7. 品种法只适用于大量大批单步骤生产的企业。 ( )

8. 在品种法下，如果单步骤生产且品种单一，月末在产品很少或没有，则可以不计算产品成本，这种情况下的品种法，也称简单法。 ( )

9. 品种法的成本计算对象是每件产品。 ( )

10. 采用品种法计算产品成本时，企业如果只生产一种产品，只需要为这一种产品开设产品成本明细账即可。 ( )

四、名词解释

成本计算对象　成本计算期　品种法　生产工艺过程　生产组织

五、思考题

1. 简述成本计算的基本方法和辅助方法的区别和联系。

2. 品种法的特点和适用范围是什么？

3. 品种法的成本核算程序是什么？

六、岗位能力训练

福州兴盛制造厂有一个基本生产车间和供电、锅炉两个辅助生产车间，基本生产车间大量生产甲、乙两种产品，根据生产特点和管理要求采用品种法计算产品成本。辅助生产车间的制造费用不单独核算，有关成本计算资料如下。

1. 月初在产品成本

甲产品月初在产品成本为 97 390 元：其中直接材料 40 800 元，直接人工 34 000 元，制造费用 22 590 元；乙产品月初在产品成本为 33 716 元：其中，直接材料 18 000 元，直接人工 9 206 元，制造费用 6 510 元。

2. 本月生产数量

甲产品本月实际生产工时 6 000 小时，本月完工 2 000 件，月末在产品 1 000 件，加工程度为 40%，原材料在生产开始时一次投入。乙产品本月实际生产工时 2 000 小时，本月完工 1 000 件，月末在产品 800 件，加工程度为 60%，原材料在生产开始时一次投入。采用约当产量比例法分配完工产品成本和月末在产品成本。

供电车间本月供电 165 800 度，其中锅炉车间 5 000 度，产品生产耗用 120 000 度，基本生产车间一般耗用 17 800 度，厂部管理部门耗用 23 000 度；锅炉车间本月供气 268 吨，其中供电车间耗用 10 吨，基本生产车间耗用 243 吨，厂部管理部门耗用 15 吨。

3. 本月发生生产费用

(1) 本月发出材料汇总表如表 5-25 所示。

(2) 本月职工薪酬结算汇总表如表 5-26 所示。

(3) 本月应计提折旧费 48 000 元，其中基本生产车间 30 000 元，供电车间 6 000 元，锅炉车间 5 000 元，企业管理部门 7 000 元。

(4) 本月以银行存款支付其他费用，其中基本生产车间：办公费 35 000 元，水费 3 500 元，财产保险费 1 300 元；供电车间：办公费 1 600 元，水费 8 000 元，财产保险费 1 400

元；锅炉车间：办公费 2 000 元，水费 15 000 元，差旅费 1 500 元，财产保险费 800 元；管理部门：办公费 30 000 元，差旅费 6 500 元，招待费 1 000 元，财产保险费 600 元。

表 5-25　发出材料汇总表

材料类别：原料及主要材料　　2024 年 7 月　　单位：元

领料用途	直接领用	共同耗用	合　计
产品生产用	320 000	64 000	384 000
其中：甲产品	200 000		200 000
乙产品	120 000		120 000
基本生产车间一般耗用	4 500		4 500
供电车间	52 000		52 000
锅炉车间	12 000		12 000
企业管理部门	5 000		5 000
合计	393 500	64 000	457 500

表 5-26　职工薪酬结算汇总表

2024 年 7 月　　单位：元

人员类别		应付工资总额	计提的职工福利费	合　计
基本生产车间生产工人		270 000	37 800	307 800
基本生产车间管理人员		15 000	2 100	17 100
辅助生产车间	供电车间	10 000	1 400	11 400
	锅炉车间	12 000	1 680	13 680
企业管理人员		28 000	3 920	31 920
合计		335 000	46 900	381 900

(5) 有关费用分配方法如下。

① 共同耗用材料费用按甲、乙两种产品直接耗用原材料比例分配；

② 职工薪酬按照甲、乙产品的实际生产工时比例分配；

③ 辅助生产费用按交互分配法进行分配；产品用电分配计入“基本生产成本”明细账的“制造费用”成本项目(分配率保留四位小数)；

④ 制造费用按照甲、乙产品的实际生产工时比例分配(分配率保留六位小数)；

⑤ 采用约当产量比例法计算完工产品成本及月末在产品成本(单位成本保留两位小数)。

【要求】根据各项生产费用发生的原始凭证及有关资料，编制各项费用分配表。

(1) 分配各项费用要素(见表 5-27～表 5-30 所示)，并编制会计分录。

表 5-27　材料费用分配表

2024 年 7 月　　单位：元

应借账户		直接计入	共同耗用			合　计
			分配标准	分配率	金　额	
基本生产成本	甲产品					
	乙产品					
	小计					
制造费用	材料费用					
辅助生产成本	供电车间					
	锅炉车间					
管理费用	材料费用					
合计						

表 5-28　职工薪酬分配表

2024 年 7 月　　单位：元

应借账户		工资分配计入金额			职工福利费		合　计
		生产工时	分配率	分配金额	分配率	分配金额	
基本生产成本	甲产品						
	乙产品						
	合计						
制造费用	职工薪酬						
辅助生产成本	供电车间						
	锅炉车间						
	合计						
管理费用	职工薪酬						
合计							

表 5-29　固定资产折旧分配表

2024 年 7 月　　单位：元

应借账户		成本或费用项目	金　额
制造费用		折旧费	
辅助生产成本	供电车间	折旧费	
	锅炉车间	折旧费	
管理费用		折旧费	
合计			

表 5-30　其他费用分配表

2024 年 7 月　　　　单位：元

应借账户		成本或费用项目	金　额
制造费用		其他费用	
辅助生产成本	供电车间	其他费用	
	锅炉车间	其他费用	
管理费用		其他费用	
合计			

(2) 分配辅助生产费用(见表 5-31～表 5-34 所示)，并编制会计分录。

表 5-31　辅助生产成本明细账

车间名称：供电车间　　　　2024 年 7 月　　　　单位：元

2024 年		凭证号	摘　要	直接材料	直接人工	折旧费	其他费用	合　计
			材料费用分配					
			职工薪酬分配					
			折旧费用分配					
			其他费用分配					
			本月合计					
			交互分配转入					
			交互分配转出					
			对外分配转出					

表 5-32　辅助生产成本明细账

车间名称：锅炉车间　　　　2024 年 7 月　　　　单位：元

2024 年		凭证号	摘　要	直接材料	直接人工	折旧费	其他费用	合　计
			材料费用分配					
			职工薪酬分配					
			折旧费用分配					
			其他费用分配					
			本月合计					
			交互分配转入					
			交互分配转出					
			对外分配转出					

表 5-33　辅助生产费用分配表

2024 年 7 月　　单位：元

项　目			交互分配			对外分配		
辅助生产车间名称			供电车间	锅炉车间	合计	供电车间	锅炉车间	合　计
待分配费用								
劳务数量								
费用分配率								
辅助生产车间耗用	供电车间	受益数量						
		分配金额						
	锅炉车间	受益数量						
		分配金额						
产品耗用		受益数量						
		分配金额						
基本生产车间一般耗用		受益数量						
		分配金额						
厂部管理部门耗用		受益数量						
		分配金额						
分配金额合计								

表 5-34　产品共同耗用电费分配表

2024 年 7 月　　单位：元

产品名称	生产工时	分配率	分配金额
甲产品			
乙产品			
合计			

(3) 分配制造费用(如表 5-35、表 5-36 所示)，并编制会计分录。

表 5-35　制造费用明细账

车间名称：基本生产车间　　2024 年 7 月　　单位：元

2024 年		凭证号	摘　要	材料费	人工费	折旧费	其他费用	电气费	合　计
			材料费用分配						
			职工薪酬分配						
			折旧费用分配						
			其他费用分配						
			辅助费用分配						
			本月合计						
			分配转出						

表 5-36　制造费用分配表

2024 年 7 月　　单位：元

产品名称	成本项目	实际生产工时	分 配 率	分 配 额
甲产品	制造费用			
乙产品	制造费用			
合计				

(4) 计算甲、乙完工产品成本与月末在产品成本，编制产品成本计算单，并登记基本生产成本明细账。如表 5-37～表 5-40 所示。

表 5-37　产品成本计算单

2024 年 7 月

产品名称：甲产品　本月完工：2 000 件　月末在产品：1 000 件　完工程度：40%　单位：元

摘　要	直接材料	直接人工	制造费用	合　计
月初在产品成本				
本月生产费用				
生产费用合计				
完工产品数量				—
月末在产品约当产量				—
生产产量合计				—
单位成本				
完工产品成本				
月末在产品成本				

注：尾差由月末在产品负担。

表 5-38　产品成本计算单

2022 年 7 月

产品名称：乙产品　本月完工：1 000 件　月末在产品：800 件　完工程度：60%　单位：元

摘　要	直接材料	直接人工	制造费用	合　计
月初在产品成本				
本月生产费用				
生产费用合计				
完工产品数量				—
月末在产品约当产量				—
生产产量合计				—
单位成本				
完工产品成本				
月末在产品成本				

注：尾差由月末在产品负担。

表 5-39　基本生产成本明细账

产品名称：甲产品　　2024 年 7 月　　单位：元

2024 年		凭证号	摘　要	借　方				贷　方	余　额
				直接材料	直接人工	制造费用	合　计		
			月初在产品成本						
			材料费用分配						
			职工薪酬分配						
			动力费用分配						
			制造费用分配						
			本月生产费用						
			生产费用合计						
			分配转出						
			月末在产品成本						

表 5-40　基本生产成本明细账

产品名称：乙产品　　2024 年 7 月　　单位：元

2024 年		凭证号	摘　要	借　方				贷　方	余　额
				直接材料	直接人工	制造费用	合　计		
			月初在产品成本						
			材料费用分配						
			职工薪酬分配						
			动力费用分配						
			制造费用分配						
			本月生产费用						
			生产费用合计						
			分配转出						
			月末在产品成本						

表 5-41　完工产品成本汇总表

单位：元

成本项目	甲产品(2 000 件)		乙产品(1 000 件)	
	总成本	单位成本	总成本	单位成本
直接材料				
直接人工				
制造费用				
合计				

微课视频

扫一扫，获取本项目相关微课视频。

产品成本计算方法概述

品种法的基本原理

品种法的应用

项目六

产品成本计算的分批法

【知识目标】

- 了解分批法的含义、特点、分类和适用范围。
- 掌握一般(典型)分批法和简化分批法的成本计算程序。

【技能目标】

- 能熟练、正确地应用典型分批法和简化分批法进行产品成本计算并进行相应账务处理。

【素养目标】

- 树立制造强国、创新驱动、质量为先、绿色发展等理念，提升民族自豪感。
- 培养精益求精的工作作风、团队协作意识、大数据思维意识。
- 培育制度自信、理论自信、道路自信、文化自信的认同感。

案例引导

旺达机械修理厂的生产任务是按照客户的要求，修理各种机械设备。根据自身的生产技术条件和技术设备的生产能力，在完成修理任务的前提下，接受各家用户的订货，组织生产专用或通用的机械设备。

该厂有铸工、锻工、机加工、钳工(装配)等生产步骤，属于多步骤生产。按生产工艺划分为铸工、锻工、机加工、钳工(装配)车间，该厂修理项目和产品品种、规格多，而且很少重复，生产组织一般为小批或单件生产。修理作业的批号很多，修理和零件加工比较复杂，一般不能当月完工。

要求分析:

1. 根据以上资料，你认为该企业适合采用什么方法计算产品成本？成本计算对象是什么？
2. 月末是否需要将生产费用在完工产品与月末在产品之间进行分配？

理论认知

任务一　分批法概述

一、分批法的含义、适用范围及特点

(一)分批法的含义

分批法是指以产品批别或订单为成本计算对象，归集生产费用计算产品成本的方法。采用分批法，需要按产品批别分品种开设产品成本明细账，产品批别在成批生产的企业中，是按一定品种、一定批量产品划分的，而产品的品种和批量往往根据客户的订单确定，因此也称“订单法”。

(二)分批法的适用范围

适用于单件、小批生产类型的企业，主要包括单件、小批生产的重型机械、船舶、精密工具、仪器等制造企业；不断更新产品种类的时装等制造企业，以及新产品的试制、机器设备的修理作业，以及辅助生产的工具、器具、模具的制造等，也可采用分批法计算成本。

(三)分批法的特点

1. 成本计算对象

成本计算对象是产品批别，并按此设置产品成本明细账。产品批别是指企业生产计划部门签发并下达到生产车间的生产任务通知单对该批生产任务进行的编号，即产品批号或批次。分批法划分批次主要有 3 种形式：客户订单、化整为零、化零为整。在单件小批的生产企业中，有时每个客户订单所订购的产品种类不同、规格不一，采用的原料及制造方法、定做的数量不同，这时候企业下达的生产任务通知单确定的批别与客户订单一致。但产品的批别与客户的订单有时候也不完全相同。如果一张订单中规定的产品品种较多，为了分别考核不同产品的生产成本，可以将一张订单分为几批组织生产；如果一张订单批量较大，要求陆续交货，并且交货持续的时间较长，为了及时确定成本以便及时计算损益，也可以分成几批组织生产，这种方法即为化整为零；化整为零的还有一种情况，如果一张订单中是单件产品，但属于大型复杂产品，价值较大，生产周期较长，如大型船舶制造，也可以按产品的组成部分分批组织生产，计算成本。如果同一时期内，在几张订单中规定有相同的产品，而且交货的时间相差不多，也可以将几张订单中相同的产品合并为一批组织生产，这即是化零为整。综上所述，分批法下企业组织生产不应该完全以客户订单为准，而应该由企业生产计划部门根据实际情况调整客户订单签发下达的生产任务通知单为准，生产任务通知单内对应该生产任务进行编号，即产品批次。

2. 成本计算期

成本计算期与生产周期一致，与会计核算期不一致。这是因为在分批法下，同批产品通常同时完工，平时没有必要计算该批产品成本，而是在该批产品完工时再进行计算。因此，成本计算期与产品的生产周期一致，是不定期的。

3. 生产费用在完工产品与在产品之间的分配

一般不需要将生产费用在完工产品和在产品之间进行分配。分批法下，一般是在该批产品全部完工时再进行成本计算，因此，没有在产品，不存在生产费用在完工产品和在产之间分配的问题。但是，如果批内产品跨月陆续完工且需要分次交货，为了计算已交货产品成本，则需要将归集在该批产品成本明细账里的生产费用在完工产品和在产品之间分配。如果跨月陆续完工产品数量占批量比重较小，可以采用简化的方法，比如计划单位成本、定额单位成本、近期相同产品的实际单位成本来计算完工产品成本，并进行完工产品成本的结转，在该批次全部完工后还要计算该批次产品的实际总成本和单位成本，对已经转账的完工产品成本不再进行调整，直接用之前剩余的月末在产品成本加上后续投入的生产费用作为最后完工这部分产品成本即可。这种方法核算工作简单，但计算结果不太准确。因此，当跨月陆续完工产品数量占批量比重较大时，为了提高成本计算的准确性，可采用约当产量比例法、定额比例法等方法在完工产品与月末在产品之间进行分配，计算完工产品成本与月末在产品成本。

为了减少完工产品与月末在产品之间分配费用的工作量，提高分批法成本计算的准确性，应使同一批次产品尽量同时完工，避免跨月陆续完工的情况，在合理组织生产的前提下，可以适当缩小产品的批量。但是，缩小产品批量也应有一定的限度，如果批量过小，不仅会使生产组织方式不合理、不经济，而且也会使设立的产品生产明细账过多，从而加大核算工作量。这就要求生产部门和财务部门加强协调，做到既有利于组织生产，又有利于财务部门组织成本核算。

二、分批法的一般程序

1. 按照产品批别或订单设置成本明细账

在成本明细账内按照成本项目设置专栏，如“直接材料”“直接人工”“燃料及动力”“制造费用”等。

2. 核算要素费用，编制各种费用分配表，据以登记生产成本明细账

根据各种原始凭证编制各种费用分配表，分配各种要素费用，登记各种明细账。核算要素费用时，该由某批产品直接承担的直接生产费用应记入“基本生产成本”明细账，应由某批产品承担的间接生产费用应记入“制造费用”明细账(若车间只生产一批产品，直接记入“基本生产成本”明细账)、其他部门消耗的费用应按受益对象分别记入“管理费用”“辅助生产成本”“销售费用”“在建工程”等账户。

3. 分配辅助生产费用

企业应将辅助生产车间为生产产品或提供劳务而发生的生产费用归集在“辅助生产成本”账户，并在月末按各受益对象消耗产品或劳务的数量分配计入各受益对象的成本、费用。基本生产车间的产品所承担的辅助生产费用应记入“基本生产成本”明细账，基本生产车间承担的辅助生产费用应记入“制造费用”明细账，其他部门承担的费用应按受益对象分别记入“管理费用”“辅助生产成本”“销售费用”“在建工程”等账户。

4. 分配基本生产车间的制造费用

将基本生产车间“制造费用明细账”归集的费用进行汇总，采用一定的方法，在生产的各批产品之间进行分配，编制“制造费用分配表”，登记到各批产品成本明细账的“制造费用”成本项目。

5. 核算废品损失及停工损失

在单独核算废品损失及停工损失的企业，需要将归集的废品损失计入相应批次产品的成本，即成本明细账的“废品损失”成本项目；停工损失根据实际情况记入成本明细账的“停工损失”成本项目，非正常原因记入“营业外支出”账户。

不单独核算的企业，将废品损失及停工损失在发生时，与成本有关的记入“制造费用”账户核算。

6. 分配计算各批完工产品成本与月末在产品成本

该批产品完工时，其“基本生产成本”明细账归集的生产费用即为该批产品总成本。若存在产品陆续完工、分次交货的情况，则要将“基本生产成本”明细账中归集的生产费用在完工产品和在产品之间分配，计算出该批完工产品和月末在产品成本。

7. 结转本月完工产品成本

根据产品成本计算结果，编制“完工产品成本汇总表”，据以编制各批完工产品成本会计分录，分别登记各批产品成本明细账和库存商品明细账。

三、分批法的分类

1. 典型分批法

典型分批法也叫一般分批法、分批计算在产品成本的分批法，每月各批次无论是否有

完工产品，都要按受益对象分配间接计入费用给各批次产品。一般分批法下间接计入费用采用一般分配法，也称当月分配法，主要适用于当月可以完工的、生产周期短的单件小批生产企业。

2. 简化分批法

简化分批法又称为不分批计算在产品成本的分批法，只有在有批次产品完工的月份，才将在基本生产成本二级账归集的间接计入费用分配记入各批次完工产品明细账，计算完工产品成本。简化分批法下间接计入费用的分配采用的是累计分配法，主要适用于同一月份投产批数多且未完工批数多、各月间接计入费用水平相差不多的企业。

四、一般分批法的应用

1. 成本计算相关资料

【例 6-1】企业基本情况：福州榕辉机械有限公司根据客户订单小批生产甲、乙、丙、丁四种产品，采用分批法计算产品成本。2024 年 7 月生产情况及生产费用发生情况如下。

2024 年 6 月 1 日投产甲产品 50 台，批号为 601，7 月全部完工；6 月 10 日投产乙产品 40 台，批号为 602，当月完工 30 台；7 月 15 日投产丙产品 30 台，产品批号为 701，当月完工 10 台；7 月 20 日投产丁产品 20 台，产品批号为 702，当月尚未完工。

2. 本月成本资料

(1) 各批产品的月初在产品费用如表 6-1 所示。

表 6-1　月初在产品成本

单位：元

批　号	直接材料	直接人工	制造费用	合　计
601	46 000	9 400	6 500	61 900
602	58 000	7 500	5 200	70 700

(2) 根据各种费用分配表，汇总各批产品本月发生的生产费用，如表 6-2 所示。

表 6-2　本月发生生产费用

单位：元

批　号	直接材料	直接人工	制造费用	合　计
601		20 000	35 000	55 000
602		25 050	48 000	73 050
701	32 000	8 000	18 000	58 000
702	26 000	3 500	4 700	34 200

(3) 各批完工产品与在产品之间分配费用的方法。

601 批号甲产品，6 月投产，本月全部完工，产品成本明细账上归集的生产费用合计数即为完工产品成本。

602 批号乙产品，本月完工数量较大，采用约当产量比例法确认期末在产品成本。该批产品所需材料均在生产开始时一次性投入，月末在产品完工程度为50%。

701 批号丙产品，该批产品所需材料在生产开始时一次性投入，本月完工数量为 10 台，还有 20 台尚未完工。对本订单内跨月陆续完工的产品，月末计算成本时，对完工产品按定额成本转出，待全部完工后再重新计算完工产品实际总成本和单位成本。701 批号丙产品 5 月末完工 10 台，产品单位定额成本为 1 920 元，其中原材料单位定额成本为 950 元，人工单位定额成本为 320 元，制造费用单位定额成本为 650 元。

702 批号丁产品本月全部未完工，本月生产费用全部是月末在产品成本。

根据上述资料，按批号开设基本生产成本明细账，并根据有关资料进行登记。生产成本明细账如表 6-3～表 6-6 所示。

表 6-3　基本生产成本明细账(601 批号甲产品)

批号：601　　产品名称：甲产品　　单位：元

投产日期：2024 年 6 月 1 日　　完工日期：2024 年 7 月　　批量：50 台　　完工：50 台

2024年		凭证号	摘　要	借　方				贷　方	余　额
月	日			直接材料	直接人工	制造费用	合　计		
7	1		月初在产品成本	46 000	9 400	6 500	61 900		
7	31	略	职工薪酬分配		20 000		20 000		
7	31		制造费用分配			35 000	35 000		
7	31		本月生产费用		20 000	35 000	55 000		
7	31		生产费用合计	46 000	29 400	41 500	116 900		
7	31		完工产品成本	46 000	29 4000	41 500	116 900	116 900	
7	31		单位成本	920	588	830	2 338		

表 6-4　基本生产成本明细账(602 批号乙产品)

批号：602　　产品名称：乙产品　　单位：元

投产日期：2024 年 6 月 10 日　　完工日期：　　批量：40 台　　完工：30 台

2024年		凭证号	摘　要	借　方				贷　方	余　额
月	日			直接材料	直接人工	制造费用	合计		
7	1		月初在产品成本	58 000	7 500	5 200	70 700		
7	31	略	职工薪酬分配		25 050		25 050		
7	31		制造费用分配			48 000	48 000		
7	31		本月生产费用		25 050	48 000	73 050		
7	31		生产费用合计	58 000	32 550	53 200	143 750		
7	31		完工产品成本	43 500	27 900	45 600	117 000	117 000	
7	31		完工单位成本	1 450	930	1 520	3 900		
7	31		月末在产品成本	14 500	4 650	7 600	26 750		26 750

602 批号乙产品本月完工产品 30 台，采用约当产量比例法，分配生产费用如下。

完工产品应负担材料费用=58 000÷40×30=43 500(元)

月末在产品应负担材料费用=58 000−43 500 =14 500(元)

完工产品应负担人工费用=32 550÷(30+10×50%)×30 =27 900(元)

月末在产品应负担人工费用=32 550−27 900=4 650(元)

完工产品应负担制造费用=53 200÷(30+10×50%)×30 =45 600(元)

月末在产品应负担制造费用=53 200−45 600=7 600(元)

表 6-5　基本生产成本明细账(701 批号丙产品)

批号：701　　产品名称：丙产品　　单位：元

投产日期：2024 年 7 月　　完工日期：　　批量：30 台　　完工：10 台

2024 年		凭证号	摘　要	借　方				贷　方	余　额
月	日			直接材料	直接人工	制造费用	合　计		
7	31		材料费用分配	32 000			32 000		
7	31	略	职工薪酬分配		8 000		8 000		
7	31		制造费用分配			18 000	18 000		
7	31		本月生产费用	32 000	8 000	18 000	58 000		
7	31		生产费用合计	32 000	8 000	18 000	58 000		
7	31		完工产品成本	9 500	3 200	6 500	19 200	19 200	
7	31		单位定额成本	950	320	650	1 920		
7	31		月末在产品成本	22 500	4 800	11 500	38 800		38 800

表 6-6　基本生产成本明细账(702 批号丁产品)

批号：702　　产品名称：丁产品　　单位：元

投产日期：2024 年 7 月　　完工日期：　　批量：20 台　　完工：

2024 年		凭证号	摘　要	借　方				贷　方	余　额
月	日			直接材料	直接人工	制造费用	合　计		
7	31	略	材料费用分配	26 000			26 000		
7	31		职工薪酬分配		3 500		3 500		
7	31		制造费用分配			4 700	4 700		
7	31		本月生产费用	26 000	3 500	4 700	34 200		
7	31		生产费用合计	26 000	3 500	4 700	34 200		
7	31		月末在产品成本	26 000	3 500	4 700	34 200		34 200

3. 编制完工产品成本汇总表

根据各批产品成本明细账，编制完工产品成本汇总表，如表 6-7 所示。

表 6-7 完工产品成本汇总表

单位：元

成本项目		直接材料	直接人工	制造费用	合 计
601 批号甲产品(产量 50 台)	总成本	46 000	29 400	41 500	116 900
	单位成本	920	588	830	2 338
602 批号乙产品(产量 30 台)	总成本	43 500	27 900	45 600	117 000
	单位成本	1 450	930	1 520	3 900
701 批号丙产品(产量 10 台)	总成本	9 500	3 200	6 500	19 200
	单位成本	950	320	650	1 920

根据表 6-7 编制本月结转完工产品入库的会计分录。

借：库存商品——601 批号(甲产品)　　116 900
　　　　　　——602 批号(乙产品)　　117 000
　　　　　　——701 批号(丙产品)　　19 200
　贷：基本生产成本——601 批号(甲产品)　　116 900
　　　　　　　　——602 批号(乙产品)　　117 000
　　　　　　　　——701 批号(丙产品)　　19 200

任务二　简化分批法

一、简化分批法的概述

小批或单件生产的企业，如同一月份内投产的产品批数很多，而完工批次少，则在各批产品之间分配各种间接费用的工作量很大，而且没有完工的各批产品，也不急于计算其成本。在这种情况下，采用简化的分批法进行核算。

简化的分批法又称为间接(计入)费用累计分批法或不分批计算在产品成本的分批法。在各批产品完工前，只按月登记其发生的直接费用和生产工时，对于发生的间接计入费用集中进行核算，当某批产品完工时分配结转间接计入费用，计算完工产品总成本和单位成本，对于未完工的各批产品不分配间接计入费用，不计算各批产品的在产品成本。

(一)适用范围

一般适用于生产周期比较长、批别较多、月末未完工批别也较多，且各月份间接计入费用水平相差不多的小批单件生产的企业。

(二)成本账户的设置

按批别设置产品成本明细账并设置基本生产成本二级账。在各批产品完工之前，产品成本明细账内只按月登记直接计入费用(如直接材料)和生产工时。每月发生的各项间接计入费用(包括直接人工、制造费用等)，不是按月在各批产品之间进行分配，而是先通过基本生产成本二级账进行归集，按成本项目累计起来，仅在有产品完工的月份，按照完工产品累计生产工时的比例，在各批完工产品直接进行分配，对未完工的在产品则不分配间接计入费用。

(三)间接计入费用的分配方法

对各批完工产品分配间接计入费用，一般按完工产品累计生产工时比例分配。

$$全部产品某项累计间接费用分配率=\frac{全部产品该项累计间接费用}{全部产品累计生产工时}$$

某批完工产品应负担的某项间接费用=该批完工产品累计生产工时×全部产品该项累计间接费用分配率

(四)简化分批法的特点

(1) 必须设置“基本生产成本二级账”。“基本生产成本二级账”应按产品的成本项目、生产工时设置专栏，登记全部批次产品的累计生产费用及累计生产工时。

(2) 没有完工产品的月份，不需要分配间接生产费用。每月发生的间接生产费用在“基本生产成本二级账”中累计起来，在有完工产品的月份，月末按完工产品的累计工时和累计间接费用分配率计算各批完工产品应负担的间接生产费用，进而计算各批完工产品成本和保留在“基本生产成本二级账”中的在产品成本。各批产品没有完工时，成本明细账只登记直接材料费用和生产工时。

(3) 间接计入费用在各批次完工产品的分配与完工产品成本的计算两项工作是通过计算累计间接计入费用分配率合并一次完成的，简化了成本计算工作。

(五)简化分批法的一般程序

(1) 按产品的批号或订单设置成本明细账，其成本明细账应按成本项目设置专栏，通常包括直接材料、直接人工、制造费用等项目。

(2) 设置“基本生产成本二级账”，并登记月初在产品的累计生产工时及累计生产费用。

(3) 归集当月发生的生产费用及生产工时。直接生产费用及生产工时应记入各批产品的基本生产成本”明细账户及“基本生产成本二级账”，间接生产费用只登记在“基本生产成本二级账”。

(4) 在有完工产品的月份，月末根据“基本生产成本二级账”中所记录的数据，计算各项累计间接费用分配率，并按完工产品的累计工时和累计间接费用分配率计算完工产品承担的间接生产费用，进而计算完工产品成本。

(5) 将各批完工产品成本在“基本生产成本”明细账及“基本生产成本二级账”中进行平行登记，并编制完工产品成本汇总表，作为编制结转完工产品成本会计分录的依据。

二、简化分批法的应用

【例 6-2】福州远程机器厂小批生产多种产品，由于产品批次多，生产周期长，且月末未完工的批次也多。为了简化成本计算，采用简化分批法—累计间接费用分批法计算成本。该企业 2024 年 7 月的产品批号如下。

501 批号：甲产品 10 台，5 月投产，本月完工；

601 批号：乙产品 15 台，6 月投产，尚未完工；

602 批号：丙产品 8 台，6 月投产，本月完工；

701 批号：丁产品 5 台，7 月投产，尚未完工。

该企业设立的基本生产成本二级账如表 6-8 所示。

表 6-8　基本生产成本二级账

2024 年		摘　要	直接材料/元	生产工时/小时	直接人工/元	制造费用/元	合计/元
月	日						
7	1	期初余额	22 500	3 800	14 450	15 250	52 200
7	31	本月发生	18 500	3 200	10 050	12 750	41 300
7	31	累计数	41 000	7 000	24 500	28 000	93 500
7	31	累计间接费用分配率	—	—	3.5	4	—
7	31	本月完工产品成本转出	21 000	4 600	16 100	18 400	55 500
7	31	月末在产品成本	20 000	2 400	8 400	9 600	38 000

表 6-8 中的累计直接人工分配率=24 500/7 000=3.5

累计制造费用分配率=28 000/7 000=4

“本月完工产品成本转出”中的生产工时、直接材料、直接人工、制造费用可根据产品成本明细账的有关完工合计数确定。“月末在产品成本”余额可倒挤求得，也可根据有关未完工批号明细账汇总登记。各批号产品基本生产成本明细账如表 6-9～表 6-12 所示。

表 6-9　基本生产成本明细账(501 批号甲产品)

批号：501　　产品名称：甲产品

投产日期：2024 年 5 月　　完工日期：2024 年 7 月　　批量：10 台　　完工：10 台

2024 年		摘　要	生产工时/时	借　方				贷　方	余额/元
月	日			直接材料/元	直接人工/元	制造费用/元	合计/元		
5	31	本月发生	700	3 000			3 000		
6	30	本月发生	1 000	6 500			6 500		
7	31	本月发生	500	1 500			1 500		
7	31	累计	2 200	11 000			11 000		
7	31	间接费用分配率			3.5	4			
7	31	完工产品成本	2 200	11 000	7 700	8 800	27 500	27 500	
7	31	完工产品单位成本		1 100	770	880	2 750		

表 6-10　基本生产成本明细账(601 批号乙产品)

批号：601　　产品名称：乙产品

投产日期：2024 年 6 月　　完工日期：　　批量：15 台　　完工：　台

2024 年		摘　要	生产工时/时	借　方				贷　方	余　额
月	日			直接材料/元	直接人工/元	制造费用/元	合计/元		
6	30	本月发生	800	7 500			7 500		
7	31	本月发生	600	1 600			1 600		
7	31	累计	1 400	9 100			9 100		

表 6-11　基本生产成本明细账(602 批号丙产品)

批号：602　　产品名称：丙产品

投产日期：2024 年 6 月　　完工日期：2024 年 7 月　　批量：8 台　　完工：8 台

2024 年		摘　要	生产工时/时	借　方				贷　方	余　额
月	日			直接材料/元	直接人工/元	制造费用/元	合计/元		
6	30	本月发生	1 300	5 500					
7	31	本月发生	1 100	4 400					
7	31	累计	2 400	10 000					
7	31	间接费用分配率			3.5	4			
7	31	完工产品成本	2 400	10 000	8 400	9 600	28 000	28 000	
7	31	完工产品单位成本		1 250	1 050	1 200	3 500		

表 6-12　基本生产成本明细账(701 批号丁产品)

批号：701　　产品名称：丁产品

投产日期：2024 年 7 月　　完工日期：　　批量：5 台　　完工：　台

2024 年		摘　要	生产工时/时	借　方				贷　方	余　额
月	日			直接材料/元	直接人工/元	制造费用/元	合计/元		
7	31	本月发生	1 000	11 000			11 000		

根据各批号产品成本明细账，编制完工产品成本汇总表，如表 6-13 所示。

表 6-13 产品成本汇总表

单位：元

成本项目		直接材料	直接人工	制造费用	合 计
501 批号甲产品(产量 10 台)	总成本	11 000	7 700	8 800	27 500
	单位成本	1 100	770	880	2 750
602 批号丙产品(产量 8 台)	总成本	10 000	8 400	9 600	28 000
	单位成本	1 250	1 050	1 200	3 500

根据表 6-13 编制本月结转完工产品入库的会计分录。

借：库存商品——501 批号(甲产品)　　27 500
　　　　　——602 批号(丙产品)　　28 000
　贷：基本生产成本——501 批号(甲产品)　　27 500
　　　　　　　　——602 批号(丙产品)　　28 000

简化分批法与一般分批法的区别：各批产品之间分配间接生产费用和完工产品与在产品之间分配费用的工作，都是利用累计间接费用分配率，到产品完工时合并在一起进行的，大大简化了费用的分配和成本明细账的登记工作。月末未完工的批数越多，核算的工作越简化。但也存在不足之处：其一，必须设置基本生产成本二级账，加大了登记二级账的工作量；其二，各批产品基本生产成本明细账中，不能反映月末在产品的成本完整资料，不利于在产品的成本管理；其三，由于间接费用的分配是采用当月累计间接费用分配率进行的，在各月间接费用水平相差较大时，当某一批产品本月投产本月完工时，则会受到前几个月间接计入费用水平高低的影响，就会影响成本计算的真实性。

因此，在实际应用简化分批法时，应注意具备两个条件：各月份间接费用水平相差不多；同一月份投产批数多，且未完工的批数也较多的情况。

案例解析

(1) 旺达机械修理厂的生产特点根据客户的订单小批、单件生产，成本计算方法选择分批法进行，又因为修理作业的批号很多，修理和零件加工比较复杂，一般不能当月完工，适合采用分批法中简化的分批法进行成本计算；按客户订单组织生产，开设产品成本明细账，成本计算对象为客户的订单或企业的生产批号。

(2) 修理作业的批号很多，修理和零件加工比较复杂，一般不能当月完工，因此月末在各批产品成本明细账归集的本月生产费用不需要在完工产品与月末在产品之间进行分配，简化的分批法只在有完工产品出现时才分配间接计入费用，从而计算该批完工产品成本。

项 目 小 结

分批法是按照产品批别或订单作为成本核算对象归集生产费用、计算产品成本的一种方法。实际中，产品的品种和批量往往根据客户的订单确定，因此也称订单法。

分批法的适用范围：分批法适用于单件、小批生产类型的企业，主要包括单件、小批生产的重型机械、船舶、精密工具、仪器等制造企业；不断更新产品种类的时装等制造企业以及新产品的试制、机器设备的修理作业以及辅助生产的工具、器具、模具的制造等，亦可采用分批法计算成本。

分批法的特点：以产品批别为成本计算对象，按产品批别设置产品成本明细账，归集生产费用；成本计算不定期；一般不需要在月末分配在产品成本。

分批法成本计算一般程序：按批别开设成本明细账；编制各要素费用分配表(或汇总表)归集与分配各批次产品的生产费用；计算各批别完工产品成本，采用分批法一般不需要在本月完工产品和月末在产品之间分配生产费用；结转完工产品成本。

简化的分批法又称为间接(计入)费用累计分批法或不分批计算在产品成本的分批法，是在各批产品完工前，只按月登记其发生的直接费用和生产工时，对于发生的间接计入费用集中核算，当某批产品完工时分配结转间接计入费用，计算完工产品总成本和单位成本，对于未完工的各批产品不分配间接计入费用，不计算各批产品的在产品成本。

简化的分批法的特点：采用简化的分批法，要设立多个基本生产成本明细账，账内按成本项目设置专栏，平时账内只登记直接计入费用(原材料费用)和生产工时。另外，还要设置基本生产成本二级账，根据其他费用要素分配表，人工费用和制造费用记入基本生产成本二级账；计算完工产品成本。

项目强化训练

一、单项选择题

1. 产品成本计算分批法的成本计算对象是(　　)。

A. 产品的批别　B. 产品的类型　C. 产品的生产步骤　D. 产品的品种

2. 产品成本计算的简化分批法，与其他方法相比不同点是(　　)。

A. 设置制造费用明细账　B. 核算方法不同

C. 设置基本生产成本二级账　D. 不进行费用分配

3. 采用简化的分批法计算产品成本，基本生产成本二级账与产品成本明细账无法核对(　　)。

A. 月末在产品生产工时项目余额　B. 月末在产品直接材料项目余额

C. 完工产品成本合计数　D. 月末在产品间接计入费用项目余额

4. 采用分批法计算产品成本时，如果批内跨月完工产品的数量较多，且月末批内完工产品数量占全部批量的比重较大，则完工产品成本可按(　　)计算。

A. 约当产量比例分配　B. 计划单位成本

C. 近期同种产品的实际单位成本　D. 定额单位成本

5. 采用简化分批法，间接费用分配时点是(　　)。

A. 产品完工时　B. 月初　C. 月末　D. 年末

6. 通常情况下，可采用分批法计算产品成本的企业是(　　)。

A. 纺织厂　B. 发电厂　C. 造纸厂　D. 造船厂

7. 对大量大批单步骤生产的产品，应当以(　　)作为产品成本计算对象。

A. 产品步骤　　B. 产品品种　　C. 最终完工产品　D. 产品批别

8. 简化分批法与分批成本法的主要区别是(　　)。

A.不分间接费用　　B. 分批计算直接材料成本

C. 不分批计算在产品成本　　D. 不分批计算完工产品成本

9. 采用简化分批法，累计间接计入费用分配率(　　)。

A. 只是各批产品之间分配间接计入费用的依据

B. 只是各批在产品之间分配间接计入费用的依据

C. 既是各批产品之间又是完工产品与月末在产品之间分配间接计入费用的依据

D. 是完工产品与月末在产品之间分配间接计入费用的依据

10. 采用简化分批法，各批产品、完工产品与在产品之间分配间接计入费用，都是采用(　　)。

A. 累计间接计入费用分配率　　B. 累计生产工时

C. 累计原材料费用分配率　　D. 间接计入费用分配率

二、多项选择题

1. 以下企业适用分批法计算产品成本的是(　　)。

A. 钢铁厂　　B. 面粉厂　　C. 造船厂　　D. 服装厂

2. 以下不属于分批法特点的是(　　)。

A. 以产品品种作为成本计算对象

B. 以品种或步骤设置生产成本明细账

C. 产品成本计算期固定

D. 一般不需要在完工产品和在产品之间分配

3. 一般分批法与简化分批法的明细账相比(　　)。

A. 设置的明细账是相同的　　B. 设置的明细账是不同的

C. 简化分批法的明细账复杂　　D. 一般分批法的明细账复杂

4. 一般分批法与品种法相比(　　)。

A. 月末存在完工和在产品时，也需要将生产费用在完工产品和在产品之间进行分配

B. 成本计算对象不同

C. 成本计算期不同

D. 可以计算先完工的产品成本

5. 简化分批法适用于(　　)的企业。

A. 同一月份投产批次多　　B. 月末完工批次少

C. 月末完工批次多　　D. 同一月份投产批次少

6. 采用分批法计算产品成本时，如果批内产品跨月陆续完工的情况不多，完工产品数量占全部批量的比重很小，先完工的产品可以按(　　)从产品成本明细账转出。

A. 计划单位成本计价　　B. 定额单位成本计价

C. 随意估计成本　　D. 最近时期相同产品实际单位成本计价

7. 采用简化分批法计算产品成本时(　　)。

A. 必须设置基本生产成本二级账
B. 一般是在有产品完工时才分配间接费用
C. 不需要分配间接费用
D. 生产费用也需要在完工产品与在产品之间分配

8. 采用分批法计算产品成本时，成本计算对象可以按(　　)。
A. 一张订单中的不同品种产品分别确定
B. 一张订单中的同种产品分批确定
C. 一张订单中单件产品的组成部分分别确定
D. 多张订单中的同种产品确定

9. 采用简化分批法设立的基本生产成本二级账，其作用在于(　　)。
A. 按月提供企业或车间全部产品的累计生产费用
B. 计算登记完工产品总成本
C. 按月提供企业或车间全部产品的累计生产工时
D. 计算登记月末在产品总成本

10. 简化分批法下，累计间接计入费用分配率是(　　)。
A. 各批产品之间分配间接计入费用的依据
B. 在各批完工产品之间分配该费用的依据
C. 在完工批别和月末在产品批别之间分配间接计入费用的依据
D. 在某批完工产品和月末在产品之间分配间接计入费用的依据

三、判断题

1. 只要产品批次多，就应该采用简化分批法计算产品成本。(　　)
2. 如果一张订单规定有几种产品，也要合为一批组织生产。(　　)
3. 采用简化分批法，在间接费用水平相差悬殊的情况下，会影响产品成本计算的正确性。(　　)
4. 分批法一般不需要在完工产品和在产品之间分配生产费用，但一批产品跨月陆续完工时，则需要在完工产品与月末在产品之间分配生产费用。(　　)
5. 在简化的分批法下，成本明细账只登记直接费用和生产工时的记录。(　　)
6. 简化的分批法能提供各批完工产品和月末在产品的成本资料。(　　)
7. 分批法下的产品批量必须与购买者的订单一致。(　　)
8. 采用分批法，批内产品若出现跨月完工，完工产品的成本先行结转，待该批产品全部完工时，再进行账面调整。(　　)
9. 分批法是按批、不分品种计算产品成本的一种方法。(　　)
10. 简化分批法，不分配各批在产品的直接计入费用。(　　)

四、名词解释

分批法　　简化分批法

五、思考题

1. 一般分批法的成本核算程序是什么？

2. 简化分批法的成本核算程序是什么?

3. 一般分批法和简化分批法的区别有哪些?

六、岗位能力训练

(一)一般分批法的核算

福州华盛有限公司生产甲、乙、丙三种产品，属于小批生产，采用分批法计算成本。生产情况和生产费用资料如下:

(1) 月初在产品成本资料如表 6-14 所示。

表 6-14　月初在产品成本

2024 年 7 月　　单位：元

批　号	产品名称	直接材料	直接人工	制造费用	合　计
601	甲产品	165 000	24 000	16 000	205 000
602	乙产品	210 000	15 000	12 000	237 000

(2) 本月生产情况如下。

601 批号甲产品 40 台，6 月 10 日投产，7 月 15 日全部完工;

602 批号乙产品 120 台，6 月 15 日投产，7 月完工 10 台;

701 批号丙产品 60 台，7 月 5 日投产，7 月尚未完工。

(3) 本月发生生产费用：本月投入原材料 268 000 元，全部为 701 批号丙产品耗用。本月产品生产工人工资总额为 131 000 元，制造费用总额为 89 085 元。

(4) 生产工时：601 批号甲产品本月实际生产工时为 16 000 小时，602 批号乙产品本月实际生产工时为 8 800 小时，701 批号丙产品本月实际生产工时为 27 600 小时。

(5) 单位产品定额成本：602 批号乙产品单位产品定额成本为 4 520 元，其中直接材料为 2 800 元，直接人工为 920 元，制造费用 800 元。

【要求】

(1) 按产品批别开设产品成本计算单(见表 6-17、表 6-18、表 6-19)并登记月初在产品成本。

(2) 分配各费用要素，材料费用直接记入产品成本计算单，直接人工和制造费用按生产工时比例进行分配，编制相应分配表(见表 6-15、表 6-16)并记入相应成本计算单。

表 6-15　直接人工费用分配表

2024 年 7 月

产品名称	生产工时/时	分配工人工资	
		分配率	分配金额/元
601 批号甲产品			
602 批号乙产品			
701 批号丙产品			
合计			

表 6-16　制造费用分配表

2024 年 7 月

产品名称	生产工时/时	分配制造费用	
		分配率	分配金额/元
601 批号甲产品			
602 批号乙产品			
701 批号丙产品			
合计			

表 6-17　产品成本计算单

批号：601　　产品名称：甲产品　　单位：元

投产日期：2024 年 6 月 10 日　　完工日期：2024 年 7 月 15 日　　产量：40 台　　完工：40 台

摘　要	直接材料	直接人工	制造费用	合　计
月初在产品成本				
本月生产费用				
生产费用合计				
完工产品成本				
完工产品单位成本				

表 6-18　产品成本计算单

批号：602　　产品名称：乙产品　　单位：元

投产日期：2024 年 6 月 15 日　　完工日期：2024 年 7 月　　产量：120 台　　完工：10 台

摘　要	直接材料	直接人工	制造费用	合　计
月初在产品成本				
本月生产费用				
生产费用合计				
完工产品单位定额成本				
完工产品成本				
月末在产品成本				

表 6-19　产品成本计算单

批号：701　　产品名称：丙产品　　单位：元

投产日期：2024 年 7 月 5 日　　完工日期：　　产量：60 台　　完工：　台

摘　要	直接材料	直接人工	制造费用	合　计
本月生产费用				
生产费用合计				
月末在产品成本				

(3) 计算本月完工产品和月末在产品成本，602批号乙产品本月完工数量少，完工成本按定额成本结转。编制结转完工产品成本会计分录。

(二)简化分批法的核算

兴华有限公司生产组织属于小批生产，产品批数多，且月末未完工的产品批数也较多，因此采用简化分批法进行成本计算。2024年7月生产情况如下。

2601批号甲产品5台，6月投产，7月全部完工；

2602批号乙产品10台，6月投产，7月完工6台；

2603批号丙产品5台，6月投产，7月尚未完工；

2701批号丁产品6台，7月投产，7月尚未完工。

各批7月末累计原材料费用(原材料在生产开始时一次性投入)和生产工时为：

2601批号原材料36 000元，工时9 050小时；

2602批号原材料48 000元，工时21 500小时；

2603批号原材料31 660元，工时8 270小时；

2701批号原材料22 100元，工时8 220小时。

7月末，该公司全部产品累计原材料费用137 760元，工时47 040小时，直接人工费用为39 984元，制造费用为58 800元。

7月末，完工产品工时为23 050小时，其中乙产品14 000小时。

【要求】

(1) 根据上述资料，登记基本生产成本二级账和各批产品成本明细账如表6-20、表6-21、表6-22、表6-23、表6-24所示。

(2) 计算累计间接费用分配率。

(3) 计算各批完工产品成本。

表6-20 基本生产成本二级账

车间：基本生产车间

摘 要	生产工时/时	直接材料/元	直接人工/元	制造费用/元	合 计
生产费用累计数					
累计间接费用分配率					
本月完工成本转出					
月末在产品成本					

表6-21 产品成本明细账(甲产品)

产品批号：2601　　2024年7月　　投产日期：2024年6月

产品名称：甲产品　　批量：5台　　完工日期：2024年7月

摘 要	生产工时/时	直接材料/元	直接人工/元	制造费用/元	合 计
生产费用累计数					
间接费用分配率					
本月完工成本转出					
完工产品单位成本					

表 6-22　产品成本明细账(乙产品)

产品批号：2602　　2024 年 7 月　　投产日期：2024 年 6 月

产品名称：乙产品　　批量：10 台　　完工日期：2024 年 7 月(完工 6 台)

摘　要	生产工时/时	直接材料/元	直接人工/元	制造费用/元	合　计
生产费用累计数					
间接费用分配率					
本月完工成本转出					
完工产品单位成本					
月末在产品成本					

表 6-23　产品成本明细账(丙产品)

产品批号：2603　　2024 年 7 月　　投产日期：2024 年 6 月

产品名称：丙产品　　批量：5 台　　完工日期：

摘　要	生产工时/时	直接材料/元	直接人工/元	制造费用/元	合　计
生产费用累计数					

表 6-24　产品成本明细账(丁产品)

产品批号：2701　　2024 年 7 月　　投产日期：2024 年 7 月

产品名称：丁产品　　批量：6 台　　完工日期：

摘　要	生产工时/时	直接材料/元	直接人工/元	制造费用/元	合　计
本月发生					

微课视频

扫一扫，获取本项目相关微课视频。

一般分批法

简化分批法

项目七

产品成本计算的分步法

【知识目标】

- 熟悉分步法的含义、特点、适用范围和成本计算程序。
- 掌握逐步结转分步法和平行结转分步法的应用。
- 熟悉逐步结转分步法和平行结转分步法的联系和区别。

【技能目标】

- 应用逐步结转分步法计算大量大批多步骤连续式加工企业产品成本。
- 应用平行结转分步法计算大量大批多步骤装配式加工企业产品成本。

【素养目标】

- 智能制造、无人工厂、大数据技术及AI技术应用，成本核算思维与时俱进。
- 培养精益求精的工作作风、团队协作意识。
- 培养循序渐进、注重过程的工作习惯。

案例引导

小林应聘到一家纺织厂做成本会计员，财务部老会计张师傅向小林介绍了企业的基本情况，纺织厂规模不大，共有三个纺纱车间，两个织布车间。另外，还有若干为纺纱、织布车间服务的辅助生产车间。该厂第一纺纱车间纺的纱全部对外销售，第二纺纱车间纺的纱供第一织布车间使用，第三纺纱车间纺的纱供第二织布车间使用。纺纱和织布的工序包括清花、粗纺、并条、粗纱、捻线、织布等工序。各工序生产的半成品直接供下一道工序使用，不经过半成品库。

该厂现行的成本核算模式是，第一纺纱车间采用品种法核算成本；第二纺纱车间和第一织布车间采用品种法核算成本，第三纺纱车间和第二织布车间采用逐步结转分步法核算成本。为了加强企业的成本管理，公司财务部对各车间生产的半成品均要进行考核。另外，主营部门还要对半成品成本情况进行评比和检查。

思考题：假定你是该公司成本会计人员，应如何根据企业的具体情况来选择成本计算方法？该公司成本计算方法的选择是否合理？如果不合理，应如何改进？

理论认知

任务一　分步法概述

一、分步法的含义及适用范围

分步法是指以产品及其生产步骤为成本计算对象，归集生产费用计算产品成本的方法。主要适用于大量大批多步骤管理上要求分步核算成本的生产企业。如纺织厂、造纸、冶金、机械制造等。这些企业生产过程由若干个可以间断的生产步骤组成，如冶金企业生产分为炼铁、炼钢、轧钢等步骤；纺织企业分为纺纱、织布、印染等步骤；机械制造分为铸造、加工、装配等步骤；造纸企业分为制浆、制纸和包装等步骤。每个生产步骤除了生产出半成品(最后一个步骤是产成品)外，还有一些加工中的在产品。这些半成品，可能用于下一步步骤继续加工或装配，也可能对外销售。为了适应这一生产特点，不仅要按照产品品种，而且还要按生产步骤核算产品成本，以满足计算盈亏和成本管理的需要。

二、分步法的特点

1. 成本计算对象

分步法成本计算对象是以各种产品及其所经过的生产步骤为对象，按产品的各生产步骤开设基本生产成本明细账归集生产费用。如果一个生产步骤只生产一种产品，可按该产品和生产步骤设置成本明细账；如果一个生产步骤生产多种产品，则需按生产步骤和各产品品种分别设置成本明细账。某步骤某产品发生的直接费用，直接计入该步骤该产品的成本明细账的相应成本项目；各步骤各产品共同发生的生产费用，应采用一定的分配方法，分配计入各步骤、各产品的成本明细账相应成本项目。

实际工作中，产品成本计算的分步与产品生产步骤的划分不一定完全一致，是根据实际加工步骤结合管理要求加以确定。为了简化核算，只对管理上有必要分步计算成本的生产步骤单独开设产品成本明细账，单独计算成本；管理上不要求单独计算成本的生产步骤，则可以与其他生产步骤结合起来合并开设产品成本明细账，合并计算成本。

2. 成本计算期

成本计算期与会计核算期一致，与生产周期不一致。在大量大批多步骤生产企业中，原材料源源不断地投入，各生产步骤的半成品连续不断移交给下一步骤，直至产品完工入库。完工产品在各个会计核算期内会不断地产出，月末也存在一定量的在产品。为了保证成本核算的及时性，企业不能在产品全部完工时计算成本，因此，分步法需要在月末计算完工产品成本，与品种法相同。

3. 生产费用在完工产品与在产品之间的分配

一般需要将生产费用在完工产品和在产品之间进行分配。在大量大批多步骤生产企业中，产品往往跨月陆续完工，各步骤一般都存在未完工的在产品。因此，在计算产品成本时，需要采用适当的分配方法在完工产品与月末在产品之间进行分配，计算各步骤完工产品成本(或计入产成品份额)和月末在产品成本。

三、分步法的分类

分步法按是否需要计算和结转半成品成本分为逐步结转分步法(也称计算半成品成本法)和平行结转分步法(也称不计算半成品成本法)。如果管理上要求提供各步骤半成品的成本信息，则采用逐步结转分步法；相反，则采用平行结转分步法。

逐步结转分步法按结转的半成品成本在下一步骤产品成本明细账中的反映方式，又可分为综合结转分步法和分项结转分步法。

任务二　逐步结转分步法

一、逐步结转分步法的概述

(一)逐步结转分步法的含义及适用范围

逐步结转分步法也称计算半成品成本法，或称顺序结转分步法，是指从第一个生产步骤开始，分步骤计算各步半成品的总成本及单位成本，而且各步骤半成品的成本要随着半成品实物的转移从本步骤的成本明细账转入下一步骤相同产品的成本明细账中，然后再加上下一步骤发生的各项费用，计算出下一步骤半成品成本，按生产步骤顺序结转，直至最后一个生产步骤计算出产成品成本。

逐步结转分步法适用于自制半成品有对外销售、半成品可以加工成不同产成品、管理上要求提供半成品成本信息的大量大批多步骤连续式加工的企业。

(二)逐步结转分步法的一般程序

在逐步结转分步法下，各步骤所耗用的上一步骤半成品的成本，要随着半成品实物的转移，从上一步骤的产品成本明细账中转入下一步骤相同产品的成本明细账中，以便逐步计算各步骤的半成品成本和最后步骤的产成品成本。逐步结转分步法成本计算程序的特点主要表现在以下三个方面。

(1) 按产成品品种和各步骤半成品品种设置基本生产成本明细账，归集发生的生产费用记入各步骤的基本生产成本明细账。

(2) 月末，将第一步骤产品(半成品)基本生产成本明细账所归集的生产费用，采用适当的分配方法，在完工产品和月末在产品之间分配，计算出本步骤完工半成品成本。如果半成品不通过半成品库收发，而是直接转入下一步骤继续加工，则第一步骤完工的半成品转入第二步骤后，应将计算出的完工半成品成本随之转到第二步骤，不必编制结转半成品成本的会计分录；如果半成品通过仓库收发，即半成品完工后，不为下一步骤直接领用，而要通过半成品库收发，则应编制结转半成品成本的会计分录：验收入库时，借记“自制半成品”科目，贷记“基本生产成本”科目，下一步骤领用时，做相反的会计分录。

(3) 第二步骤基本生产明细账所归集的费用，则包括第一步骤完工的半成品成本加上第二步骤发生的费用可分配计算出第二步骤的半成品成本。以此类推。

综上可知，逐步结转分步法实际上就是品种法的多次连续应用，即在采用品种法计算上步骤的半成品成本以后，按照下一步骤的耗用数量转入下一步骤成本；下一步骤再一次采用品种法归集所耗半成品费用和本步骤其他费用，计算其半成品成本；如此逐步结转，直至最后一个步骤计算出产成品成本。逐步结转分步法的计算程序按半成品是否通过自制半成品仓库收发可以分为以下两种情况：半成品不通过仓库收发的成本计算程序(材料在生产开始时一次性投入)、半成品通过仓库收发的成本计算程序(材料在生产开始时一次性投入)分别如图 7-1、图 7-2 所示。

从图 7-1、图 7-2 可以看出，采用逐步结转分步法，每月各步骤发生的生产费用，如果有完工产品也有月末在产品，则要采用适当的分配方法，将各步骤所归集的生产费用在该步骤完工半成品(最后步骤产成品)与该步骤月末在产品(狭义在产品)之间进行分配，以求出每步骤半成品及最后步骤产成品成本。

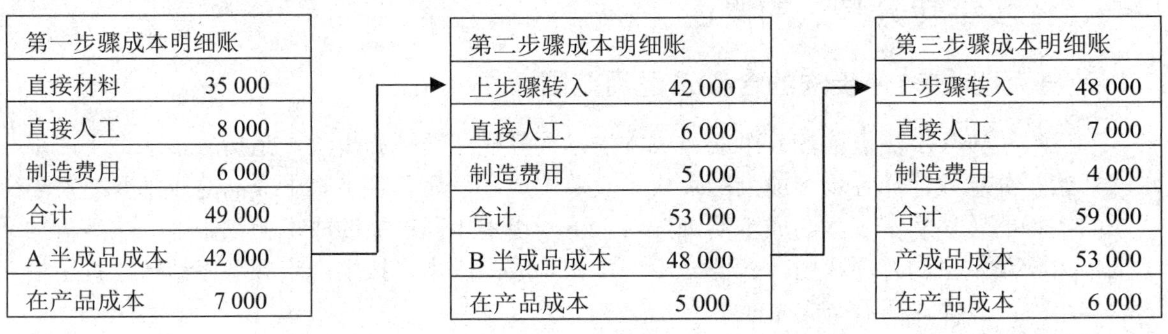

图 7-1　逐步结转分步法成本计算程序图(直接结转)

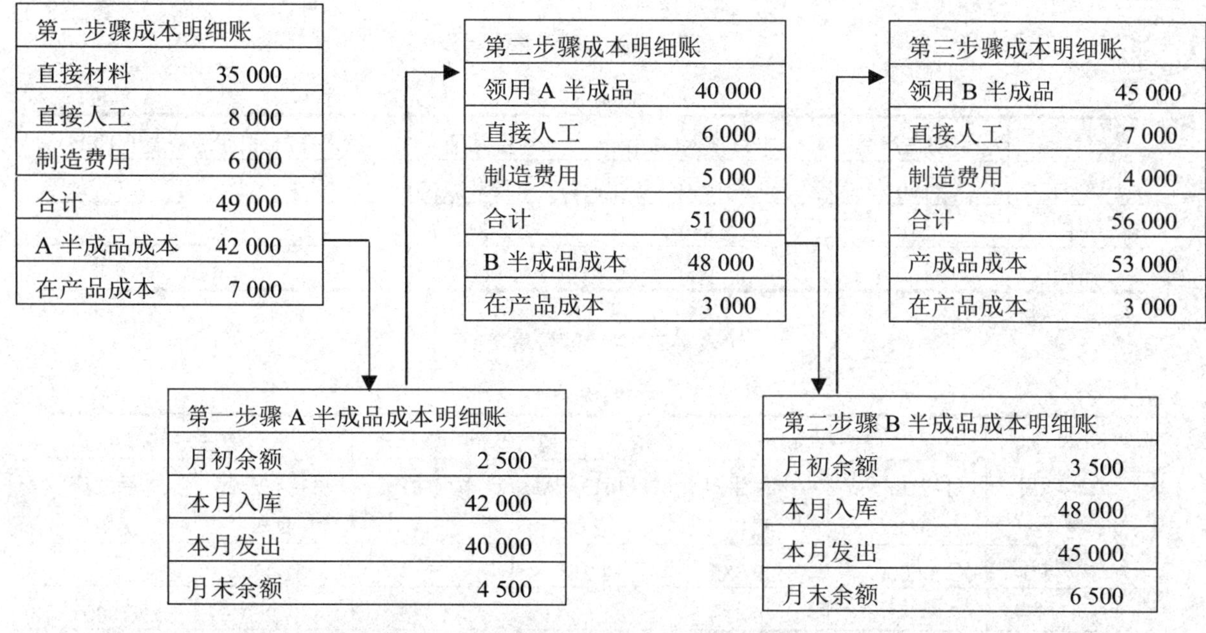

图 7-2　逐步结转分步法成本计算程序图(通过半成品仓库收发)

二、逐步综合结转分步法的成本计算

综合结转分步法是指将各加工步骤所耗上一步骤的半成品成本不分直接材料、直接人工、制造费用等成本项目，而是以一个总金额计入本步骤产品成本明细账中专设的“半成品”或“直接材料”成本项目，综合反映各步骤所耗上一步骤所产半成品成本的方法。半成品成本结转可以按照上一步骤所产半成品的实际成本结转，也可以按照企业确定的半成品计划成本或定额成本结转。

(一)按实际成本综合结转

采用此方法，各步骤所耗上一步骤的半成品费用，应根据所耗半成品的实际数量乘以半成品的实际单位成本计算。因各月所产半成品的实际单位成本不同，所耗半成品实际单位成本的确定，可选择使用先进先出法、加权平均法等。为了提高各步骤成本计算的及时性，在半成品月初余额较大，本月所耗半成品全部或者大部分是以前月份所生产的情况下，本月所耗半成品费用也可按上月月末的加权平均单位成本计算。

1. 半成品不通过半成品库收发

半成品成本就在各步骤的成本明细账之间直接结转，不必编制结转半成品成本的会计分录。

【例 7-1】福州榕辉机械厂 2024 年 7 月开始生产甲产品，该产品经过三个车间加工，各车间所产半成品不通过仓库收发。一车间投入原材料加工 A 半成品，二车间领用 A 半成品加工成 B 半成品，三车间领用 B 半成品加工成甲产品，原材料在一车间生产开始时一次性投入，各步骤的在产品在本步骤的完工程度均为 50%，该厂要求采用逐步综合结转分步法计算产品成本。有关资料如表 7-1 至表 7-5 所示。

表 7-1　各步骤产量记录

2024 年 7 月　　　　单位：台

项　目	月初在产品	本月投入(领用)	本月完工	月末在产品(完工程度 50%)
一车间	90	900	850	140
二车间	210	850	980	80
三车间	160	980	1 000	140

表 7-2　各步骤费用资料

2024 年 7 月　　　　单位：元

成本项目	第一车间		第二车间		第三车间	
	月初在产品成本	本月生产费用	月初在产品成本	本月生产费用	月初在产品成本	本月生产费用
直接材料	32 000	320 935	42 215	—	51 400	—
直接人工	3 120	26 458	21 800	43 735	9 200	76 800
制造费用	840	9 510	4 800	12 030	5 120	12 780
合计	35 960	356 903	68 815	55 765	65 720	89 580

表 7-3　基本生产成本明细账(第一车间)

生产车间：第一车间　　　　2024 年 7 月　　　　单位：元

产品名称：A 半成品　　　　完工数量：850 台

项　目	直接材料	直接人工	制造费用	合　计
月初在产品成本	32 000	3 120	840	35 960
本月生产费用	320 935	26 458	9 510	356 903
合计	352 935	29 578	10 350	392 863
单位产品成本	356.50	32.15	11.25	399.90
完工 A 半成品成本	303 025	27 327.50	9 562.50	339 915
月末在产品成本	49 910	2250.50	787.50	52 948

表 7-3 中有关数据计算如下。

直接材料单位成本=352 935÷(850+140)=356.50(元/台)

完工 A 半成品应分配的直接材料成本=850×356.50=303 025(元)

月末在产品应分配的直接材料成本=352 935−303 025=49 910(元)

直接人工单位成本=29 578÷(850+140×50%)=32.15(元/台)

完工 A 半成品应分配的直接人工成本=850×32.15=27 327.50(元)

月末在产品应分配的直接人工成本=29 578−27 327.50=2 250.50(元)

制造费用单位成本=10 350÷(850+140×50%)=11.25(元/台)

完工 A 半成品应分配的制造费用=850×11.25=9 562.50(元)

月末在产品应分配的制造费用=10 350−9 562.50=787.50(元)

结转完工 A 半成品成本会计分录如下。

借：基本生产成本——第二车间(B 半成品)　　339 915

　　贷：基本生产成本——第一车间(A 半成品)　　339 915

表 7-4　基本生产成本明细账(第二车间)

生产车间：第二车间　　2024 年 7 月　　单位：元

产品名称：B 半成品　　完工数量：980 台

项　目	直接材料(A 半成品)	直接人工	制造费用	合　计
月初在产品成本	42 215	21 800	4 800	68 815
本月生产费用	339 915	43 735	12 030	395 680
合计	382 130	65 535	16 830	464 495
单位产品成本	360.50	64.25	16.50	441.25
完工 B 半成品成本	353 290	62 965	16 170	432 425
月末在产品成本	28 840	2 570	660	32 070

表 7-4 中有关数据计算如下。

直接材料(A 半成品)单位成本=382 130÷(980+80)=360.50(元/台)

完工 B 半成品应分配的直接材料(A 半成品)成本=980×360.50=353 290(元)

月末在产品应分配的直接材料(A 半成品)成本=382 130−353 290=28 840(元)

直接人工单位成本=65 535÷(980+80×50%)=64.25(元/台)

完工 B 半成品应分配的直接人工成本=980×64.25=62 965(元)

月末在产品应分配的直接人工成本=65 535−62 965=2 570(元)

制造费用单位成本=16 830÷(980+80×50%)=16.50(元/台)

完工 B 半成品应分配的制造费用=980×16.50=16 170(元)

月末在产品应分配的制造费用=16 830−16 170=660(元)

结转完工 B 半成品成本会计分录如下。

借：基本生产成本——第三车间(甲产品)　　432 425

　　贷：基本生产成本——第二车间(B 半成品)　　432 425

表 7-5　基本生产成本明细账(第三车间)

生产车间：第三车间　　2024 年 7 月　　单位：元

产品名称：甲产品　　完工数量：1 000 台

项　目	直接材料(B 半成品)	直接人工	制造费用	合　计
月初在产品成本	51 400	9 200	5 120	65 720
本月生产费用	432 425	76 800	12 780	522 005
合计	483 825	86 000	17 900	587 725

续表

项　目	直接材料(B 半成品)	直接人工	制造费用	合　计
单位产品成本	424.41	80.37	16.73	521.51
完工产品成本	424 410	80 370	16730	521510
月末在产品成本	59 415	5 630	1 170	66 215

注：尾差由月末在产品负担。

表 7-5 中有关数据计算如下。

直接材料(B 半成品)单位成本=483 825÷(1 000+140)=424.41(元/台)

完工产成品应分配的直接材料(B 半成品)成本=1 000×424.41=42 4410(元)

月末在产品应分配的直接材料(B 半成品)成本=483 825−424 410=59 415(元)

直接人工单位成本=86 000÷(1 000+140×50%)=80.37(元/台)

完工产成品应分配的直接人工成本=1 000×80.37=80 370(元)

月末在产品应分配的直接人工成本=86 000−80 370=5 630(元)

制造费用单位成本=17 900÷(1 000+140×50%)=16.73(元/台)

完工产成品应分配的制造费用=1 000×16.73=16 730(元)

月末在产品应分配的制造费用=17 900−16 730=1 170(元)

根据第三车间产品成本明细账和产成品入库单，编制结转产成品成本的会计分录如下。

借：库存商品——甲产品　　521 510

　　贷：基本生产成本——第三车间(甲产品)　　521 510

2. 半成品通过半成品仓库收发

半成品实物如果通过半成品仓库收发，企业开设“自制半成品”明细账进行核算。半成品完工入库时，借：自制半成品——某半成品，贷：基本生产成本——某车间(某半成品)；领用半成品时，借：基本生产成本——某车间(某半成品或产成品)，贷：自制半成品——某半成品。半成品成本在出库时，其计价方法可以采用实际成本计价，也可以按计划成本计价。按实际成本计价时，半成品出库的实际单位成本可以选择先进先出法、加权平均法、移动加权平均法和个别计价法等方法计算。

(二)半成品按计划成本结转

半成品如果按计划成本计价，半成品的日常收发核算均按计划成本进行，期末需要计算半成品成本的差异率，将所耗半成品的计划成本调整为实际成本。具体来说，上一步骤生产的半成品入半成品仓库时，在自制半成品的明细账中既反映其计划成本也反映其实际成本；下一步骤领用半成品继续加工时，按计划成本计入下一步骤的基本生产成本明细账，同时在基本生产成本明细账还要反映实际成本和成本差异。成本差异合计、成本差异率和本月减少的实际成本的计算公式如下。

成本差异=月初成本差异+本月发生的成本差异

　　=(月初实际成本−月初计划成本)+(本月增加实际成本−本月增加计划成本)

成本差异率=成本差异÷(月初计划成本+本月购入计划成本)×100%

本月减少的实际成本=本月减少的计划成本×(1+成本差异率)

各步骤领用上一步骤所生产的半成品，类似领用原材料。因此，综合结转半成品成本的核算，相当于各生产步骤领用原材料的核算。

(三)综合结转的成本还原

采用综合结转分步法，各步骤所耗上一步骤半成品的成本是以“半成品”或“直接材料”项目综合反映，在结转成本时较为简单，但计算出来的产成品成本，不能提供按原始成本项目反映的成本资料，成本计算的步骤多，产成品成本中，加工费用项目仅反映了最后一个步骤的加工费用，不能反映产品成本的实际构成和水平，不利于从整个企业角度分析和考核产品成本的构成。因此，在管理上要求按原始成本项目进行考核和分析的企业，需要进行成本还原。

成本还原是指将最后步骤的产成品成本中所耗的“半成品”成本还原成按原始成本项目反映的成本，即从最后一个步骤起，把产成品成本中所耗的半成品综合成本，按上一步骤所产该半成品的成本结构进行逐步分解、还原成直接材料、直接人工、制造费用等原始成本项目，还原至第一步骤为止，从而求得按原始成本项目反映的产成品成本资料。

成本还原的方法采用还原分配率法。还原分配率法是按产成品所耗半成品总成本占本月所产该半成品的总成本的比重进行还原的方法。成本计算有 N 步，则成本还原次数为 N-1 次。具体步骤如下。

第一步，计算还原分配率。

$$还原分配率=\frac{产成品所耗某半成品的总成本}{本月所产该半成品的总成本}\times 100\%$$

分子是成本还原的对象，分母是成本还原的依据。

第二步，计算还原后各成本项目的金额。

产成品所耗半成品还原后的各成本项目金额=本月所产该半成品的各成本项目金额×还原分配率

【例 7-2】接着上述的例 7-1 的成本资料，甲产品成本还原的过程如下。

(1) 第一次还原：

还原分配率=424 410÷432 425×100%=98.15%

甲产品所耗 B 半成品成本还原后的 A 半成品成本=353 290×98.15%=346 754.14(元)

甲产品所耗 B 半成品成本还原后的直接人工=62 965×98.15%=61 800.15(元)

甲产品所耗 B 半成品成本还原后的制造费用=424 410−346 754.14−61 800.15=15 855.71(元)

(2) 第二次还原：

还原分配率=346 754.14÷339 915×100%=102.01%

甲产品所耗 A 半成品成本还原后的直接材料=303 025×102.01%=309 115.80(元)

甲产品所耗 A 半成品成本还原后的直接人工=27 327.50×102.01%=27 876.78(元)

甲产品所耗 A 半成品成本还原后的制造费用=346 754.14−309 115.80−27 876.78=9 761.56(元)

成本还原一般是通过编制成本还原计算表进行的，甲产品成本还原过程如表 7-6 所示。

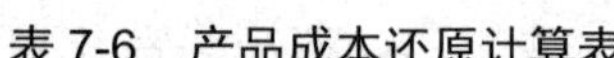

表 7-6　产品成本还原计算表

产品名称：甲产品　　　　　　　　　　　　产量：1 000 台　　　　　　　　　　　　单位：元

项　目	还原率/%	B 半成品	A 半成品	直接材料	直接人工	制造费用	合　计
还原前产成品成本		424 410			80 370	16 730	521 510
第二步骤本月所产B 半成品成本结构			353 290		62 965	16 170	432 425
第一次成本还原	98.15	-424 410	346 754.14		61 800.15	15 855.71	0
第一步骤本月所产A 半成品成本结构				303 025	27 327.50	9 562.50	339 915
第二次成本还原	102.01		-346 754.14	309 115.80	27 876.78	9 761.56	0
还原后产成品成本				309 115.80	170 046.93	42 347.27	521 510
还原后单位成本				309.11	170.05	42.35	521.51

通过成本还原可以看出，产成品的成本经过还原后总成本没有变化，但其成本结构发生了变化。将综合成本项目还原为原始的成本项目，可以从整个企业角度对产品成本结构进行分析和考核，有利于整个企业的成本管理。

除了上述成本还原方法之外，实际中还有另外一种成本还原方法，就是按半成品各成本项目占该半成品总成本的比重进行还原。其公式如下。

$$\text{某步骤半成品某成本项目的项目结构率}=\frac{\text{该步骤半成品该成本项目金额}}{\text{该步骤半成品的总成本}}\times 100\%$$

产成品所耗半成品还原后的各成本项目金额=待还原半成品综合成本×该半成品各成本项目的结构率

按上述方法进行成本还原比较简单，所耗半成品按本月所产半成品结构进行还原，未考虑以前月份所产半成品成本的影响，所以在各月所产半成品的成本结构变化较大的情况下，采用这种方法进行成本还原，准确性会受到一定的影响。如果企业有半成品的定额成本或计划成本比较准确，也可以按定额成本或计划成本的成本结构进行还原，以提高成本还原的准确性。

采用综合结转分步法逐步结转半成品成本，便于分析和考核各步骤所耗半成品成本水平，以利于加强内部成本控制，努力降低成本，但成本还原工作量较大。因此，该方法一般适用于管理上既要求单独计算各步骤所耗半成品成本又不要求成本还原的企业。

三、逐步分项结转分步法的成本计算

分项结转分步法是将各生产步骤耗用的上一步骤半成品成本，按照成本项目分项转入各该步骤产品成本明细账的相应成本项目中。如果半成品通过半成品库收发，则自制半成品明细账中也要按成本项目设置专栏进行登记。

采用分项结转分步法可以直接反映产成品各成本项目的原始构成，便于从整个企业角度考核和分析产品成本的各成本项目水平，不需要进行成本还原，计算工作较为简便。但该方法成本结转的工作量较大，而且在各生产步骤完工产品成本中看不出所耗上一步骤半成品成本和本步骤加工费用水平，不利于各车间的成本管理。这种方法适用于管理上不要求分别反映各步骤完工产品所耗费半成品成本，而要求按成本项目计算产品成本的企业。

采用分项结转分步法，各步骤所耗用的上一步骤半成品的成本，要随着半成品实物的转移，按照成本项目从上一步骤的产品成本明细账转入下一步骤相同产品的成本明细账中，以便逐步计算各步骤的半成品成本和最后步骤的产成品成本。

【例 7-3】仍沿用例题 7-1 的资料，按分项结转分步法计算各生产步骤完工半成品和最后步骤产成品成本，填制各步骤“基本生产成本明细账”，如表 7-7～表 7-9 所示。

表 7-7　基本生产成本明细账(A 半成品)

生产车间：第一车间　　2024 年 7 月　　单位：元

产品名称：A 半成品　　完工数量：850 台

项　目	直接材料	直接人工	制造费用	合　计
月初在产品成本	32 000	3 120	840	35 960
本月生产费用	320 935	26 458	9 510	356 903
合计	352 935	29 578	10 350	392 863
单位产品成本	356.50	32.15	11.25	399.90
完工 A 半成品成本	303 025	27 327.50	9 562.50	339 915
月末在产品成本	49 910	2 250.50	787.50	52 948

第一车间基本生产成本明细账的归集和分配与采用综合结转分步法相同，见例题 7-1 第一车间基本生产成本明细账的计算过程。

表 7-8　基本生产成本明细账(第二车间)

生产车间：第二车间　　2024 年 7 月　　单位：元

产品名称：B 半成品　　完工数量：980 台

项　目	直接材料	直接人工	制造费用	合　计
月初在产品成本	42 215	21 800	4 800	68 815
本月生产费用		43 735	12 030	55 765
耗用上步骤 A 半成品成本	303 025	27 327.50	9 562.50	339 915
合计	345 240	92 862.50	26 392.50	464 495
单位产品成本	325.70	91.04	25.88	442.62
完工 B 半成品成本	319 186	89 219.20	25 362.40	433 767.60
月末在产品成本	26 054	3 643.30	1 030.10	30 727.40

注：尾差由月末在产品负担。

表中有关数据计算如下。

直接材料单位成本=345 240÷(980+80)=325.70(元/台)

完工 B 半成品应分配的直接材料成本=980×325.70=319 186(元)

月末在产品应分配的直接材料成本=345 240−319 186=26 054(元)

直接人工单位成本=92 862.50÷(980+80×50%)=91.04(元/台)

完工 B 半成品应分配的直接人工成本=980×91.04=89 219.20(元)

月末在产品应分配的直接人工成本=92 862.50−89 219.20=3 643.30(元)

制造费用单位成本=26 392.50÷(980+80×50%)=25.88(元/台)

完工 B 半成品应分配的制造费用=980×25.88=25 362.40(元)

月末在产品应分配的制造费用=26 392.50−25 362.40=1 030.10(元)

表 7-9　基本生产成本明细账(第三车间)

生产车间：第三车间　　2024 年 7 月　　单位：元

产品名称：甲产品　　完工数量：1 000 台

项　目	直接材料	直接人工	制造费用	合　计
月初在产品成本	51 400	9 200	5 120	65 720
本月生产费用		76 800	12 780	89 580
耗用上步骤 B 半成品成本	319 186	89 219.20	25 362.40	433 767.60
合计	370 586	175 219.20	43 262.40	589 067.60
单位产品成本	325.08	163.76	40.43	529.27
完工产品成本	325 080	163 760	40 430	529 270
月末在产品成本	45 506	11 459.20	2 832.40	59 797.60

注：尾差由月末在产品负担。

表中有关数据计算如下。

直接材料单位成本=370 586÷(1 000+140)=325.08(元/台)

完工产成品应分配的直接材料成本=1 000×325.08=325 080(元)

月末在产品应分配的直接材料成本=370 586−325 080=45 506(元)

直接人工单位成本=175 219.20÷(1 000+140×50%)=163.76(元/台)

完工产成品应分配的直接人工成本=1 000×163.76=163 760(元)

月末在产品应分配的直接人工成本=175 219.20−163 760=11 459.20(元)

制造费用单位成本=43 262.40÷(1 000+140×50%)=40.43(元/台)

完工 B 半成品应分配的制造费用=1 000×40.43=40 430(元)

月末在产品应分配的制造费用=43 262.40−40 430=2 832.40(元)

根据第三车间产品成本明细账和产成品入库单，编制结转产成品成本的会计分录如下。

借：库存商品——甲产品　　529 270

　　贷：基本生产成本——第三车间(甲产品)　　529 270

综上所述，逐步结转分步法的成本计算对象是产品各生产步骤的自制半成品或产成品，不论是采用逐步综合结转还是逐步分项结转，自制半成品的实物流转与成本流转同步，从而有利于企业分析和考核各生产步骤的自制半成品或产成品成本，也有利于各生产步骤在产品的实物和资金管理。在采用逐步综合结转分步法时，各生产步骤的产品成本明细账能够全面反映该生产步骤完工产品中所耗用上一生产步骤自制半成品费用和本步骤其他生产费用，这就便于各个生产步骤进行成本管理。

但逐步结转分步法也有不足之处，采用该方法进行成本核算及时性较差，特别是在各生产步骤自制半成品采用月末一次加权平均法计价时，各生产步骤不能同时计算成本。逐步结转分步法核算也比较复杂。在采用逐步结转分步法结转时，往往需要进行成本还原；在采用分项逐步结转时，虽然不需要进行成本还原，但各生产步骤成本结转的工作量较大，特别是在自制半成品按计划成本逐步结转时，还要计算自制半成品的成本差异。

任务三　平行结转分步法

一、平行结转分步法概述

(一)平行结转分步法的含义及适用范围

平行结转分步法也称不计算半成品成本法，是指各生产步骤不反映所耗的半成品成本也不计算本步骤所产的半成品成本，只计算本步骤所发生的生产费用及这些费用中应计入产成品成本的份额，然后将各步骤应计入同一产品成本的份额平行结转、汇总，进而计算该产品成本的方法。

平行结转分步法适用于大量大批多步骤装配式生产的企业，各步骤的半成品种类很多，很少对外销售，管理上不要求计算半成品成本。如砖瓦厂、瓷厂。

(二)平行结转分步法的一般程序

首先，按产品的生产步骤和产品品种开设“基本生产成本明细账”，按成本项目归集本步骤发生的生产费用，但不包括上一步骤转来的自制半成品成本；其次，将各生产步骤归集的生产费用在完工产品与月末广义在产品之间进行分配，以计算出应计入产成品成本的份额；最后，汇总核算完工产品成本。平行结转分步法的成本计算程序如图 7-3 所示。

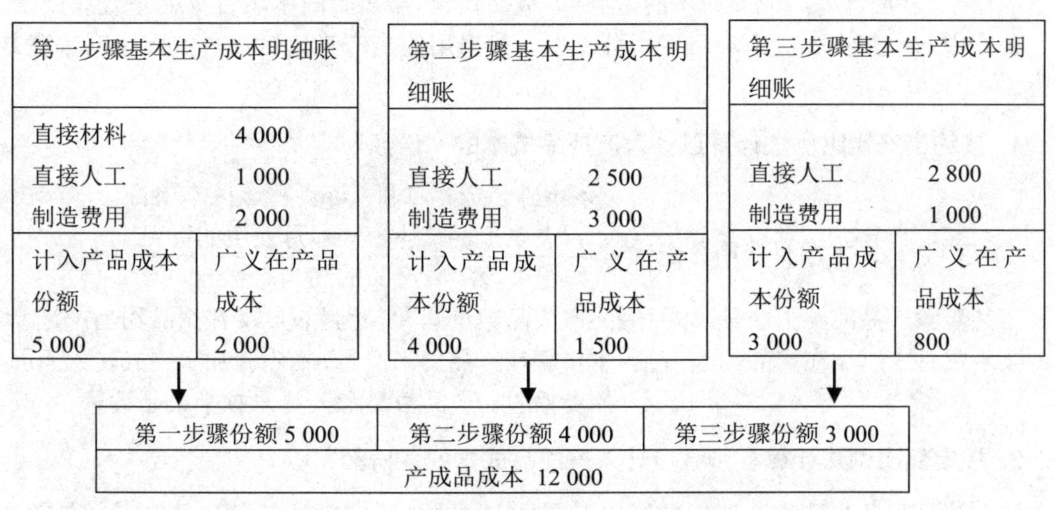

图 7-3　平行结转分步法的成本计算程序

(三)平行结转分步法的特点

1. 成本计算对象

平行结转分步法下，成本计算对象是各生产步骤半成品和最终完工产品。在这种方法

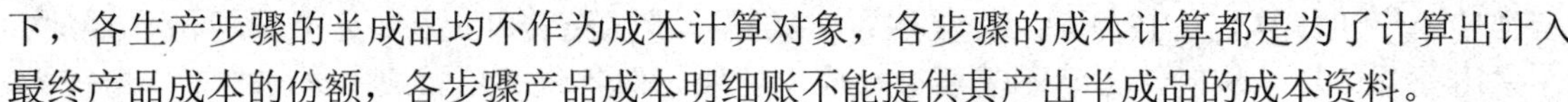

下，各生产步骤的半成品均不作为成本计算对象，各步骤的成本计算都是为了计算出计入最终产品成本的份额，各步骤产品成本明细账不能提供其产出半成品的成本资料。

2. 半成品成本不随实物转移而转移

在平行结转分步法下，由于各步骤不计算半成品成本，只归集本步骤发生的生产费用，计算结转应计入产成品成本的份额。因此，各步骤半成品的成本资料只保留在该步骤的成本明细账中，并不随半成品实物的转移而结转，即半成品的成本资料与实物相分离。

3. 不设置“自制半成品”账户

由于各加工步骤不计算半成品成本，因此不论半成品是否通过半成品仓库收发，都不通过“自制半成品”账户进行金额核算，只需进行自制半成品的数量核算。

4. 生产费用在完工产品与在产品之间的分配

月末，生产费用要在产成品与在产品之间分配。在平行结转分步法下，每一生产步骤的生产费用也要选择适当的方法在完工产品与月末在产品之间分配，常用的是约当产量比例法和定额比例法。但这里的完工产品，是指企业最后完工的产成品而非各步骤的半成品；这里的在产品是指尚未产成的全部在产品和半成品，就是广义的在产品，与逐步结转分步法的狭义在产品不同。广义在产品不仅包括正在生产步骤加工的在制品即狭义在产品，还包括本步骤完工转入以后各步骤尚未完工的在产品、本步骤和以后各步骤完工转入半成品库的半成品。

(四)各步骤计入产成品份额的计算

某步骤应计入产成品成本的份额=产成品数量×某步骤成本项目费用分配率

公式中的“某步骤成本项目费用分配率”可采用约当产量比例法、定额比例法等方法求得。

1. 按约当产量比例法计算应计入产成品成本的“份额”

$$\text{某步骤某成本项目费用分配率}=\frac{\begin{array}{c}\text{该步骤该成本项目}\\\text{月初在产品成本}\end{array}+\begin{array}{c}\text{该步骤该成本项目}\\\text{本月发生的费用}\end{array}}{\text{该步骤产品的约当产量}}$$

某步骤产品的约当产量=本月最终产成品数量+该步骤月末广义在产品约当产量

某步骤月末广义在产品约当产量=本步骤在产品约当产量+本步骤加工完成转入后面各步骤的在产品数量和入库未领半成品数量

2. 按定额比例法计算各步骤应计入产成品成本的“份额”

该方法是将各步骤生产费用按照完工产品定额成本或定额消耗量与月末广义在产品定额成本或定额消耗量的比例进行分配，以计算各步骤生产费用应计入产成品成本的“份额”。分成本项目分别计算的公式如下。

$$\text{材料费用分配率}=\frac{\text{该步骤月初结存材料费用}+\text{该步骤本月发生的材料费用}}{\text{完工产品材料定额成本}+\text{广义在产品定额材料成本}}$$

应计入完工产品成本的材料费用“份额”=完工产品材料定额成本×材料费用分配率

月末广义在产品应分配的材料费用=广义在产品材料定额成本×材料费用分配率

或=本月该步骤材料费用合计-应计入产成品成本“份额”的材料费用

$$加工费用分配率=\frac{该步骤月初结存加工费用+该步骤本月发生的加工费用}{完工产品定额工时+广义在产品定额工时}$$

应计入完工产品成本的加工费用“份额”=完工产品定额工时×加工费用分配率

月末广义在产品应分配的加工费用=广义在产品定额工时×加工费用分配率

或=本月该步骤加工费用合计-应计入产成品成本“份额”的加工费用

二、平行结转分步法的应用

【例 7-4】福州某机床厂甲产品经过三个车间连续加工制成，一车间生产 A 半成品，直接转入二车间加工制成 B 半成品，B 半成品制成转入第三车间加工成甲产品。其中 1 台甲产品耗用 1 台 B 半成品，1 台 B 半成品耗用 1 台 A 半成品。原材料在生产开始时一次性投入，第一车间月末在产品完工率为 50%，第二车间月末在产品完工率为 40%，第三车间月末在产品完工率为 60%，各车间生产费用在完工产品与月末在产品之间分配采用约当产量比例法。该企业 2022 年 7 月有关生产资料如表 7-10、表 7-11 所示。

表 7-10　产品生产数量记录

单位：台

摘　要	一车间	二车间	三车间
月初在产品数量	40	60	40
本月投产数量或上步骤转入	160	150	180
本月完工产品数量	150	180	200
月末在产品数量	50	30	20

表 7-11　生产费用情况表

单位：元

摘　要		直接材料	直接人工	制造费用	合　计
一车间	月初在产品成本	2 000	180	260	2 440
	本月生产费用	36 700	4 000	4 800	45 500
二车间	月初在产品成本		400	240	640
	本月生产费用		6 400	9 200	15 600
三车间	月初在产品成本		400	360	760
	本月生产费用		6 845	5 220	12 065

根据以上资料，采用约当产量比例法计算各生产车间应计入产品成本的份额程序如表 7-12～表 7-15 所示。

表 7-12　各步骤约当产量的计算

单位：元

摘　要	直接材料	直接人工	制造费用
一车间步骤约当产量合计	300(200+20+30+50)	275(200+20+30+50×50%)	275
二车间步骤约当产量合计	250(200+20+30)	232(200+20+30×40%)	232
三车间步骤约当产量合计	220(200+20)	212(200+20×60%)	212

表 7-13　基本生产成本明细账(第一车间)

车间名称：第一车间　　2024 年 7 月　　单位：元

产品名称：甲产品　　完工数量：200 台

摘　要	直接材料	直接人工	制造费用	合　计
月初在产品成本	2 000	180	260	2 440
本月生产费用	36 700	4 000	4 800	45 500
生产费用合计	38 700	4 180	5 060	47 940
本步骤约当产量	300	275	275	—
单位成本	129.00	15.20	18.40	162.60
应计入产成品成本份额	25 800	3 040	3 680	32 520
月末在产品成本	12 900	1 140	1 380	15 420

单位成本：(保留两位小数)　　应计入产成品成本“份额”

直接材料=38 700÷300=129.00(元)　　200×129.00=25 800(元)

直接人工=4 180÷275=15.20(元)　　200×15.20=3 040(元)

制造费用=5 060÷275=18.40(元)　　200×18.40=3 680(元)

表 7-14　基本生产成本明细账(第二车间)

车间名称：第二车间　　2024 年 7 月　　单位：元

产品名称：甲产品　　完工数量：200 台

摘　要	直接材料	直接人工	制造费用	合　计
月初在产品成本		400	240	640
本月生产费用		6 400	9 200	15 600
生产费用合计		6 800	9 440	16 240
本步骤约当产量		232	232	—
单位成本		29.31	40.69	70.00
应计入产成品成本份额		5 862	8 138	14 000
月末在产品成本		938	1 302	2 240

单位成本：(保留两位小数)　　应计入产成品成本“份额”

直接人工=6 800÷232=29.31(元)　　200×29.31=5 862(元)

制造费用=9 440÷232=40.69(元)　　200×40.69=8 138(元)

表 7-15　基本生产成本明细账(第三车间)

车间名称：第三车间　　2024 年 7 月　　单位：元

产品名称：甲产品　　完工数量：200 台

摘　要	直接材料	直接人工	制造费用	合　计
月初在产品成本		400	360	760
本月生产费用		6 845	5 220	12 065
生产费用合计		7 245	5 580	12 825
本步骤约当产量		212	212	—
单位成本		34.17	26.32	60.49
应计入产成品成本份额		6 834	5 264	12 098
月末在产品成本		411	316	727

单位成本：(保留两位小数)　　应计入产成品成本“份额”

直接人工=7 245÷212=34.17(元)　　200×34.17=6 834(元)

制造费用=5 580÷212=26.32(元)　　200×26.32=5 264(元)

根据上述基本生产成本明细账相关数据，平行结转各步骤应计入产成品成本的“份额”，汇总计算最终产成品的总成本和单位成本，如表 7-16 所示。

表 7-16　甲产品成本计算汇总表

产品名称：甲产品　　2024 年 7 月

摘　要	产品产量/台	直接材料/元	直接人工/元	制造费用/元	合计/元
第一车间计入“份额”		25 800	3 040	3 680	32 520
第二车间计入“份额”			5 862	8 138	14 000
第三车间计入“份额”			6 834	5 264	12 098
完工产品总成本	200	25 800	15 736	17 082	58 618
完工产品单位成本		129	78.68	85.41	293.09

根据成本计算汇总表，编制结转完工产品成本的会计分录如下。

借：库存商品——甲产品　　58 618

　　贷：基本生产成本——第一车间(甲产品)　　32 520

　　　　　　　　　——第二车间(甲产品)　　14 000

　　　　　　　　　——第三车间(甲产品)　　12 098

【例 7-5】福州远程公司 2024 年 7 月生产乙产品，生产分两个步骤在两个车间内进行，第一生产车间为第二生产车间提供半成品，第二生产车间加工完成为产成品。有关生产成本资料如表 7-17、表 7-18 所示，产成品和月末在产品之间分配生产费用的方法采用定额比例法，材料成本按定额材料成本比例分配，加工费用按定额工时比例分配。

根据定额资料、各种成本费用分配表，登记第一、二车间基本生产成本明细账如表 7-19、表 7-20 所示。

表 7-17　乙产品定额资料

生产步骤	月初在产品		本月投入		产成品				
					单　价		产量/台	总定额	
	材料成本/元	工时/时	材料成本/元	工时/时	材料成本/元	工时/时		材料成本/元	工时/时
第一车间份额	85 000	1 500	128 950	3 500	350	8	400	140 000	3 200
第二车间份额		1 400		4 600		10	400		4 000
合计	85 000	2 900		8 100				140 000	7 200

表 7-18　月初在产品成本及本月生产费用

单位：元

项　目		直接材料	直接人工	制造费用	合　计
月初在产品成本	第一车间	80 000	9 500	11 500	101 000
	第二车间		10 000	11 600	21 600
本月生产费用	第一车间	129 500	15 400	18 250	163 150
	第二车间		36 200	40 300	76 500

表 7-19　基本生产成本明细账(第一车间乙产品)

车间名称：第一车间　　2024 年 7 月　　单位：元

产品名称：乙产品　　完工数量：400 台

摘　要	产品产量	直接材料		定额工时	直接人工	制造费用	合　计
		定额	实际				
月初在产品成本		85 000	80 000	1 500	9 500	11 500	101 000
本月生产费用		128 950	129 500	3 500	15 400	18 250	163 150
生产费用合计		213 950	209 500	5 000	24 900	29 750	264 150
分配率			0.98		4.98	5.95	
应计入产成品成本份额	400	140 000	137 200	3 200	15 936	19 040	172 176
月末在产品成本		73 950	72 300	1 800	8 964	10 710	91 974

直接材料分配率=209 500÷213 950=0.98(元)

应计入产成品成本“份额”的直接材料成本=140 000×0.98=137 200(元)

月末在产品的直接材料成本=209 500−137 200=72 300(元)

直接人工分配率=24 900÷5 000=4.98(元/时)

应计入产成品成本“份额”的直接人工成本=3 200×4.98=15 936(元)

月末在产品的直接人工成本=24 900−15 936=8 964(元)

制造费用分配率=29 750÷5 000=5.95(元/时)

应计入产成品成本“份额”的制造费用成本=3 200×5.95=19 040(元)

月末在产品的制造费用成本=29 750−19 040=10 710(元)

表 7-20　基本生产成本明细账(第二车间乙产品)

车间名称：第二车间　　2024 年 7 月　　单位：元
产品名称：乙产品　　完工数量：400 台

摘　要	产品产量	直接材料		定额工时	直接人工	制造费用	合　计
		定额	实际				
月初在产品成本				1 400	10 000	11 600	21 600
本月生产费用				4 600	36 200	40 300	76 500
生产费用合计				6 000	46 200	51 900	98 100
分配率					7.70	8.65	
应计入产成品成本份额	400			4 000	30 800	34 600	65 400
月末在产品成本				2 000	15 400	17 300	32 700

直接人工分配率=46 200÷6 000=7.70

应计入产成品成本“份额”的直接人工成本=4 000×7.70=30 800(元)

月末在产品的直接人工成本=46 200−30 800=15 400(元)

制造费用分配率=51 900÷6 000=8.65

应计入产成品成本“份额”的制造费用成本=4 000×8.65=34 600(元)

月末在产品的制造费用成本=51 900−34 600=17 300(元)

根据上述基本生产成本明细账相关数据，平行结转各步骤应计入产成品成本的“份额”，汇总计算最终产成品的总成本和单位成本，如表 7-21 所示。

表 7-21　乙产品成本计算汇总表

产品名称：乙产品　　2024 年 7 月　　单位：元

摘　要	产　量	直接材料	直接人工	制造费用	合　计
第一车间计入“份额”		137 200	15 936	19 040	172 176
第二车间计入“份额”			30 800	34 600	65 400
完工产品总成本	400 台	137 200	46 736	53 640	237 576
完工产品单位成本		343	116.84	134.10	593.94

根据成本计算汇总表，编制结转完工产品成本的会计分录如下。

借：库存商品——乙产品　　237 576

　　贷：基本生产成本——第一车间(乙产品)　　172 176

　　　　　　　　　　——第二车间(乙产品)　　65 400

综上所述，平行结转分步法的优点：简化和加速成本计算工作；能提供按原始成本项目反映的产品成本资料，不必进行成本还原。缺点：不能提供半成品成本资料及各步骤所耗上一步骤半成品费用资料，因此不能全面反映各步骤生产耗费水平，不利于各步骤成本管理；各步骤不计算、不结转半成品成本，不能为在产品的实物管理和资金管理提供资料。

平行结转分步法与逐步结转分步法的比较如表 7-22 所示。

表 7-22　平行结转分步法与逐步结转分步法的比较

比较内容	平行结转分步法	逐步结转分步法
成本计算程序	各步骤只计算本步骤应计入产成品成本的份额，将各步骤份额进行平行结转、汇总，算出完工产品成本	按产品生产过程逐步计算并结转半成品成本，最后计算出完工产品成本
各步骤所包含的费用	只包括本步骤所发生的费用，不包括上一步骤转入的半成品成本	既包括本步骤所发生的费用，也包括上一步骤转入的半成品成本
完工产品的概念	企业最终完工产品	既包括完工产成品，也包括各步骤完工的半成品
在产品的概念	广义	狭义
提供的成本资料	不能提供各步骤所占用的生产资金数额，但能提供按原始成本项目反映的成本结构，不必进行成本还原	能提供各步骤所占用的生产资金数额，但综合结转分步法不能提供按原始成本项目反映的成本结构，需要进行成本还原
成本与实物的关系	实物结转，成本不转，实物与成本转移不一致	实物结转，成本也结转，实物与成本转移一致
成本计算的及时性	各步骤成本计算可同时进行，及时性好	后一步骤必须在前一步骤成本计算完成后才能进行，影响成本计算的及时性

案例解析

该纺织厂是大量大批多步骤生产企业，为了加强企业的成本管理，公司财务部对各车间生产的半成品均要进行考核；另外，主营部门还要对半成品成本情况进行评比和检查。所以，根据生产特点和管理要求，第二纺纱车间与第一织布车间之间、第三纺纱车间与第二织布车间之间应采用逐步结转分步法，纺纱车间先算出半成品纱的成本，然后逐步算出最后步骤产成品布的成本。第一纺纱车间生产的纱是对外销售的，采用品种法算出纱的成本，因此这种方法合理；第二纺纱车间和第一织布车间之间采用品种法不合理，应该采用逐步结转分步法，算出半成品纱的成本及最后布的成本。

项 目 小 结

通过本任务的学习，我们可以了解到分步法是一种适用大量大批多步骤生产的成本计算方法，分为逐步结转分步法和平行结转分步法。其特点主要体现在：①成本计算对象是产品品种及其经过的加工步骤；②成本计算期与会计报告期一致，与生产周期不一致；③通常需要将生产费用在完工产品与期末在产品之间进行分配。掌握分步法最关键的一点就是要同时结合产品品种和生产步骤设置基本生产成本明细账，归集产品的生产成本。如果采用的是逐步结转分步法，应将完工产品的成本还原成原始的料、工、费状态，如果采用的是平行结转分步法则需要将生产费用在完工产品和广义在产品之间进行分配。

项目强化训练

一、单项选择题

1. 下列方法中属于不计算半成品成本的分步法是(　　)。

A. 逐步结转分步法　　B. 综合逐步结转分步法

C. 分项逐步结转分步法　　D. 平行结转分步法

2. 进行成本还原，应以还原分配率分别乘以(　　)。

A. 本月所产半成品各个成本项目的费用

B. 本月所耗半成品各个成本项目的费用

C. 本月所产该种半成品各个成本项目的费用

D. 本月所耗该种半成品各个成本项目的费用

3. 成本还原就是从最后一个步骤起，把各步骤所耗上一步骤半成品成本，按照(　　)逐步分解，还原算出按原始成本项目反映的产成品成本。

A. 本月所耗半成品成本结构　　B. 本月完工产品成本的结构

C. 上一步骤所产该种半成品成本的结构　　D. 上一步骤月末在产品成本的结构

4. 采用逐步结转分步法时，完工产品与在产品之间的费用分配，是指在(　　)之间的费用分配。

A. 产成品与月末在产品

B. 完工半成品与月末加工中的在产品

C. 产成品与广义在产品

D. 前面步骤的完工半成品与加工中的在产品，最后步骤的产成品与加工中的在产品

5. 将各步骤所耗半成品费用，按照成本项目分项转入各步骤产品成本明细账的各个成本项目中的分步法是(　　)。

A. 分项逐步结转分步法　　B. 逐步结转分步法

C. 综合逐步结转分步法　　D. 平行结转分步法

6. 某种产品由三个生产步骤产成，采用逐步结转分步法计算成本。本月第一生产步骤转入第二生产步骤的半成品费用为 2 300 元，第二生产步骤转入第三生产步骤的半成品费用为 4 300 元。本月第三生产步骤发生的费用为 2 500 元(不包括上一生产步骤转入的费用)，第三生产步骤月初在产品费用为 800 元，月末在产品费用为 600 元。本月该种产品成本为(　　)元。

A. 6 800　　B. 7 000　　C. 9 100　　D. 2 700

7. 综合逐步结转分布法下成本还原的对象是(　　)。

A. 各步骤半成品成本

B. 各步骤产成品成本

C. 各步骤所耗上一步骤半成品的综合成本

D. 最后步骤产成品所耗的半成品成本

8. 在平行结转分步法下，完工产品与月末在产品之间的费用分配是指(　　)。

A. 在各步骤完工半成品与狭义在产品之间分配

B. 产成品与广义在产品之间分配

C. 在各步骤完工半成品与广义在产品之间分配

D. 产成品与狭义在产品之间分配

9. 平行结转分步法下，每一生产步骤完工产品的费用，是(　　)。

A. 该步骤完工半成品的成本

B. 该步骤生产费用中用于产成品成本的份额

C. 该步骤完工产成品的成本

D. 该步骤生产费用中用于在产品成本的份额

10. 下列可采用分步法计算产品成本的企业是(　　)。

A. 重型机器厂　　B. 造船厂　　C. 纺织厂　　D. 发电厂

二、多项选择题

1. 逐步结转分步法的特点有(　　)。

A. 半成品成本随着实物的转移而结转

B. 可以计算出半成品成本

C. 期末在产品是指广义在产品

D. 期末在产品是指狭义的在产品

2. 平行结转分步法的特点是(　　)。

A. 各生产步骤间不结转半成品成本

B. 期末在产品是指广义在产品

C. 各生产步骤不计算半成品成本，只计算本步骤所发生的生产费用

D. 将各步骤应计入产成品成本的“份额”平行结转，汇总计算产成品的总成本和单位成本

3. 分步法适用于(　　)。

A. 大量生产　　B. 大批生产　　C. 多步骤生产　　D. 单步骤生产

4. 下列(　　)宜采用分步法核算。

A. 造纸厂　　B. 纺织厂　　C. 钢铁厂　　D. 采煤厂

5. 采用分项结转分步法(　　)。

A. 直接提供原始成本项目反映的产品成本资料，无需成本还原

B. 有利于从全厂角度进行成本分析与考核工作

C. 半成品成本结转和登记的工作量较大

D. 不能专项反映各步骤所耗上一步骤半成品成本资料

6. 采用综合结转分步法(　　)。

A. 有利于各步骤的成本管理　　B. 有利于全厂的成本管理

C. 需要进行成本还原　　D. 简化半成品的登记及结转工作

7. 按实际成本综合结转的缺点是(　　)。

A. 领用半成品时，其实际单位成本计算烦锁

B. 各步骤不能同时计算成本

C. 不能直接提供原始成本项目反映的产品成本资料

D. 不利于从整个企业角度进行成本分析与考核

8. 采用逐步结转法，按照半成品成本在下一步骤产品成本明细账中的反映方式，分为(　　)。

A. 综合结转　　B. 按实际成本结转

C. 按计划成本结转　　D. 分项结转

9. 计算成本还原分配率时所用的指标是(　　)。

A. 本月产成品所耗上一步骤半成品成本合计

B. 上月所产该种半成品成本合计

C. 本月产成品所耗本步骤半成品成本合计

D. 本月所产该种半成品成本合计

10. 广义在产品包括(　　)。

A. 尚在本步骤加工中的在产品

B. 企业最后一个步骤的完工产品

C. 已从半成品库转到以后各步骤进一步加工、尚未最后制成的在产品

D. 转入各半成品库的半成品

三、判断题

1. 分步法下，成本计算的分步与生产步骤一致。(　　)
2. 平行结转分步法下，不需要设置“自制半成品”明细账。(　　)
3. 逐步结转分步法实际上是品种法的多次连续应用。(　　)
4. 平行结转分步法下，各步骤的生产费用都要在完工产品与狭义在产品之间进行分配。(　　)
5. 采用逐步结转分步法不能提供各个生产步骤的半成品成本资料。(　　)
6. 平行结转分步法下，越居于前面生产步骤的在产品成本越小。(　　)
7. 无论是综合结转还是平行结转都要进行成本还原。(　　)
8. 分步法主要适用于小批单台生产。(　　)
9. 分步法是分生产步骤不分产品品种的一种成本计算方法。(　　)
10. 分步法的成本计算期与生产周期一致，与会计核算期不一致。(　　)

四、名词解释

逐步结转分步法　综合结转分步法　分项结转分步法　平行结转分步法　成本还原

五、思考题

1. 综合结转和分项结转的区别和联系？
2. 逐步结转分步法的成本计算程序是什么？
3. 平行结转分步法的成本计算程序是什么？
4. 成本还原的原理和步骤是什么？

六、岗位能力训练

(一)练习综合逐步结转分步法的核算

远东机床厂生产甲产品，顺序经过两个车间生产，甲半成品通过仓库收发(半成品成本采用加权平均法计算)。采用综合结转分步法计算产品成本。2024 年 7 月各车间在产品资料(月初、月末在产品均按定额成本计算)如表 7-23 所示；各车间发生的生产费用(不包括所耗半成品费用)如表 7-24 所示。

表 7-23　在产品定额成本资料

单位：元

车间名称	直接材料		直接人工		制造费用	
	月初	月末	月初	月末	月初	月末
第一车间	3 800	3 420	2 000	1 800	4 600	4 140
第二车间	7 800	9 600	1 300	1 640	1 650	1 550

表 7-24　各车间生产费用表

单位：元

车间名称	直接材料	直接人工	制造费用
第一车间	13 500	8 000	10 300
第二车间		6 500	11 200

相关资料：甲半成品月初库存 120 台，实际成本总额为 9 010 元，本月第一车间加工成甲半成品 500 台入库，第二车间从半成品库领用 600 台，本月完工产成品 400 台。

【要求】

(1) 开设并登记基本生产成本明细账，如表 7-25、表 7-26 所示；

(2) 编制第一车间完工及第二车间领用半成品的分录；

(3) 进行成本还原，如表 7-27 所示；

(4) 编制完工产品入库会计分录。

表 7-25　基本生产成本明细账(第一车间甲半成品)

生产车间：第一车间　　2024 年 7 月　　单位：元

产品名称：甲半成品　　完工数量：500 台

项　目	直接材料	直接人工	制造费用	合计
月初在产品成本(定额成本)				
本月生产费用				
生产费用合计				
完工甲半成品成本				
完工甲半成品单位成本				
月末在产品成本(定额成本)				

表 7-26　基本生产成本明细账(第二车间甲产品)

生产车间：第二车间　　2024 年 7 月　　单位：元

产品名称：甲产品　　完工数量：400 台

项　目	直接材料	直接人工	制造费用	合　计
月初在产品成本(定额成本)				
本月生产费用				
生产费用合计				
完工甲产品成本				
完工产品单位成本				
月末在产品成本(定额成本)				

表 7-27　甲产品成本还原计算表(1)

产品名称：甲产品　　产量：400 台　　2024 年 7 月

项　目	还原率/%	半成品/元	直接材料/元	直接人工/元	制造费用/元	合计/元
还原前产成品成本						
本月所产半成品成本						
成本还原						
还原后产成品成本						
还原后产成品单位成本						

(二)练习综合结转分步法的成本还原

恒源工厂生产甲产品，经过三个步骤顺序加工，采用综合结转分步法计算成本。半成品通过半成品库收发。2024 年 7 月有关成本资料如表 7-28 所示。

表 7-28　甲产品成本项目明细表

完工数量：100 台　　2024 年 7 月　　单位：元

项　目	A 半成品	B 半成品	直接材料	直接人工	制造费用	合　计
第一步骤所产 A 半成品			80 000	11 500	8 500	100 000
第二步骤所产 B 半成品	70 200			5 800	4 000	80 000
第三步骤所产甲产品		96 000		8 500	6 200	110 700

【要求】编制成本还原计算表如表 7-29 所示。

(三)练习分项逐步结转分步法的核算

恒丰工厂大量生产甲产品，经过两个步骤连续加工制成。自制半成品通过仓库收发，原材料在生产开始时一次性投入。每台产成品耗用 1 台半成品。月初在产品数量及成本资料如表 7-30 所示。

2022 年 7 月发生下列业务。

(1) 第一车间投产 500 台，投入费用：直接材料 52 500 元，直接人工 8 760 元，制造费用 7 540 元。本月完工甲半成品 400 台，月末在产品 120 台。

表 7-29　甲产品成本还原计算表(2)

产品名称：甲产品　　　　　　　　　　产量：100 台

项　目	还原率/%	B 半成品/元	A 半成品/元	直接材料/元	直接人工/元	制造费用/元	合计/元
还原前产成品成本							
第二步骤本月所产B半成品成本结构							
第一次成本还原							
第一步骤本月所产A半成品成本结构							
第二次成本还原							
还原后产成品成本							
还原后单位成本							

表 7-30　月初在产品数量及成本资料

项　目	数量/台	直接材料/元	直接人工/元	制造费用/元	合计/元
第一车间月初在产品	20	2 100	670	280	3 050
第二车间月初在产品	40	4 030	651	546	5 227
月初自制半成品	200	21 000	2 210	3 700	26 910

(2) 第二车间领用甲半成品 300 台(采用加权平均法计价)。投入费用：直接人工 4 200 元，制造费用 3 300 元。本月完工甲产品 260 台，月末在产品 80 台。 各步骤在产品按约当产量比例法计算，完工程度为 50%。

【要求】采用分项结转分步法计算成本，开设和登记基本生产成本明细账如表 7-31、表 7-33 所示及开设和登记自制半成品明细账如表 7-32 所示。编制完工半成品入库、第二车间领用半成品及最后产成品完工结转会计分录。

表 7-31　甲半成品基本生产成本明细账

生产车间：第一车间　　　　　　2024 年 7 月　　　　　　单位：元

产品名称：甲半成品　　　　　　　　　　　　　　　完工数量：400 台

项　目	直接材料	直接人工	制造费用	合　计
月初在产品成本				
本月生产费用				
生产费用合计				
完工产品产量				
月末在产品约当产量				
约当产量合计				
完工甲半成品成本				
完工甲半成品单位成本				
月末在产品成本				

表 7-32　自制半成品明细账

产品名称：甲半成品　　　　　　　　　　　2024 年 7 月

摘　要	数量/台	直接材料/元	直接人工/元	制造费用/元	合计/元
月初结存					
本月入库					
合计					
单位成本					
本月出库					
月末结存					

表 7-33　甲产品基本生产成本明细账

生产车间：第二车间　　　　　　　　　　　2024 年 7 月　　　　　　　　　　　单位：元

产品名称：甲产品　　　　　　　　　　　　　　　　　　　　　　　　完工数量：260 台

项　目	直接材料	直接人工	制造费用	合　计
月初在产品成本				
本月领用甲半成品成本				
本月生产费用				
生产费用合计				
完工产品产量				
月末在产品约当产量				
约当产量合计				
完工甲产成品成本				
完工甲产品单位成本				
月末在产品成本				

(四)练习平行结转分步法的核算

佳源公司甲产品生产经过三个车间加工制成，第一车间生产 A 半成品，转入第二车间生产 B 半成品，第三车间将 B 半成品加工成甲产品。其中 1 台甲产品耗用 1 台 B 半成品，1 台 B 半成品耗用 1 台 A 半成品。原材料在生产开始时一次性投入，各车间生产费用在完工产品与月末在产品之间分配采用约当产量比例法。由于半成品不对外销售，所以不需要计算半成品成本。该企业 2024 年 7 月有关生产资料如表 7-34 所示；各车间费用发生情况如表 7-35～表 7-37 所示。

【要求】请采用平行结转分步法完成各步骤基本生产成本明细账的计算和登记工作，将各步骤应计入产成品成本的“份额”平行结转汇总编制产品成本计算表如表 7-38 所示。

表 7-34　产量记录

2024 年 7 月　　单位：台

摘　要	第一车间	第二车间	第三车间
月初在产品	4	8	5
本月投入(转入)	56	50	40
本月完工	50	40	25
月末在产品	10	18	20
在产品完工程度	40%	50%	50%

表 7-35　基本生产成本明细账

车间名称：第一车间　　完工数量：25 台

产品名称：甲产品　　2024 年 7 月　　单位：元

摘　要	直接材料	直接人工	制造费用	合计
月初在产品成本	22 370	7 820	5 350	35 540
本月生产费用	320 000	90 000	65 000	475 000
生产费用合计				
完工产品数量				—
月末在产品约当产量				—
本步骤约当产量合计				—
费用分配率				
应计入产成品成本份额				
月末在产品成本				

表 7-36　基本生产成本明细账

车间名称：第二车间　　完工数量：25 台

产品名称：甲产品　　2024 年 7 月　　单位：元

摘　要	直接材料	直接人工	制造费用	合　计
月初在产品成本		3 009	6 494	9 503
本月生产费用		15 000	40 000	55 000
生产费用合计				
完工产品数量				—
月末在产品约当产量				—
本步骤约当产量合计				—
费用分配率				
应计入产成品成本份额				
月末在产品成本				

表 7-37　基本生产成本明细账

车间名称：第三车间　　　　　　　　　　　　　　　　完工数量：25 台

产品名称：甲产品　　　　　　　2024 年 7 月　　　　　　　单位：元

摘　要	直接材料	直接人工	制造费用	合　计
月初在产品成本		3 999	3 020	7 019
本月生产费用		16 000	6 500	22 500
生产费用合计				
完工产品数量				—
月末在产品约当产量				—
本步骤约当产量合计				—
费用分配率				
应计入产成品成本份额				
月末在产品成本				

表 7-38　产品成本计算汇总表

产品名称：甲产品　　　　　　　2024 年 7 月

摘　要	产品产量/台	直接材料/元	直接人工/元	制造费用/元	合计/元
第一步骤计入“份额”					
第二步骤计入“份额”					
第三步骤计入“份额”					
完工产品总成本	25				
完工产品单位成本					

根据成本计算汇总表，编制结转完工产品成本的会计分录。

微课视频

扫一扫，获取本项目相关微课视频。

分步法概述

综合结转分步法

成本还原

分项结转分步法

平行结转分步法的基本原理

平行结转分步法的应用

项目八

产品成本计算的辅助方法

【知识目标】

- 掌握分类法、定额法以及联产品和副产品的成本计算方法。
- 了解各辅助方法的含义、特点及适用范围。
- 明确各辅助方法的计算程序。

【技能目标】

- 运用分类法进行对产品各品种进行成本计算。
- 运用联产品、副产品和等级产品的计算方法对产品成本计算。
- 运用定额法对产品成本进行计算。

【素养目标】

- 贯彻国家能源安全新战略，绿色低碳高质量发展。
- 培养团队协作能力、沟通能力和领导力。
- 培养成本核算良好的价值取向及拥有丰富内心世界的管理理念。

案例引导

梅岩山制造有限公司生产小号锭、中号锭、大号锭三种产品，三种产品所用原材料和生产工艺过程基本相同，以中号锭为标准产品，2024 年 7 月有关成本、产量的资料如表 8-1、表 8-2 所示。

表 8-1　月初在产品成本和本月发生的生产费用

单位：元

摘　要	直接材料(实际成本)	直接人工	制造费用
月初在产品成本	11 280	5 400	4 084
本月发生费用	30 000	10 800	8 300

表 8-2　产量和系数

产品名称	折合标准产量系数	完工产量/台	在产品	
			数量/台	完工程度/%
小号锭	0.8	2 000	2 500	60
中号锭	1	2 400	3 500	40
大号锭	1.2	1 500	2 000	80

要求：(1) 编制标准产品产量换算表。

(2) 编制产品成本计算单，计算月末在产品成本、本月库存商品的总成本和单位成本。

理论认知

任务一　分类法的核算

一、分类法概述

(一)分类法的概念

在一些工业企业中，生产的产品品种、规格繁多，如果按照产品的品种归集生产费用、计算产品成本，必定使产品成本计算工作不胜其烦。在这种情况下，可以先按照一定的标准对产品进行分类，然后按产品类别归集生产费用，并计算各类产品的总成本；期末再对各类产品的总成本按一定的标准在类内各种产品之间进行分配，计算出各种规格产品成本。这种以产品类别为成本计算对象，归集生产费用，计算各类产品总成本和类内各种产品成本的方法，就是产品成本计算的分类法。

采用分类法计算产品成本，每类产品内各种产品的生产费用，不论是间接计入费用还是直接计入费用，都采用分配方法分配计算，因而领料凭证、工时记录和各种费用分配表都可以按照产品类别填列，产品成本明细账也可以按照产品类别设立，从而简化成本计算工作；而且还能在产品品种、规格繁多的情况下，分类掌握产品成本的水平。但是，由于同类产品内各种产品的成本都是按照一定比例分配计算的，计算结果就有一定的假定性。因此，产品的分类和分配标准(或系数)的确定是否适当，是采用分类法时能否做到既简化成本计算工作，又使成本计算相对正确的关键。在进行产品分类时，距离既不宜定得过小，使成本计算工作复杂；也不能定得过大，造成成本计算的“大锅烩”。在分配标准的选定上，要选择与成本水平高低有密切联系的分配标准分配费用。当产品结构、所用原材料或工艺过程发生较大变动时，应该修订分配系数或考虑另选分配标准，以提高成本计算的正确性。

(二)分类法的适用范围

凡是生产的产品品种繁多，且可以按照一定的要求划分为若干类别的企业或车间，都可以采用分类法计算产品成本。分类法与产品生产的类型没有直接的联系，因此可以在各种类型的生产中应用。例如，食品企业生产的各种糖果、饼干和面包；针织企业生产的各种不同种类和规格的针织品；照明企业生产的不同类别和规格的电灯泡；制鞋企业生产的不同型号的鞋子；等等。虽然生产类型各不相同，但都可以采用分类法计算产品成本。例如，同原料、同工艺生产的不同规格的产品企业。有很多企业在生产过程中采用同样的原材料、经过同样的生产工艺，加工出不同规格的产品。如用同样的化纤原料、相同的针织工艺，生产出不同款式和不同规格产品的针织厂。类似的还有铝制品厂、电子元件厂、制钉厂等。还有一些生产联产品、副产品的企业。生产联产品的企业通常是对同一种原材料进行加工，同时能生产出几种主要产品。如运用相同的生产工艺对原油进行提炼加工，可以同时生产出汽油、煤油、柴油等各种产品的炼油厂。生产副产品的企业在进行主要产品的生产过程中，还会附带生产一些非主要产品——副产品。如在制皂过程中产出含甘油盐水的日用化工厂。类似的还有粮油加工厂、豆制品厂等。有一些工业企业，特别是轻工业企业，有时可能生产出品种相同、但质量不同的产品。如果这些产品的结构、所用的原材料和工艺过程完全相同，产品质量上的差别是工人操作而造成的，这些产品称为等级产品。对所耗原材料质量或生产工艺要求不同而产出不同等级产品的企业，可以采用分类法计算等级产品成本。但如果是工人操作失误造成的不同等级产品，不应采用分类法计算产品成本。某些企业除主要产品外，还生产一些零星产品。这些零星产品在生产工艺和原材料消耗上不一定相同，但由于它们品种、规格多但数量少，所负担的生产费用不多，为了简化产品成本计算的工作量，也可以将零星产品归为一类进行成本计算。

(三)分类法的特点

分类法的特点主要表现在成本计算对象、成本计算期和生产费用分配等三个方面。

1. 以产品类别作为产品成本计算对象

采用分类法计算产品成本，首先要根据产品结构、所用原材料和工艺过程的不同，将产品划分为若干类，按照产品的类别设立产品成本明细账，归集生产费用，计算各类产品的成本。因此，采用分类法进行成本计算时，需要按照每一类产品设置产品成本明细账(成本计算单)，用以归集生产过程中发生的各项费用。

2. 产品成本计算期由产品成本生产特点及管理要求决定

由于每个企业每个产品的生产特点及管理要求不一样，所以在采用分类法计算产品成本时，需要与产品成本计算的基本方法结合使用，因此采用分类法计算产品成本时，其产品成本计算期要由产品成本计算的基本方法决定。如果类内各种产品的生产周期较短，同时又是大量大批的单步骤生产，或者管理上不要求分步骤计算成本的多步骤生产，则以品种法为基本成本计算方法并结合使用分类法，其成本计算期通常与会计核算相一致；如果类内产品是小批生产或单件生产，与分类法结合使用的基本方法则是分批法。每批产品的实际成本，通常要在该批产品全部完工以后才能确定，因而成本计算期不固定；如果类内产品的成本需要按产品的生产步骤确定，与分类法结合使用的基本方法就是分步法，则其成本计算期只能与会计报告期一致，即按月定期进行成本计算。

3. 月末通常要在完工产品与月末在产品之间分配生产费用

与产品成本计算的基本方法一样，采用分类法计算产品成本时，只要存在月末在产品，月末就需要在完工产品与月末在产品之间分配生产费用。

(四)分类法的成本计算程序

采用分类法计算产品成本的程序包括确定成本计算对象、设置和登记产品成本明细账、计算各类产品的总成本和类内产品成本等三个方面。

1. 按产品类别确定成本计算对象

采用分类法的企业，要将不同规格的产品按一定的标准进行归类，通常是将生产工艺相同、耗用材料相近的产品归为一类，以产品的类别为成本计算对象。因此，合理确定产品类别是正确计算产品成本的基础。

2. 设置和登记产品成本明细账

按确定的产品类别作为成本计算对象设置产品成本明细账(成本计算单)，将发生的生产费用按成本项目在产品成本明细账中登记，归集各类产品的全部生产费用。

3. 计算各类产品的总成本和类内产品成本

根据与分类法结合使用的基本方法确定成本计算期，对归集的生产费用在完工产品与月末在产品之间进行分配，计算出每类产品的总成本。然后，采用合理的分配方法将各类产品的总成本在类内各种产品之间进行分配，确定每种产品的总成本与单位成本。

(五)划分类内产品成本的方法

如何对各类产品的总成本在类内各种产品之间进行分配，保证产品成本计算的合理性和正确性，关键在于正确选择分配标准。同类产品内各种产品之间分配费用的标准有定额消耗量、定额费用、售价，以及产品的体积、长度和重量等。选择分配标准时，应考虑分配标准是否与产品成本的高低关系较大。各成本项目可以采用同一分配标准分配；也可以按照成本项目的性质，分别采用不同的分配标准分配，以使分配结果更加合理。例如，原材料费用可按定额原材料费用或定额原材料消耗量比例分配，工资及福利费等其他费用可按定额工时比例分配等。目前，企业划分类内各完工产品成本的常用方法主要是系数法和定额比例法。

二、分类法的应用

1. 系数法

在采用分类法的企业中，对各类产品的总成本按系数比例在各种产品间分配生产费用，确定类内各种产品成本的方法，称为系数法。在确定系数时，一般是在同类产品中选择一种产量较大，生产比较稳定或规格折中的产品作为标准产品，把这种产品的分配标准额的系数定为“1”；用其他各种产品的分配标准额与标准产品的分配标准额相比，求出其他产品的分配标准额与标准产品的分配标准额的比率，即系数。系数一经确定，应相对稳定，不应任意变更。在分类法中，按照系数分配同类产品内各种产品成本的方法，也叫系数法。因此，系数法是分类法的一种，也可称为简化的分类法。其具体做法如下。

(1) 在同类产品中选择一种产销量大、生产正常、售价稳定的产品，作为标准产品，并将其系数定为“1”。

(2) 将其他各种产品的分配标准与标准产品的分配标准相比，分别将比率确定为其他各种产品的系数。

(3) 以各种产品的实际产量乘以各种产品的折算系数计算出全部产品的标准产品产量(即总系数)。

(4) 按标准产品产量的比例计算出各种类内产品的成本。

系数法下有关的计算公式如下。

$$类内某产品系数=\frac{类内该种产品的分配标准}{该类内标准产品的分配标准}$$

类内某产品总系数(标准产量)=该产品实际产量×该产品系数

类内全部产品总系数=∑(类内每种产品系数)

$$某类产品材料(人工、制造)费用分配率=\frac{该类产品材料(人工、制造)费用总额}{该类全部产品系数}$$

类内某产品材料(人工、制造)费用实际成本=类内该产品系数×某类产品材料(人工、制造)费用分配率

$$类内某产品单位成本=\frac{类内该种产品总成本}{该产品实际产量}$$

【例 8-1】 梅岩山制造有限公司的产品规格很多，其中，B1、B2、B3 三种产品耗用的原材料和生产工艺技术过程比较接近，因此归并为甲类，采用分类法计算成本。2024 年 9 月有关资料如表 8-3 和表 8-4 所示。

该公司根据甲类产品的产销情况，确定 B2 产品为标准产品，定其系数为“1”，并根据有关资料计算如下。

(1) 根据材料和工时定额计算消耗量系数和定额工时系数。计算结果如表 8-5 所示。

(2) 按产品类别设置并登记产品成本明细账，如表 8-6 所示。

表 8-3　在产品成本和本月生产费用资料

产品类别：甲类　　　　2024 年 9 月　　　　单位：元

项　目	直接材料	直接人工	制造费用	合　计
月初在产品	18 360	15 900	9 200	40 460
本月生产费用	126 512	79 970	33 920	240 402
月末在产品	3 360	1 100	1 000	5 460

表 8-4　甲类产品消耗定额和产量记录

产品类别：甲类　　　　2024 年 9 月

产品名称	产量/千克	材料消耗定额/元	工时消耗定额/元
B1	8 000	30	28
B2	6 500	25	20
B3	4 200	15	16

表 8-5　材料和工时消耗系数计算

产品类别：甲类　　　　2024 年 9 月

产品名称	单位产品		材料定额	定额工时系数
	材料消耗定额/元	工时消耗定额/元	消耗量系数	
B1	30	28	1.2	1.4
B2	25	20	1	1
B3	15	16	0.6	0.8

表 8-6　产品成本计算单

产品类别：甲类　　　　生产车间　　　　单位：元

2024 年		凭证	摘　要	成本项目			合　计
月	日	号数		直接材料	直接人工	制造费用	
9	1		月初在产品	18 360	15 900	9 200	40 460
9	30		本月生产费用	126 512	79 970	33 920	240 402
	30		本月费用合计	144 872	95 870	43 120	283 862
	30		完工产品成本	141 512	94 770	42 120	278 402
	30		月末在产品	3 360	1 100	1 000	5 460

(3) 计算 B1、B2、B3 三种产品的完工产品成本。根据各种产品的产量记录、原材料消耗量系数和工时定额系数，分配计算 B1、B2、B3 三种产品的完工产品成本，如表 8-7 所示。

由表 8-7 可知，直接材料分配率=141 512÷18 620=7.6

直接人工分配率=94 770÷21 060=4.5

制造费用分配率=42 120÷21 060=2

表 8-7　甲类产品成本计算单

产品类别：甲类　　　　　　　　　　　　2024 年 9 月 30 日

产品	产量/千克	材料定额消耗系数	定额工时系数	总系数		总成本				单位成本/元
				直接材料/元	其他费用/元	直接材料/元	直接人工/元	制造费用/元	合计/元	
分配率						7.6	4.5	2		
B1	8 000	1.2	1.4	9 600	11 200	72 960	50 400	22 400	145 760	18.22
B2	6 500	1	1	6 500	6 500	49 400	29 250	13 000	91 650	14.1
B3	4 200	0.6	0.8	2 520	3 360	19 152	15 120	6 720	40 992	9.76
合计				18 620	21 060	141 512	94 770	42 120	278 402	42.08

表 8-7 中，直接材料的总系数，是产量与原材料费用系数的乘积，是各种产品之间分配原材料费用的依据；其他费用系数是产量与工时定额系数的乘积，是分配直接人工费用和制造费用的依据。以原材料费用分配率分别乘以各种产品的直接材料费用总系数，可求得各种完工产品的原材料费用；以直接人工分配率和制造费用分配率分别乘以各种完工产品的其他费用总系数，可求得各种完工产品的直接人工费用和制造费用。

根据产品成本计算单和完工产品入库单，编制产品入库的会计分录如下。

借：库存商品 ——B1　　　　145 760

　　　　　　——B2　　　　91 650

　　　　　　——B3　　　　40 992

　贷：生产成本——基本生产成本(甲类)　　　　278 402

在采用分类法计算产品成本的企业中，所有材料领用、工时记录、费用分配都按产品类别填列，产品成本明细账也按类别设置，从而大大简化了产品成本计算的手续，还提供了各类产品成本的资料。但无论采用何种方法将生产费用在类内产品之间进行分配，都存在一定的假定性。为此，必须正确进行产品分类，合理确定产品的类别与类距。同时，在产品结构、所耗材料、生产工艺发生较大变化时，要及时修订有关定额或分配系数，以保证产品成本计算的正确。

为简化成本计算，也可以采用综合定额系数法分配计算各种产品成本，即将直接材料、直接人工、制造费用系数综合起来，确定一个综合定额系数，来分配计算各种产品成本。

【例 8-2】梅岩山制造有限公司 B 类产品包括甲、乙、丙三种产品，本月完工产量分别为 500 件、600 件和 800 件，综合定额系数分别为 1、0.5 和 0.6，本月 B 类完工总成本为 80 000 元，分别计算甲、乙、丙三种产品总成本及单位成本。

分配率=80 000÷(500×1+600×0.5+800×0.6)=62.5

甲产品总成本=500×1×62.5=31 250(元)

甲产品单位成本=31 250÷500=62.5(元)

乙产品总成本=600×0.5×62.5=18 750(元)

乙产品单位成本=18 750÷600=31.25(元)

丙产品总成本=800×0.6×62.5=30 000(元)

丙产品单位成本=30 000÷800=37.5(元)

2. 定额比例法

如果企业的定额管理基础工作做得好，各种定额资料完整、准确、稳定，那就可以按类内各种产品的定额成本或定额消耗量的比例，对各类产品的总成本进行分配。这种按定额比例确定类内各种产品成本的方法，通常称为定额比例法。其计算公式如下。

某类产品材料(人工、制造)费用分配率=该类产品材料(人工、制造)费用总额÷该类产品材料(人工、制造)定额成本之和

类内某产品材料(人工、制造)费用实际成本=类内该产品材料(人工、制造)定额成本×某类产品材料(人工、制造)费用分配率

【例 8-3】梅岩山制造有限公司生产的产品规格很多，其中，甲产品和乙产品使用的原材料相同，生产工艺过程比较接近，因此归并为 A 类，采用分类法计算成本，如表 8-8 和表 8-9 所示。

表 8-8　A 类在产品成本和本月生产费用资料

产品类别：A 类　　2024 年 9 月　　单位：元

项　目	直接材料	直接人工	制造费用	合　计
月初在产品	13 600	15 800	7 200	36 600
本月生产费用	325 500	62 000	165 000	552 500
月末在产品	23 000	16 000	9 800	48 800

表 8-9　A 类产品消耗定额和产量记录

产品类别：A 类　　2024 年 9 月

产品名称	产量/千克	材料消耗定额/元	定额工时/时
甲	6 000	20	5
乙	8 500	30	8

根据上述资料，采用定额比例法计算甲产品和乙产品成本如下。

(1) 根据甲产品和乙产品的定额成本与定额工时计算定额比例。

甲产品材料成本定额比例=6 000×20/(6 000×20+8 500×30)=0.32

乙产品材料成本定额比例=8 500×30/(6 000×20+8 500×30)=0.68

甲产品定额工时比例=6 000×5/(6 000×5+8 500×8)=0.31

乙产品定额工时比例=8 500×8/(6 000×5+8 500×8)=0.69

(2) 按产品类别设置并登记产品成本明细账，如表 8-10 所示。

(3) 分配计算甲、乙两种产品的完工产品成本。如表 8-11 所示。

根据产品成本计算单和完工入库单，编制产品入库的会计分录如下。

借：库存商品 ——甲　　170 654

　　　　　　——乙　　369 646

　贷：生产成本——基本生产成本(A 类)　　540 300

表 8-10　产品成本明细账

产品类别：A 类　　　　生产车间　　　　单位：元

2024 年		凭证	摘　要	成本项目			合　计
月	日	号数		直接材料	直接人工	制造费用	
9	1		月初在产品	13 600	15 800	7 200	36 600
9	30		本月生产费用	325 500	62 000	165 000	552 500
	30		本月费用合计	339 100	77 800	172 200	589 100
	30		完工产品成本	316 100	61 800	162 400	540 300
	30		月末在产品	23 000	16 000	9 800	48 800

表 8-11　A 类产品成本计算单

产品类别：A 类　　　　2024 年 9 月

项　目	材料定额比例	直接材料/元	工时定额比例	直接人工/元	制造费用/元	合计/元
完工产品成本		316 100		61 800	162 400	540 300
甲产品	0.32	101 152	0.31	19 158	50 344	170 654
乙产品	0.68	214 948	0.69	42 642	112 056	369 646

任务二　联产品、副产品和等级产品的成本计算

一、联产品的成本计算

(一)联产品的概念

联产品是指用同样的原材料，经过一道或一系列工序的加工同时生产出几种地位相同但用途不同的主要产品。例如，煤油厂以原油为原料，经过一定的生产工艺过程，加工成汽油、煤油、柴油等各种燃料油。联产品与同类产品不同，同类产品是指在产品品种、规格繁多的企业或车间，按一定的标准归类的产品，其目的是便于采用分类法简化产品成本计算工作。

联产品的特点是各种联产品都是企业的主要产品，是企业生产活动的主要目标，且销售价格合适或较高，对企业都有较大的贡献。联产品是企业投入同种原材料经过同一生产过程而取得的，在生产出一种产品的同时，必然伴随着其他联产品的同时产出。因此，只有在整个生产过程结束之后才能分离出联产品。各种联产品分离的时刻被称为“分离点”。分离后的联产品，有的可以作为完工产品直接出售，有的作为半成品需要进一步加工成完工产品才可以出售。为此，我们将分离点前在联合生产过程中发生的生产成本称为联合成本，联合成本需要经过分配后才能计入各联产品成本。将分离后对联产品继续进行加工而发生的成本称为可归属成本，直接由接受加工的联产品负担，计入其成本。

(二)联产品联合成本的分配

联合成本是指在联合生产过程中生产联产品所发生的总成本。联产品从原材料投入加工成完工产品要经历三个阶段：分离前、分离点、分离后。分离前是联合成本的归集过程，分离点是联合成本的分配过程，分离后是联产品可归属成本的归集过程。因此，联产品成本计算的步骤可分为：第一步，计算分离前的联合成本；第二步，在分离点分配联合成本；第三步，分离后计算进一步加工的可归属成本。

综上所述，在分离点之前，联产品中某一产品的生产，必须同时生产别的产品。因此，不可能分别每种产品归集生产费用并直接计算其产品成本。只能把分离点前联合生产过程发生的费用归集在一起，计算联产品分离前的联合成本。然后，在分离点，采用一定的分配方法，在各联产品之间分配联合成本，计算出各联产品的成本。至于有些联产品分离后继续加工发生的费用，可按分离后各联产品品种分别归集，计算出分离后成本。用分离后成本加上由联合成本分配来的成本，构成该种产品整个生产过程成本。

具体计算过程如图 8-1 所示。

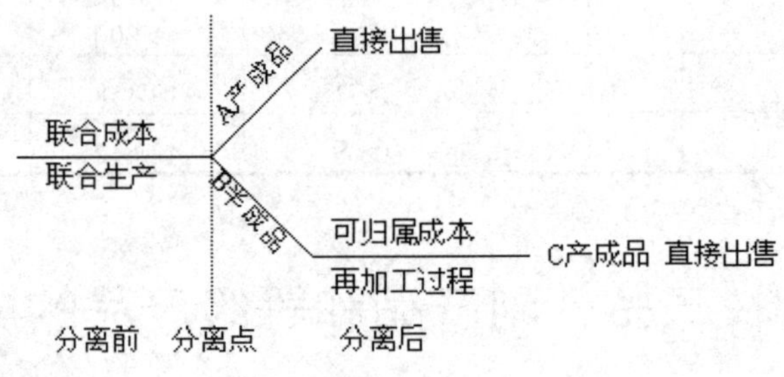

图 8-1 计算过程

在分离点上分配联合成本的方法有很多，常用的有系数分配法、实物量分配法、相对售价分配法。

1. 系数分配法

系数分配法是将各种联产品的实际产量乘以事先制定的各该联产品的系数，把实际产量换算成相对生产量，然后，按各联产品的相对生产量比例来分配联产品的联合成本。系数分配法的关键是系数的确定要合理。确定系数的标准可以是联产品的技术特征，如重量、体积、质量、性能和加工难易程度；也可以是经济指标，如定额成本，售价等。

【例 8-4】梅岩山制造有限公司用某种原材料经过同一生产过程同时生产出甲、乙两种联产品。2024 年 9 月共生产甲产品 5 000 千克、乙产品 3 000 千克，无期初、期末在产品。该月生产发生的联合成本分别为：直接材料为 80 000 元，直接人工为 32 600 元，制造费用为 42 000 元。假设全部产品均已售出。该公司采用系数法分配联合成本，事先确定的甲、乙两种产品的系数分别是 1 和 1.5。根据上述资料计算甲、乙产品的生产成本。

联合成本的分配情况如表 8-12 所示。

表 8-12　联产品成本分配情况

2024 年 9 月 30 日

产品名称	产量/千克	系数	标准产量/千克	分配比例	应负担的成本			
					直接材料/元	直接人工/元	制造费用/元	合计/元
甲	5 000	1	5 000	0.53	42 400	17 278	22 260	81 938
乙	3 000	1.5	4 500	0.47	37 600	15 322	19 740	72 662
合计	8 000		9 500	1	80 000	32 600	42 000	154 600

由表 8-12 可知，分配比例计算如下。

甲产品分配比例=5 000/9 500=0.53

乙产品分配比例=4 500/9 500=0.47

甲产品应分配的直接材料=80 000×0.53=42 400(元)

甲产品应分配的直接人工=32 600×0.53=17 278(元)

甲产品应分配的制造费用=42 000×0.53=22 260(元)

乙产品应分配的直接材料=80 000×0.47=37 600(元)

乙产品应分配的直接人工=32 600×0.47=15 322(元)

乙产品应分配的制造费用=42 000×0.47=19 740(元)

2. 实物量分配法

实物量分配法是按分离点上各种联产品的重量、容积或其他实物量度比例来分配联合成本。采用这种方法计算出的各产品单位成本是一致的，且是平均单位成本，因此简便易行。但由于并非所有的成本发生都与实物量直接相关，容易造成成本计算与实际相脱节的情况。故此法一般适用于成本的发生与产量关系密切，而且各联产品销售价格较为均衡的联合成本的分配。

【例 8-5】承例 8-4 的资料，假定各种联产品的单位重量相近，因此以产品产量作为实物量，采用实物量比例分配法分配联合成本。计算结果如表 8-13 所示。

表 8-13　联产品成本计算表

2024 年 9 月 30 日

产品名称	产量/千克	应负担的成本			
		直接材料/元	直接人工/元	制造费用/元	合计/元
甲	5 000	50 000	20 375	26 250	96 625
乙	3 000	30 000	12 225	15 750	57 975
合计	8 000	80 000	32 600	42 000	154 600
费用分配率		10	4.075	5.25	19.325

直接材料分配率=80 000/8 000=10

直接人工分配率=32 600/8 000=4.075

制造费用分配率=42 000/8 000=5.25

甲产品应分配的直接材料=5 000×10=50 000(元)

甲产品应分配的直接人工=5 000×4.075=20 375(元)

甲产品应分配的制造费用=5 000×5.25=26 250(元)

乙产品应分配的直接材料=3 000×10=30 000(元)

乙产品应分配的直接人工=3 000×4.075=12 225(元)

乙产品应分配的制造费用=3 000×5.25=15 750(元)

3. 相对售价分配法

相对售价分配法是指用各种联产品的销售收入比例来分配联合成本。这种分配法强调经济比值，认为既然联合生产过程的联产品是同时产出的，并不是只产出其中一种。因此，从销售中所获得的收益，理应在各种联产品之间按比例进行分配。也就是说，售价较高的联产品应该成比例地负担较高份额的联合成本，售价较低的联产品应该负担较低份额的联合成本，其结果是各种联产品的毛利率相同。这种方法克服了实物量分配法的不足，但其本身也存在着缺陷，主要表现在：一方面，并非所有的成本都与售价有关，价格较高的产品不一定要负担较高的成本；另一方面，并非所有的联产品都具有同样的获利能力。这种方法一般适用于分离后不再加工，而且价格波动不大的联产品成本计算。

【例 8-6】承例 8-4 的资料，采用相对售价分配法分配联合成本。计算结果如表 8-14 所示。

表 8-14　联产品成本计算

2024 年 9 月 30 日

产品名称	产量/千克	单价/元	金额/元	分配比例	应负担的成本			
					直接材料/元	直接人工/元	制造费用/元	合计/元
甲	5 000	100	500 000	0.36	28 800	11 736	15 120	55 656
乙	3 000	300	900 000	0.64	51 200	20 864	26 880	98 944
合计	8 000		1 400 000	1	80 000	32 600	42 000	154 600

甲产品分配比例=500 000/1400 000=0.36

乙产品分配比例=900 000/1400 000=0.64

甲产品应分配的直接材料=80 000×0.36=28 800(元)

甲产品应分配的直接人工=32 600×0.36=11 736(元)

甲产品应分配的制造费用=42 000×0.36=15 120(元)

乙产品应分配的直接材料=80 000×0.64=51 200(元)

乙产品应分配的直接人工=32 600×0.64=20 864(元)

乙产品应分配的制造费用=42 000×0.64=26 880(元)

总之，联产品成本的分配方法很多，各企业应该根据企业的特点和联产品加工的情况，选择最合适的方法，使联产品的成本计算尽可能做到既准确合理，又简便易行。

二、副产品的成本计算

(一)副产品的概念

副产品是指企业使用同种原材料，经过同一生产工艺过程加工，在生产出主要产品的同时附带生产出来的一些非主要产品。例如，制皂生产中产生的甘油，炼油生产中产生的渣油、石油焦等。它的特点在于，副产品是企业生产的次要产品，不是企业生产活动的主要目标，相对于主要产品而言，副产品的经济价值一般较小，销售价格往往较低。

副产品和联产品之间既有联系又有区别，主要表现在它们都是联合生产过程中的产物，都是投入相同的原材料，经过同一生产过程而产生的，但价值与地位却不同。一般情况下，联产品的价值较高，地位同等，而副产品相对于主要产品价值较低，处于次要地位。但两者之间的划分并非一成不变，而是可以相互转化的。随着生产技术的发展和综合利用，在一定条件下，副产品也能转为主要产品，从而成为联产品；反之，原来的联产品也可能因为生产目标的改变而成为副产品。

(二)副产品的成本计算

由于副产品和主要产品是同一原材料经过同一生产过程生产出来的，所以，其成本与主要产品成本在分离步骤前是共同发生的，这也决定了副产品的成本计算就是确定其应负担分离点前的联合成本。但是由于副产品的经济价值较小，在企业全部产品中所占的比重也较小，因此在计算成本时，可采用简单的计算方法，确定副产品的成本，然后从分离前联合成本中扣除，其余额就是主要产品成本。

副产品的成本计算方法通常有以下两种。

(1) 对分离后不再加工的副产品，若价值不大，可不负担分离前的联合成本，或以定额单位成本计算其成本。对于分离后仍需进一步加工才能出售的副产品，如价值较低，可只计算归属于本产品的成本；如价值较高，则需同时负担可归属成本和分离前联合成本，以保证主要产品成本计算的合理性。

(2) 对分离后不再加工但价值较高的副产品，往往以其销售价格作为计算的依据，按销售价格扣除销售税金、销售费用和按正常利润率计算的销售利润后的余额，即为副产品应负担的联合成本。若分离后仍需要进一步加工才能出售的副产品，则应同时负担可归属于该产品的再加工成本和分离前应负担的联合成本。可在上述计算结果的基础上再减去可归属成本后作为其应负担的联合成本。主要产品应负担的联合成本为分离前的联合成本扣除由副产品应负担的联合成本后的余额。

【例 8-7】某公司在生产甲产品的过程中，附带生产出乙和丙两种副产品。2024 年 9 月发生的联合成本为：直接材料为 80 000 元，直接人工为 52 000 元，制造费用为 28 000 元。当月生产甲产品 300 吨，乙产品 90 吨，丙产品 50 吨。无期初、期末在产品。另外，公司核定乙产品的定额单位成本为 20 元/吨；丙产品的单位售价为 47 元/吨，销售税金及费用为 5 元/吨，正常利润率为 5%。则该公司的产品成本计算如表 8-15 所示。

表 8-15　甲、乙、丙产品成本计算

2024 年 9 月 30 日　　单位：元

项　目		应负担的联合成本			
		直接材料	直接人工	制造费用	合　计
联合成本		80 000	52 000	28 000	160 000
费用项目比重/%		50	32.5	17.5	100
产品名称	甲产品	78 100	50 765	27 335	156 200
	乙产品	900	585	315	1 800
	丙产品	1 000	650	350	2 000

由表 8-15 可知，甲乙丙产品成本计算过程如下。

甲产品的总成本=160 000−1 800−2 000=156 200(元)

其中：　直接材料=80 000−900−10 00=78 100(元)

直接人工=52 000−585−650=50 765(元)

制造费用=28 000−315−350=27 335(元)

乙产品的总成本=90×20=1 800(元)

其中：　直接材料=1 800×50%=900(元)

直接人工=1 800×32.5%=585(元)

制造费用=1 800×17.5%=315(元)

丙产品的总成本=(47−5)÷(1+5%)×50=2 000(元)

其中：　直接材料=2 000×50%=1 000(元)

直接人工=2 000×32.5%=650(元)

制造费用=2 000×17.5%=350(元)

三、等级产品的成本计算

(一)等级产品的概念

等级产品是指企业使用同种原材料，经过相同加工过程生产出来的质量或等级不同的同品种产品，如纺织品和搪瓷器皿的生产中常有等级产品产生。等级产品虽然与联产品、副产品一样，都是使用同种原材料、经过同一生产过程生产出来的，但也存在着较大的区别。联产品之间、主产品与副产品之间，产品的性质、用途不同，属于不同品种的产品；而等级产品则是性质一样、用途相同的同品种产品，只是由于质量上的差异而产生了不同的等级，并按不同的销售价格出售。

等级产品与非合格品是两个不同的概念。等级产品质量上的差异一般是在允许的设计范围之内，这些差异一般不影响产品的使用寿命。非合格品是指等级产品以下的产品，其质量标准达不到设计的要求，属于废品范围。

(二)等级产品的成本计算

造成等级产品的原因主要有两种：一种是工人操作不当或操作不熟练等主观原因造成

的；另一种是生产技术的固有限制或原材料质量等客观原因造成的。由于造成等级产品的原因不同，因此在成本计算方法上也有所不同。如果等级产品的产生是第一种情况，可以选用实物量分配法。其理由是，生产出等级较低的产品是工人操作不当或操作不熟练等主观原因，而生产过程中的投入并没有不同，因此不同等级的产品应当承担相同的生产费用，具有相同的单位成本，以体现不同等级产品对企业盈利的不同影响。

根据第二种情况，等级产品也可能是所用原材料的质量或受目前技术水平限制等原因产生的，即客观原因造成的。在这些情况下，一般不能对各等级产品确定相同的单位成本，而要采用系数分配法计算各等级产品成本。通常以单位售价比例定出系数，再按系数的比例计算出不同等级产品应负担的联合成本。这样，不同等级产品具有不同的单位成本，等级高、售价高的产品负担的成本较多，而等级低、售价低的产品则负担的成本较少。这种做法更符合收入与成本费用配比的要求。

1. 实物量分配法

【例 8-8】2024 年 8 月，某陶瓷公司因工人操作技术问题，虽然使用同种陶土，经过同等工艺过程，但生产出的陶瓷碗质量等级却不相同。8 月的产出中：一等品 20 000 个，二等品 1 000 个，三等品 500 个。当月共发生联合成本 51 600 元，其中：直接材料为 21 500 元，直接人工为 17 200 元，制造费用为 12 900 元。按实物量分配法计算各等级产品成本，如表 8-16 所示。

表 8-16　等级产品成本计算

2024 年 8 月 31 日

产品级别	实际产量/个	应负担的联合成本			
		直接材料/元	直接人工/元	制造费用/元	合计/元
分配率		1	0.8	0.6	2.4
一等品	20 000	20 000	16 000	12 000	48 000
二等品	1 000	1 000	800	600	2 400
三等品	500	500	400	300	1 200
合计	21 500	21 500	17 200	12 900	51 600

由表 8-16 可知，等级产品成本计算过程如下。

直接材料分配率=21 500÷21 500=1

直接人工分配率=17 200÷21 500=0.8

制造费用分配率=12 900÷21 500=0.6

一等品直接材料=20 000×1=20 000(元)

一等品直接人工=20 000×0.8=16 000(元)

一等品制造费用=20 000×0.6=12 000(元)

二等品直接材料=1 000×1=1 000(元)

二等品直接人工=1 000×0.8=800(元)

二等品制造费用=1 000×0.6=600(元)

三等品直接材料=500×1=500(元)

三等品直接人工=500×0.8=400(元)

三等品制造费用=500×0.6=300(元)

2. 系数分配法

【例 8-9】某洗煤厂对一种原煤进行洗煤加工，生产出质量和规格不同的甲、乙、丙三种等级产品。2024 年 8 月的产量分别是：甲产品 60 000 吨，乙产品 5 000 吨，丙产品 2 000 吨。三种等级产品的单位售价分别为 90 元/吨、100 元/吨、180 元/吨。该月发生的联合成本为：直接材料为 960 000 元，直接人工为 320 000 元，制造费用为 160 000 元。计算各等级产品成本，如表 8-17 所示。

表 8-17 等级产品成本计算表

2024 年 8 月 31 日

产品名称	实际产量/吨	系数	标准产量	分配比例	应负担的联合成本			
					直接材料/元	直接人工/元	制造费用/元	合计/元
甲	60 000	0.9	54 000	0.86	825 600	275 200	137 600	1 238 400
乙	5 000	1	5 000	0.08	76 800	25 600	12 800	115 200
丙	2 000	1.8	3 600	0.06	57 600	19 200	9 600	86 400
合计	67 000		62 600	1	960 000	320 000	160 000	1 440 000

表 8-17 中以售价为标准确定系数，选择乙产品为标准产品，其系数为 1。其计算过程如下。

甲产品系数=90÷100=0.9

丙产品系数=180÷100=1.8

甲产品标准产量=60 000×0.9=54 000(吨)

乙产品标准产量=5 000×1=5 000(吨)

丙产品标准产量=2 000×1.8=3 600(吨)

甲产品分配比例=54 000÷62 600=0.86

乙产品分配比例=5 000÷62 600=0.08

丙产品分配比例=3 600÷62 600=0.06

甲产品直接材料=960 000×0.86=825 600(元)

甲产品直接人工=320 000×0.86=275 200(元)

甲产品制造费用=160 000×0.86=137 600(元)

乙产品直接材料=960 000×0.08=76 800(元)

乙产品直接人工=320 000×0.08=25 600(元)

乙产品制造费用=160 000×0.08=12 800(元)

丙产品直接材料=960 000×0.06=57 600(元)

丙产品直接人工=320 000×0.06=19 200(元)

丙产品制造费用=160 000×0.06=9 600(元)

任务三　定额法的核算

一、定额法概述

(一)定额法的概念

定额法是以定额成本为基础，根据定额成本、脱离定额差异和定额变动差异计算产品实际成本的一种成本管理和成本计算相结合的方法，是实施定额成本制度的重要手段。

定额成本制度，是在制定产品定额成本的基础上，为了及时反映和监督生产费用和产品成本脱离定额的差异，加强定额管理而实行的一种成本控制制度。在成本计算时，其产品实际成本由定额成本、脱离定额差异、材料成本差异和定额变动差异四个部分组成。其计算公式如下。

产品实际成本=按现行定额计算的产品定额成本+脱离现行定额差异
+材料成本差异+月初在产品定额变动差异

(二)定额法的特点

定额法和其他产品成本计算方法不同，它不是一种纯粹的成本核算方法，而是一种将成本核算与成本控制紧密结合的方法。定额法克服了其他产品成本计算方法无法直接反映产品实际成本与定额成本相脱离情况的不足，使企业能够通过产品的成本核算对产品成本进行事前和事后控制，并强化了企业对产品成本的日常控制，从而能更有效地发挥成本核算对于节约生产费用、降低产品成本的作用。

与其他成本计算方法相比，定额法有以下几个特点：事前制定产品的消耗定额、费用定额和定额成本作为降低成本的目的；在生产费用发生的当时将符合定额的费用和发生的差异分别核算，加强对成本差异的日常核算、分析和控制；月末在定额成本的基础上加减各种成本差异，计算产品的实际成本，为成本的定额分析和考核提供数据。

(三)定额法的适用范围

定额法并非是一种基本的产品成本计算方法，它是在品种法、分步法、分批法的基础上，运用一种特殊汇集费用的技术计算产品成本的方法。采用此方法计算产品成本，能及时揭示差异，提供有关成本形成动态的各种信息，有助于促使企业控制和节约费用。定额法最早应用于大批大量生产的机械制造企业，后来逐渐扩展到具备条件的其他工业企业。可见，定额法与生产类型没有直接关系。无论何种生产类型，只要同时具备下列两个条件，都可采用定额法计算产品成本：一是企业的定额管理制度比较健全，定额管理工作基础较好；二是产品的生产已经定型，消耗定额比较准确、稳定。一般情况下，大批大量生产产品的企业比较容易具备上述条件。

二、定额法的成本计算程序

在定额法下，首先，按照企业生产工艺特点和管理要求，确定成本计算对象及成本计

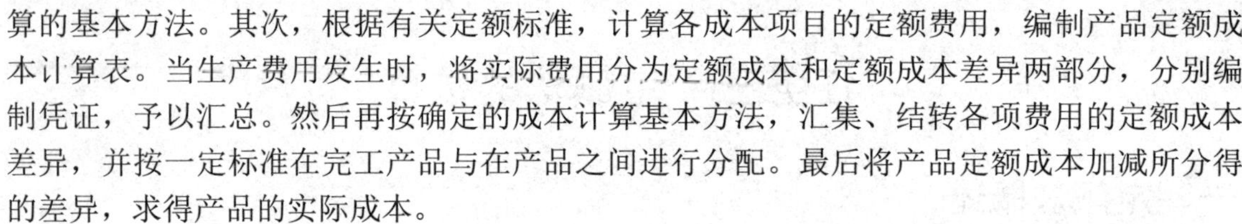

算的基本方法。其次，根据有关定额标准，计算各成本项目的定额费用，编制产品定额成本计算表。当生产费用发生时，将实际费用分为定额成本和定额成本差异两部分，分别编制凭证，予以汇总。然后再按确定的成本计算基本方法，汇集、结转各项费用的定额成本差异，并按一定标准在完工产品与在产品之间进行分配。最后将产品定额成本加减所分得的差异，求得产品的实际成本。

三、定额法的运用

(一)产品定额成本的核算

定额成本是指根据企业在一定时期所实行的各种消耗定额为基础计算的一种预计产品成本。它是目标成本的一种，产品定额成本的制定过程，也是对产品成本进行事前控制的过程。确定后的产品消耗定额、费用定额和定额成本，既是对生产耗费、生产费用进行事中控制的依据，又是月末计算产品实际成本的基础，还是进行产品成本事后分析和考核的标准。

产品的定额成本与计划成本既有不同之处，也有相同之处。两者相同之处是：它们都是以产品生产耗费的消耗定额和计划价格为依据确定的目标成本。定额成本和计划成本的制定过程，都是对产品成本进行事前反映和监督，实行事前控制的过程。两者不同之处是：①计算计划成本的消耗定额是计划期(一般为一年)内平均消耗定额，也叫计划定额，在计划期内通常不变。计算定额成本的消耗定额则是现行定额，它应随着生产技术的进步和劳动生产率的提高不断修订。因此，计划成本在计划期内通常是不变的，定额成本在计划期内则是变动的。②在国家或主管企业的上级机构(或公司)对企业下达指令性计划成本指标的情况下，计划成本是国家或上级机构对企业进行成本考核的依据；在国家或上级机构不对企业下达指令性计划成本指标的情况下，企业可以不制订计划成本，但为了使企业的产品成本有一个较长时期(如 1 年或 1 年以上的)的努力目标，企业也应制订计划成本。定额成本则是企业自行制定的，是企业对当时的产品成本进行自我控制和考核的依据。一般情况下，为了保证计划成本的完成，要求定额成本的加权平均水平不得高于计划成本。

定额成本在制定时，要分成本项目进行。产品的定额成本一般由企业的计划、技术、会计等部门共同制定。定额成本制定的程序通常有两种情况：①对零部件不多的产品，一般先计算零件定额成本，然后再汇总计算部件和产品的定额成本。零部件定额成本还可以作为在产品和报废零部件计价的依据。②对零部件较多的产品，为了简化成本计算工作，也可以不计算零件定额成本，而根据列有零件材料消耗定额、工序计划、工时消耗定额的零件定额卡，以及材料计划单价、计划的工资率和费用率，计算部件定额成本，然后汇总计算产成品定额成本；或者根据零部件的定额卡直接计算产成品定额成本。

为了便于进行成本分析和考核，定额成本包括的成本项目和计算方法，应该与计划成本、实际成本包括的成本项目和计算方法一致。其计算公式如下。

原材料费用定额=产品原材料消耗定额×原材料计划单价

人工费用定额=产品生产工时定额×计划小时薪酬率

制造费用定额=产品生产工时定额×计划小时制造费用率

其中，计划小时薪酬率和计划小时制造费用率可用下列公式计算。

$$计划小时薪酬率=\frac{某车间预计全年工人薪酬总额}{该车间预计定额总工时}$$

$$计划小时制造费用率=\frac{某车间预计全年制造费用总额}{该车间预计定额总工时}$$

【例 8-10】梅岩山制造有限公司生产的 A 产品由两个甲部件和四个乙部件装配而成，其中，甲部件由甲 1 和甲 2 两个零件组成，乙部件由乙 1、乙 2 和乙 3 三个零件组成。现以该公司编制的甲 1 零件定额卡、甲部件定额成本计算表和 A 产品定额成本计算表说明定额成本的计算方法。计算结果如表 8-18～表 8-20 所示。

表 8-18　甲 1 零件定额卡

2024 年 8 月

材料名称	计量单位	材料消耗定额
201 材料	千克	5
工序	工时定额/时	累计工时定额/时
1	3	3
2	5	8
3	8	16

表 8-19　甲部件定额成本计算

2024 年 8 月

<table>
<tr><th rowspan="3">所用零件编号</th><th rowspan="3">零件名称</th><th rowspan="3">零件数量/件</th><th colspan="6">材料定额</th><th rowspan="3">金额合计/元</th><th rowspan="3">工时定额/时</th></tr>
<tr><th colspan="3">201 材料</th><th colspan="3">202 材料</th></tr>
<tr><th>数量/件</th><th>计划单价/元</th><th>金额/元</th><th>数量/件</th><th>计划单价/元</th><th>金额/元</th></tr>
<tr><td>1011</td><td>甲 1</td><td>1</td><td>5</td><td>6</td><td>30</td><td></td><td></td><td></td><td>30</td><td>16</td></tr>
<tr><td>1012</td><td>甲 2</td><td>2</td><td></td><td></td><td></td><td>8</td><td>8</td><td>64</td><td>64</td><td>17</td></tr>
<tr><td>装配</td><td></td><td></td><td></td><td></td><td></td><td></td><td></td><td></td><td></td><td>3</td></tr>
<tr><td>合计</td><td></td><td></td><td></td><td></td><td>30</td><td></td><td></td><td>64</td><td>94</td><td>36</td></tr>
<tr><td colspan="9">部件定额成本项目</td><td colspan="2" rowspan="3">定额成本合计</td></tr>
<tr><td colspan="2" rowspan="2">直接材料</td><td colspan="3">直接人工</td><td colspan="4">制造费用</td></tr>
<tr><td colspan="2">计划小时薪酬率</td><td>金额</td><td colspan="3">计划小时制造费用率</td><td>金额</td></tr>
<tr><td colspan="2">94</td><td colspan="2">2</td><td>72</td><td colspan="3">1.5</td><td>54</td><td colspan="2">220</td></tr>
</table>

(二)脱离定额差异的核算

脱离定额差异是指生产费用脱离现行定额或预算的数额，即实际生产费用与定额成本之间的差额，它标志着各项生产费用支出的合理程度。要加强生产耗费的日常控制，就必须进行脱离定额差异的日常核算，随时分析差异发生的原因，确定产生差异的责任，及时采取相应的措施。对于实际消耗中因浪费和损失等造成的脱离定额差异，应查明原因，制定相关的制度或规范，以防止再次发生；对于材料价格变动、职工薪酬调整等造成的脱离定额差异，应按规定加以调整或修订定额。因此，及时正确地核算和分析生产费用脱离定额的差异、严格控制生产费用的发生，是定额成本法的重要内容。在生产费用发生时，对符合定额的生产费用编制定额凭证，对脱离定额的费用编制差异凭证，分别列入有关的费用分配表，并在产品成本明细账中分别予以登记。为了防止生产费用的超支，避免浪费与损失，差异凭证填制以后，必须按照规定办理审批手续。

表 8-20　A 产品定额成本计算

2024 年 8 月

所用部件编号	部件名称	所用部件数量/件	部件材料费用定额/元	产品材料费用定额/元	部件工时定额/时	产品工时定额/时
101	甲	2	94	188	36	72
102	乙	4	50	200	21	84
装配						18
合计				388		174

产品定额成本项目					产品定额成本合计
直接材料	直接人工		制造费用		
	计划小时薪酬率	金额/元	计划小时制造费用率	金额/元	
388	2	348	1.5	261	997

脱离定额差异计算包括直接材料脱离定额差异计算、直接人工费用脱离定额差异计算和制造费用脱离定额差异计算。计算和分析脱离定额成本的差异是定额法的核心内容。

1. 直接材料脱离定额差异的计算

在各成本项目中，原材料费用，包括自用半成品费用，一般占有较大的比重，而且属于直接计入费用，因而更有必要和可能在费用发生的当时就按产品计算定额费用和脱离定额差异加强控制。原材料脱离定额差异的计算方法，一般有限额法、切割核算法和盘存法三种。

(1) 限额法。这种方法也叫差异凭证法。限额领料法是根据产品产量和核定的单位消耗定额控制领料数量的一种方法。采用限额领料法的企业必须建立限额领料制度。在领料过程中，符合定额的原材料应根据限额领料单或定额发料单等定额凭证领发。如果因增加产品产量而需要增加用料，必须办理追加限额手续，然后根据定额凭证领发。由于其他原因需要超额领料或领用代用材料，应填制专设的超额材料领用单、代用材料领料单等差异凭证，按一定的审批手续领发。差异凭证也可用普通领料单代替，但要用不同的颜色或加盖专用戳记加以区别。在差异凭证中，必须标明差异的数量、金额以及发生差异的原因。在每批生产任务完成以后，应根据车间余料编制退料单，办理退料手续；退料单也应视为差异凭证，退料单中所列的原材料数额和限额领料单中的未领用的原材料余额，都是原材料脱离定额的差异。

【例 8-11】梅岩山制造有限公司本月投产 A 产品 60 件，单位产品甲材料消耗定额 30 千克，每千克计划成本 5 元，领料单本月登记实际领料数量为 1 500 千克。则 A 产品的甲材料定额差异为：

甲材料定额成本=60×30×5=9 000(元)

甲材料实际消耗成本=1 500×5=7 500(元)

甲材料脱离定额差异成本=7 500−9 000=−1 500(元)　(节约)

(2) 切割核算法。切割核算法是根据材料切割消耗定额和应切割毛坯数量控制材料消耗量的一种方法。这种方法适用于板材、棒材和棍材等必须经过切割方能使用的材料的定额管理。采用切割核算法进行用料控制时，应先采用限额法控制领料，然后通过材料切割核算单核算用料差异，以达到控制用料的目的。材料切割核算单应该按切割材料的批别开立，单中填明发出切割材料的种类、数量、消耗定额、应切割成的毛坯数量和材料的实际消耗量。根据实际切割成的毛坯数量和消耗定额，求出材料定额消耗量，再与材料的实际消耗量相比较，确定用料脱离定额的差异。利用材料切割核算单进行材料切割的核算，可以及时反映材料的耗用情况和发生差异的具体原因，加强材料耗用的控制。

【例 8-12】梅岩山制造有限公司某月实际发出材料 680 千克，切割成 C 零件(毛坯)150 个，每个消耗定额为 4 千克，每千克材料计划单价为 6 元，则定额差异为：

原材料定额消耗量=150×4=600(千克)

原材料定额消耗量差异=680−600=80(千克)

原材料定额成本差异=80×6=480(元)　(超支)

(3) 盘存法。对于不能采用切割核算法的原材料，为了更好地控制用料，除了采用限额法外，还应按期(按工作班、工作日或按周、旬等)通过盘存的方法核算用料差异。即：根据完工产品数量和在产品盘存(实地盘存或账面结存)数量计算出投产产品数量，乘以原材料消耗定额，计算原材料定额消耗量；根据限额领料单和超额领料单等领、退料凭证和车间余料的盘存数量，计算原材料实际消耗量；然后将原材料的实际消耗量与定额消耗量相比较，计算原材料脱离定额差异数量，然后再乘以计划单价，就是材料费用脱离定额成本的差异。应该注意的是，由于投产产品数量与完工产品数量不同，因此原材料的定额消耗量不应根据本期完工产品数量乘以原材料消耗定额计算，而应根据本期投产产品数量乘以原材料消耗定额计算。其具体计算公式如下。

本期投产产品数量=本期完工产品数量+期末在产品数量−期初在产品数量

原材料脱离定额成本差异=实际消耗量×材料计划单价−定额消耗量×材料计划单价

即：原材料脱离定额成本差异=(实际消耗量−定额消耗量)×材料计划单价

【例 8-13】梅岩山制造有限公司生产甲产品。2024 年 8 月 1 日期初在产品为 50 台，当月完工 300 台，月末在产品 120 台。原材料系开工时一次性投入，单位产品材料消耗定额为 8 千克，材料计划单价为 5 元/千克。根据领料单，本月实际领用材料数量为 3 000 千克。

计算本月产品的原材料定额费用及脱离定额差异如下。

甲产品本月投产数量=300+120−50=370(台)

原材料定额消耗量=370×8=2 960(千克)

原材料脱离定额差异(数量)=(3 000−2 960)×5=200(元)　(超支)

限额领料单规定的产品数量一般是一个月的产量。为了及时核算用料脱离定额差异有效地控制用料，用料差异核算期应越短越好，应尽量按工作班或工作日进行核算。这样，差异核算期内的投产产品数量一般小于按月规定的产品数量。因此，除了经过切割才能使用的材料以外，大部分原材料应采用盘存法核算和控制用料差异。

不论采用哪一种方法核算原材料定额消耗量和脱离定额差异，都应分批或定期地将这些核算资料按照成本的计算对象汇总，编制原材料定额费用和脱离定额差异汇总表。表中填明该批或该种产品所耗各种原材料的定额消耗量、定额费用和脱离定额的差异，并分析说明发生差异的主要原因。这种汇总表，既可用来汇总反映和分析原材料脱离定额差异，又可用来代替原材料费用分配表登记产品成本明细账，还可以报送有关领导或向工人群众公布，以便根据差异发生的原因采取措施，进一步挖掘降低原材料费用的潜力。

2. 直接人工脱离定额差异的计算

直接人工费用脱离定额差异的计算分计件工资下人工费用脱离定额差异和计时工资下人工费用脱离定额差异两种情况。在计件工资形式下，生产工人的薪酬均属于直接计入费用，其脱离定额差异的计算与原材料脱离定额差异的计算相类似，符合定额的生产工人薪酬直接反映在产量记录中，脱离定额的差异通常反映在专设的补付单等差异凭证中。工资差异凭证中应该填明原因，并履行一定的审批手续。计件工资形式下，人工费用脱离定额差异的计算公式为

$$\text{直接人工定额费用}=\text{计件数量}\times\text{计件单价}$$

$$\text{计件单价}=\frac{\text{计划单位工时的人工费用}}{\text{每工时产量定额}}$$

在计时工资形式下，生产工人薪酬属于间接计入费用，影响其脱离定额差异的因素包括生产工时和小时薪酬率。计算其脱离定额差异的公式如下。

某产品的实际人工费用=该产品实际产量的实际生产工时×实际小时薪酬率

某产品的定额人工费用=该产品实际产量的定额生产工时×计划小时薪酬率

某产品人工费用脱离定额差异=该产品的实际人工费用−该产品的定额人工费用

其中：

$$\text{实际小时薪酬率}=\frac{\text{某车间实际生产工人薪酬总额}}{\text{该车间实际生产工时总额}}$$

$$\text{计划小时薪酬率}=\frac{\text{某车间计划产量的定额薪酬总额}}{\text{该车间计划产量的定额生产工时}}$$

【例 8-14】甲产品定额生产工时 80 小时，计划每小时生产工资 15 元，实际生产工时 85 小时，实际每小时生产工资 17 元。

该产品生产工资脱离定额的差异=85×17−80×15=245(元)

上列计算公式表明，要降低单位产品的计时工资，就必须降低单位小时的生产工资和单位产品的生产工时。因此，在企业的日常生产中，要注意控制生产工资总额不超过计划；控制非生产工时不超过计划，即在工时总数固定的情况下充分利用工时，使生产工时总额不低于计划。这样，如果其他条件不变，可以控制单位小时的生产工资不超过计划；控制单位产品的生产工时不超过工时定额。这样，如果单位小时的生产工资不变，就可以控制单位产品的生产工资不超过定额。

所以，不论采用哪种工资形式，还应根据上述核算资料，按照成本计算对象汇编定额生产工资和脱离定额差异汇总表。表中汇总反映各种产品定额的工时和工资、实际的工时和工资、工时和工资脱离定额的差异，以及产生差异的原因等资料，用以考核和分析各种产品生产工时和生产工资定额的执行情况，并据以计算产品的工资费用。

3. 制造费用脱离定额差异的计算

制造费用通常与计时工资一样，属于间接计入费用，在日常核算中不能按照产品直接计算脱离定额的差异，而只能根据月份的费用计划，按照费用发生的车间、部门和费用的项目计算脱离计划的差异，据以控制和监督费用的发生。对于其中的材料费用，也可以采用前述限额领料单、超额领料单等定额凭证和差异凭证进行控制。领用生产工具、办公用品和发生零星费用，则可以采用费用限额卡等凭证进行控制。在这些凭证中，先要填明领用的计划数，然后登记实际发生数和脱离计划的差异数；对于超过计划领用，也要经过一定的审批手续。因此，制造费用差异的日常核算，通常是指脱离制造费用计划的差异核算。各种产品所应负担的定额制造费用和脱离定额的差异只有在月末时才能比照上述计时工资的计算公式确定。其具体计算公式如下。

某产品实际制造费用=该产品实际生产工时×实际每小时制造费用

某产品定额制造费用=该产品定额生产工时×计划每小时制造费用

该产品制造费用脱离定额的差异=实际制造费用-定额制造费用

【例 8-15】甲产品定额生产工时 400 小时，计划每小时制造费用 15 元，实际生产工时 380 小时，实际每小时制造费用 16 元。

该产品制造费用脱离定额的差异=380×16-400×15=80(元)

因此，要控制产品的制造费用等间接计入费用不超过定额，不仅需要按照上述办法控制这些间接费用的总额不超过计划；同时也需要与控制生产工人计时工资一样，控制生产工时总额不低于计划，控制单位产品的工时不超过定额。

4. 脱离定额差异的分配

在某月既有完工产品又有月末在产品时，脱离定额差异可按完工产品与月末在产品的定额成本比例分配。

$$脱离定额差异分配率=\frac{月初脱离定额差异\pm本月脱离定额差异}{完工产品定额成本+月末在产品定额成本}$$

其中，

完工产品应分配脱离定额差异=完工产品定额成本×脱离定额差异分配率

月末在产品应分配脱离定额差异=月末在产品定额成本×脱离定额差异分配率

【例 8-16】某原材料月初定额费用为 40 000 元，脱离定额差异超支 1 500 元，本月发生原材料定额费用为 90 000 元，脱离定额差异节约 980 元，本月完工产品原材料定额费用为 70 000 元，计算完工产品原材料实际成本与月末在产品原材料实际成本。

月末在产品原材料定额费用=40 000+90 000−70 000=60 000(元)

原材料脱离定额差异分配率=(1 500−980)/(70 000+60 000)×100%

=0.4%

完工产品应分配原材料脱离定额差异=70 000×0.4%=280(元)

月末在产品应分配原材料脱离定额差异=60 000×0.4%=240(元)

完工产品原材料实际成本=70 000+280=70 280(元)

月末在产原材料实际成本=60 000+240=60 240(元)

(三)材料成本差异的核算

采用定额法计算产品成本时，为了便于产品成本的分析和考核，原材料的日常核算必须按计划成本进行，原材料的定额费用和脱离定额差异也都按原材料的计划成本计算。前者是原材料的定额消耗量与其计划单位成本的乘积，后者是原材料实际消耗量与定额消耗量之间的差异与其计划单位成本的乘积。两者之和，就是原材料的实际消耗量与其计划单位成本的乘积。因此，月末计算产品的实际原材料费用时，还必须计算所耗原材料应分摊的成本差异，即所耗原材料的实际成本与计划成本之间的价格差异(价差)。定额法下材料成本差异的计算公式如下。

某产品应负担的材料成本差异=(该产品原料定额成本±原材料脱离定额差异)×材料成本差异率

=材料实际消耗量×材料计划单价×材料成本差异率

【例 8-17】梅岩山制造有限公司生产甲产品，2024 年 9 月材料定额消耗量为 7 800 千克，每千克计划单价 6 元，材料费用脱离定额差异为−900 元。经计算，该公司 9 月的材料成本差异率为 3%。则甲产品应负担的材料成本差异计算如下。

甲产品应负担的材料成本差异=(7 800×6−900)×3%=1 377(元)

在实际工作中，材料成本差异的分配，应该通过材料成本差异分配表进行计算。在定额成本法下，为了便于考核和分析各生产步骤的产品成本，简化和加速各生产步骤的成本计算工作，各生产步骤所耗原材料和半成品的成本差异，应该尽量由厂部会计部门集中分配、调整，直接计入产成品成本，不计入各生产步骤的产品成本。

(四)定额变动差异的核算

定额变动差异，是指由于修订消耗定额而产生的新旧定额之间的差额。在定额执行过程中，由于生产技术和劳动生产率的提高，原来制定的消耗定额或费用定额经过一定时期后需要进行修订。修订后的新定额与修订前的老定额之间的差异，就是定额变动差异。定额的修订通常在年初进行。如果某项消耗定额与实际生产情况发生较大变动，也可以在年度内修订。修订后的定额一般在月初开始执行，当月投产的产品都要按新定额计算其定额成本和脱离定额差异。如果存在期初在产品，在定额变动后，既要求将期初在产品成本按新定额计算，又不能随意改变在产品的原账面成本，为此，在生产成本明细账中，要将期初在产品成本按新定额计算反映，并将在产品原账面定额成本与变动后的在产品定额成本的差异，反映为定额变动差异。在定额降低时，定额变动差异用“+”号表示；在定额提高时．定额变动差异用“−”号表示。按新定额计算的在产品成本与定额变动差异的关系是：

按新定额计算的在产品成本±定额变动差异=按原定额计算的在产品成本

月初在产品定额发生变动时，可以根据发生定额变动的在产品盘存数或在产品账面结存数乘以修订后的新定额，得到定额修订后的定额成本，然后与老定额成本进行比较，计算出定额变动差异。某些机械制造企业由于生产的产品由较多零部件组成，一旦定额发生变动，需要从零件、部件到产品重新计算定额，工作量较大。为了简化计算工作，也可以采用定额变动系数计算定额变动差异。其计算公式如下。

月初在产品定额变动差异=按老定额计算的月初在产品成本×(1−定额变动系数)

$$定额变动系数=\frac{按新定额计算的单位产品成本}{按老定额计算的单位产品成本}$$

【例 8-18】梅岩山制造有限公司生产 A 产品，于 2024 年 9 月 1 日开始实行新的原材料消耗定额，单位产品旧的原材料费用定额为 55 元，新的原材料费用定额为 52 元。该产品月初在产品数量为 90 台。月初在产品定额变动差异计算如下。

定额变动系数=52/55=0.95

月初在产品定额变动差异=55×90×(1−0.95)=247.5(元)

定额变动系数按单位产品综合材料费用计算，因此能够简化计算工作。但在零部件生产不成套或成套性较差的情况下，采用系数计算法，会影响计算结果的正确性。因此，运用定额变动系数法计算月初在产品定额变动差异，对零部件成套生产或零部件生产的成套性较好的产品比较适宜。

对于计算出的定额变动差异，应分不同情况予以处理。在消耗定额降低的情况下产生的差异，一方面应从月初在产品定额成本中扣除，另一方面还应将属于月初在产品生产费用实际支出的该项差异，列入本月产品成本中；相反，在消耗定额提高的情况下，月初在产品增值的差异应列入月初在产品定额成本之中，同时从本月产品成本中予以扣除。

月末，对计算出的定额成本、脱离定额差异、定额变动差异以及材料成本差异，应在完工产品和月末在产品之间按照定额成本比例进行分配。如果各种差异数额不大，或者差异虽然较大，但各月在产品数量比较均衡，这种情况下，月末在产品可按定额成本计价，即不负担差异，差异全部由完工产品负担。

(五)产品实际成本的核算

产品成本计算的定额法是一种辅助的成本计算方法，必须与基本方法结合使用。前面所列产品实际成本计算公式中的产品，包括完工产品和月末在产品。因此，某种产品如果既有完工产品又有月末在产品，也应与一般成本计算方法一样，在完工产品与月末在产品之间分配费用。但是，在定额成本法下，成本的日常核算是将定额成本与各种成本差异分别核算的，因而完工产品与月末在产品的费用分配，应按定额成本和各种成本差异分别进行。先计算完工产品和月末在产品的定额成本，然后分配计算完工产品和月末在产品的各种成本差异。此外，定额成本法由于有着现成的定额成本资料，各种成本差异应采用定额比例法或在产品按定额成本计价法分配。前者将成本差异在完工产品与月末在产品之间按定额成本比例分配；后者将成本差异归由完工产品成本负担。分配应按每种成本差异分别进行。差异金额不大，或者差异金额虽大但各月在产品数量变动不大的，可以归由完工产品成本负担；差异金额较大而且各月在产品数量变动也较大的，应在完工产品与月末在产品之间按定额成本比例分配。但其中月初在产品定额变动差异，如果产品生产的周期小于一个月，定额变动的月初在产品在月内全部完工，那么即使差异金额较大而且各月在产品变量变动也较大，也可以将其归由完工产品成本负担。根据完工产品的定额成本，加减应负担的各种成本差异即可计算完工产品的实际成本；根据月末在产品的定额成本，加减应负担的各种成本差异，即为在产品的实际成本。

【例 8-19】梅岩山制造有限公司生产甲产品，采用定额法计算产品成本。2024 年 8 月有关甲产品原材料费用的资料为：①月初在产品原材料定额费用为 25 000 元，月初在产品脱离定额差异为-246 元；②本月原材料定额费用 64 000 元，本月材料费用脱离定额差异为-1 000 元；③本月材料成本差异率为-1%，材料成本差异全部由完工产品负担；④本月完工产品的材料定额费用为 80 000 元。

要求：①计算月末在产品原材料定额费用；②分配原材料脱离定额差异；③计算本月领用原材料应负担的材料成本差异；④计算本月完工产品和月末在产品成本应负担的原材料实际费用。

根据要求计算如下。

月末在产品原材料定额费用

=月初在产品定额费用+本月发生的原材料定额费用-完工产品的原材料定额费用

=25 000+64 000-80 000=9 000(元)

$$\text{原材料脱离定额差异分配率}=\frac{\text{月初在产品材料脱离定额差异}\pm\text{本月发生的材料脱离定额差异}}{\text{完工产品材料定额成本}+\text{月末在产品材料定额成本}}$$

$$=\frac{-246-1\,000}{80\,000+9\,000}$$

$$=-1.4\%$$

完工产品应负担的原材料脱离定额差异=80 000×(-1.4%)=-1 120(元)

月末在产品应负担的原材料脱离定额差异=9 000×(-1.4%)=-126(元)

本月领用材料应负担的材料成本差异

=(本月发生的原材料定额成本±本月发生的原材料脱离定额差异)×材料成本差异率

=(64 000-1 000)×(-1%)

=-630(元)

本月完工甲产品原材料实际成本

=本月完工甲产品原材料定额费用+本月完工甲产品应负担的原材料脱离定额差异

=80 000+(-1 120)+(-630)

=78 250(元)

本月月末在产品原材料实际成本

=月末在产品原材料定额费用+月末在产品应负担的原材料脱离定额差异

=9 000+(-126)

=8 874(元)

案例解析

(1) 小号锭的标准产量合计=2 000×0.8+2 500×0.8×60%=2 800(条)

中号锭的标准产量合计=2 400×1+3 500×1×40%=(条)

大号锭的标准产量合计=1 500×1.2+2 000×1.2×80%=3 720(条)

(2) 月末在产品成本=30 284(元)

完工产品总成本=388 600(元)

其中：小号锭总成本=10 720(元)

单位成本=5.36(元)

中号锭总成本=16 080(元)

单位成本=6.7(元)

大号锭总成本=12 060(元)

单位成本=8.04(元)

项目小结

分类法是以产品的类别作为成本计算对象，按类归集生产费用，先计算出各类完工产品成本，然后再按一定标准分配计算各类产品中各种产品成本的一种方法。

联产品、副产品和等级品都是由同样原材料在同一生产过程中产生的产品，但它们的地位不一样。联产品是在同一生产过程中同时生产出几种性质和地位都相同的产品，都属于主产品的范围，仅仅是用途不同；副产品则是在同一生产过程中生产主产品的同时附带生产出的产品，它处于次要地位，价值也较低；而等级品与上述都不同，它与主产品没有主次之分，产品的品种与主产品的正常产品完全一样，只是质量上存在差别，因此，它不是企业生产的目的，而是由生产中不利的主、客观因素造成的。联产品、副产品、等级品的成本计算不需要用别的专门方法，只需用简单的分配标准在其与正常产品之间适当分配即可取得。

定额法是在产品成本计算过程中，将各项生产费用按照定额来进行归集和分配，同时反映各项费用定额与实际的差异以计算出产品的定额成本和实际成本的成本计算方法。

项目强化训练

一、单项选择题

1. 下列各项中属于分类法优点的是(　　)。

   A. 能加强成本控制　　B. 能简化产品成本的计算

   C. 能提高成本计算的正确性　　D. 能分品种掌握产品成本水平

2. 某企业将甲、乙两种产品作为一类，采用分类法计算产品成本，甲、乙两种产品共同耗用 A 种材料消耗定额分别为 16 千克和 20 千克。每千克 A 种材料的单位成本为 5 元，该企业将甲产品作为标准产品，则乙产品的原材料费用系数为(　　)。

   A. 1.25　　B. 2.08　　C. 6.25　　D. 4

3. 分类法是按照(　　)归集费用、计算成本的。

   A. 批别　　B. 品种　　C. 步骤　　D. 类别

4. 联产品是指(　　)。

A. 一种原材料加工出来的不同质量产品

B. 一种原材料加工出来的几种主要产品

C. 一种原材料加工出来的主要产品和副产品

D. 不同原材料加工出来的不同产品

5. 产品成本计算的分类法适用于(　　)。

A. 大量大批多步骤生产　　B. 大量大批单步骤生产

C. 各种类型的生产　　D. 单件小批单步骤生产

6. 对于副产品的计价，一般可以从总成本的(　　) 项目中扣除。

A. 直接工资　　B. 制造费用　　C. 废品损失　　D. 直接材料

7. 以下有关限额法的表述中，错误的是(　　)。

A. 限额法是控制领料，促进用料节约的重要手段

B. 限额法又称为差异凭证法

C. 限额法能完全控制用料

D. 限额法下，差异凭证中的差异仅仅是领料差异，而不一定是用料差异

8. 定额成本制度下，材料脱离定额的差异是指(　　)。

A. 因材料的新定额成本与老定额成本的不同产生的差异

B. 因材料的实际成本与定额成本的不同产生的差异

C. 因材料的实际价格与计划价格的不同产生的差异

D. 因材料的实际耗用量与定额耗用量的不同产生的差异

9. 在产品按定额成本计价法，每月生产费用脱离定额的节约差异或超支差异(　　)。

A. 全部计入当月完工产品成本

B. 全部计入月末在产品成本

C. 当月在完工产品和月末在产品之间分配

D. 全部计入管理费用

10. 在定额成本法下(　　)不影响产品的实际成本。

A. 月初定额成本　　B. 脱离定额的差异

C. 定额变动　　D. 月末定额成本

二、多项选择题

1. 下列产品中，可以采用分类法计算成本的有(　　)。

A. 等级产品　　B. 主、副产品　　C. 联产品

D. 不同规格的针织品　　E. 各种糖果产品

2. 产品成本计算的分类法(　　)。

A.与生产类型有关系　　B. 与生产类型没有关系

C. 适用于单件小批生产　　D. 适用于单步骤生产

E. 适用于大量大批生产

3. 以下有关定额成本制度的表述，正确的是(　　)。

A. 定额成本制度纯粹是一种成本核算方法

B. 定额成本制度是一种成本计算的基本方法

C. 定额成本制度是一种成本计算的辅助方法

D. 定额成本制度是一种对产品成本进行控制和管理的方法

E. 定额成本制度必须与成本计算基本方法结合使用

4. 定额成本制度通常可以与以下成本计算方法结合使用(　　)。

A. 品种法　　B. 分批法　　C. 分步法　　D. 分类法　　E. 标准成本制度

5. 采用定额成本法计算在产品成本时，应具备下列条件(　　)。

A. 定额管理基础较好　　B. 消耗定额比较准确

C. 各月末在产品数量变化不大　　D. 各月在产品数量变化较大

E. 消耗定额稳定

三、判断题

1. 分类法是一种独立的成本计算方法，它无须与成本计算的基本方法结合起来应用。(　　)

2. 副产品成本必须采用分类法计算。(　　)

3. 定额成本制度不仅是一种基本的成本核算方法，而且是一种对产品成本进行控制和管理的方法。(　　)

4. 材料脱离定额差异的有利或不利差异应归功或归因于生产单位，而材料成本差异的超支或节约应归因或归功于材料采购单位。(　　)

5. 原材料脱离定额差异是指材料的实际耗用水平与定额耗用水平之间的差异，即材料的量差，不包括原材料的价格差异。(　　)

四、名词解释

分类法　联产品　副产品　等级产品　定额分配法

五、思考题

1. 说明系数分配法的计算步骤？

2. 什么是联产品、副产品？简单说明其联系和区别？

3. 联合成本的分配方式有哪些？

六、计算分析题

1. A 类产品包括甲、乙、丙三种产品，产量分别为 2 000 件、3 000 件和 4 000 件，材料系数分别为 1.5、1 和 0.8，工时定额分别为 8 小时、10 小时和 15 小时。A 类产品总成本为 58 060 元，其中直接材料为 29 440 元，直接人工为 19 080 元，制造费用为 9 540 元。

要求：用系数分类法分配计算甲、乙、丙三种产品成本。

2. 某企业在生产主产品 A 的过程中还生产出副产品 B 的原料，经加工生产成 B 产品，A 产品耗用直接材料 20 000 元，生产分离出 B 产品的原料 500 千克，每千克单价 6 元。A、B 产品共耗用工时 6 000 小时，其中 A 产品 2 000 小时，B 产品 4 000 小时，共发生直接人工 9 000 元，制造费用 6 000 元，A、B 产品均无在产品。

要求：分配计算 A、B 产品成本。

3. 某月初原材料定额费用为 30 000 元，脱离定额差异超支 1 000 元，本月发生原材料定额费用 70 000 元，脱离定额差异节约 2 000 元，本月完工产品原材料定额费用为 80 000 元。

要求：计算完工产品原材料实际成本与月末在产品原材料实际成本。

微课视频

扫一扫，获取本项目相关微课视频。

分类法的核算(1)

分类法的核算(2)

联产品、副产品和等级产品的成本计算(1)

联产品、副产品和等级产品的成本计算(2)

定额法的核算(1)

定额法的核算(2)

定额法的核算(3)

定额法的核算(4)

项目九

成本报表

【知识目标】

- 了解成本报表的概念、作用、种类。
- 掌握产品生产成本表的编制方法。
- 掌握主要产品单位成本表的编制方法。
- 掌握制造费用明细表的编制方法。
- 掌握产品总成本的分析、产品单位成本的分析。

【技能目标】

- 能够编制产品生产成本表并进行分析。
- 能够编制主要产品单位成本表并进行分析。
- 能够编制制造费用明细表。

【素养目标】

- 培养“诚信为本、操守为重，坚持准则、不做假账”的会计职业道德。
- 培养精益求精的工作作风、团队协作意识、大数据思维意识。
- 培养成本分析能力、逻辑思维能力、决策能力。

案例引导

小张是榕辉机械厂的成本核算员，领导把本厂生产的甲、乙、丙三种产品的产量成本资料交给小张，要求小张根据这些数据来编制成本报表。榕辉机械厂设有两个基本生产车间。第一车间生产甲产品，第二车间生产乙、丙两种产品。其中，甲、乙产品是老产品，甲产品为该企业重点生产的产品，丙产品为本年新开发的产品。企业成本核算采用品种法，基本生产成本设有“直接材料”“直接人工”“制造费用”等成本项目。小张应该编制哪些成本报表，在成本报表中具体应填制哪些项目呢？

企业利润表中主营业务成本本期较上期有所减少，领导让小张去分析企业的主营业务成本降低的原因，以及单位产品成本的变化情况及其原因，小张应从哪些方面进行对比分析？

理论认知

任务一　成本报表概述

一、认识成本报表

企业为从整体上把握产品成本变化的趋势，企业产品成本计划的执行情况，就必须编制成本报表，以便考核和分析企业产品成本变化趋势，不断降低产品成本，努力提高企业的经济效益。

成本报表是会计报表体系的重要组成部分。它是根据成本管理的需要，根据产品成本和期间费用的核算资料以及其他有关成本资料编制的，用以反映企业在一定时期内产品成本与期间费用水平及其构成情况，分析和考核企业成本计划执行情况和结果的书面报告。

正确、及时地编制成本报表是成本会计的一项重要工作。通过编制和分析成本报表，可以考核企业成本计划和费用预算的执行情况，为正确进行成本决策提供资料。

二、成本报表的作用

1. 综合反映报告期内企业产品成本水平

产品成本是反映企业生产经营成果的一项综合性指标，企业在一定时期内的物质消耗、劳动效率、工艺水平、生产经营管理水平，都会直接或间接地在产品成本中综合体现出来。通过编制成本报表，能够及时发现企业在生产技术、质量管理等方面取得的成绩和存在的问题，不断地总结经验，提高企业经济效益。

2. 评价和考核成本计划完成情况

成本报表是企业重要的成本信息，利用成本报表提供的信息，可明确各有关部门和人员执行成本计划或预算的成绩和责任，激励职工为完成降低成本任务而努力。分析和考核成本计划的完成情况，对加强成本管理具有重要作用。

3. 为制订成本计划提供依据

计划年度的成本计划是在报告年度产品成本实际水平的基础之上，结合报告年度成本计划的执行情况、考虑计划年度中可能出现的有利因素或不利因素而制定的，因此本期报表所提供的资料是制订下期成本计划的重要参考依据。各管理部门还可以根据成本报表的资料，对未来时期的成本进行预测，为企业制定正确的经营决策，及时提供相关而有用的数据。

4. 为加强日常成本控制提供依据

对成本报表进行分析，可以发现成本管理工作中存在的问题，揭示成本差异对产品成本升降的影响程度，从而把注意力集中在那些不正常的、对成本有重要影响的关键性差异上，查明原因和责任，以便采取有针对性的措施来控制成本，促使成本水平不断降低，为企业挖掘降低成本的潜力指明方向。

三、成本报表的特点

成本报表作为对内报表，不需要对外报送。报表信息要做到数字真实、计算准确、内容完整、报送及时。成本报表主要是适应企业内部经营管理的需要而编制，同其他报表相比，具有自身特点。

1. 针对性

成本报表编制的主要目的是满足企业内部经营管理的需要，不受政府当局管理限制，不对外报送，报表采用什么样的形式、填列哪些内容、按什么程序报送到哪些部门，以及什么时候编制完全由企业或公司根据自身的特点和管理要求决定。

2. 灵活性

成本报表同企业的生产工艺技术过程、生产组织特点及成本管理要求密切相关，因此不同企业所需要得到的有用成本信息是不同的。企业应根据管理的要求，对某一方面的问题，从某一侧面进行重点反映，对于不同内容可以有不同的格式，指标的多少由企业自行决定自行设计。

3. 时效性

成本报表作为对内报表，编制时间比较灵活，除了满足定期考核、分析成本计划的完成情况，定期编报一些报表以外，为了及时反映和反馈成本信息，及时揭示成本工作中存在的问题，还可以采用日报、周报、旬报的形式，定期或不定期地向有关部门和人员编报成本报表。

4. 综合性

成本报表是会计核算同其他经济资料结合的产物，成本报表需要同时满足会计部门和各级生产部门、各级职能管理部门参与成本管理工作的需要，不仅要提供事后分析的信息资料，更要能提供事前计划、事中控制所需要的大量数据指标。

四、成本报表的种类

按反映的内容进行分类，成本报表可分为反映产品成本情况的报表、反映费用支出情况的报表和反映专项成本管理的报表。

1. 反映产品成本情况的报表

反映产品成本情况的报表主要有全部产品成本报表、主要产品单位成本报表。这类报表主要反映成本报告期内企业各种产品的实际成本水平，并与计划、上年实际、历史最好水平或同行同类产品先进水平相比较，反映成本计划的执行情况。

2. 反映费用支出情况的报表

反映费用支出情况的报表主要包括制造费用明细表、管理费用明细表、财务费用明细表和销售费用明细表。

通过这类报表可以反映企业在一定时期内的费用支出总额及其构成，了解费用支出的合理性，并与计划、上年实际和历史最好水平相比较，分析费用支出的变动情况和变动趋势。

3. 反映专项成本管理的报表

反映专项成本管理的报表，主要有生产情况表、材料耗用表、材料差异分析表和质量成本表等。这类报表属于专题报表，主要反映生产中影响产品生产成本的某些特定的重要问题，一般根据实际需要灵活设置。

任务二　成本报表编制

一、产品生产成本表的编制

产品生产成本表是反映企业在报告期内生产产品所发生的生产费用总额和全部产品总成本的报表，是企业编制的成本报表中最主要的报表。利用产品生产成本表，可以揭示企业为生产一定数量的产品所付出的成本是否达到了预期的要求；可以考核和分析企业产品成本计划的执行情况，以及可比产品成本降低计划的执行情况，对企业的成本管理工作做出评价。

产品生产成本表一般分两种方式进行编制：一是按产品种类编制，二是按成本项目编制。

(一)按产品种类编制的产品生产成本表

1. 按产品种类编制的产品生产成本表的结构和作用

按产品种类编制的产品生产成本表是按产品种类汇总反映企业在报告期内生产的全部产品的单位成本和总成本的报表。 其参考格式如表 9-1 所示。一般包括实际产量、单位成本、本月总成本和本年累计总成本等栏目，分别反映报告期各产品的实际产量、单位成本、本月总成本和本年累计总成本等数据，以便进行比较，了解不同产品的成本升降情况和成本计划执行情况。

表 9-1　产品生产成本表(1)

某公司　　2024 年 6 月　　单位：元

产品名称	实际产量/千克			单位成本				本月总成本			本年累计总成本		
	本月实际	本年计划	本年实际累计	上年实际平均	本年计划	本月实际	本年实际平均	按上年实际平均单位成本计算	按本年计划单位成本计算	本月实际	按上年实际平均单位成本计算	按本年计划单位成本计算	本年实际
可比产品													
不可比产品													
合计													

产品名称栏的纵向列分为可比产品与不可比产品两部分。可比产品是指上年度正式生产过、有较完备的上年度成本资料的产品。可比产品要同时反映上年成本数据和本年数据。不可比产品是指上一年度没有正式生产过、没有上年度成本资料的产品。不可比产品不反映上年成本资料。将可比产品成本与不可比产品成本加总，可以求得全部产品的成本。

另外，需要注意的是，对于主要产品，应当按产品品种单独列示，对于非主要产品，可以按产品类别汇总列示。

2. 按产品种类编制的产品生产成本表的编制方法

(1) 实际产量栏。

① 本月实际产量：编表当月的实际产量，根据成本计算单或产成品明细账的记录填列。

② 本年计划产量：根据本年成本计划填列。

③ 本年实际产量累计：根据本年 1 月至编表当月各产品的实际产量填列。

(2) 单位成本栏。

① 上年实际平均单位成本： 根据上年本表所列的全年累计实际平均单位成本填列。

② 本年计划单位成本：根据本年成本计划的有关资料填列。

③ 本月实际单位成本：根据有关产品成本明细账中本月的实际成本数与本月实际产量相除得到。

④ 本年实际平均单位成本：根据有关成本明细账中本年累计实际总成本与累计实际产量相除得到。

(3) 本月总成本栏。

① 按上年实际平均单位成本计算：根据上年实际平均单位成本与本月实际产量相乘得到。

② 按本年计划单位成本计算：根据本年计划的单位成本与本月实际产量相乘得到。

③ 本月实际：根据本月产品成本明细账的记录填列。

(4) 本年累计总成本栏。

① 按上年实际平均单位成本计算：按照上年实际平均单位成本与本年累计实际产量相乘得到。

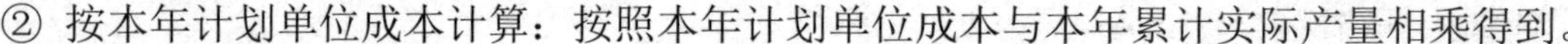

② 按本年计划单位成本计算：按照本年计划单位成本与本年累计实际产量相乘得到。

③ 本年实际：根据有关产品成本明细账的记录填列。

【例 9-1】榕辉公司生产甲、乙、丙三种产品，甲、乙是老产品，丙是新产品。20×4年6月有关成本资料如表 9-2 所示，根据资料编制产品生产成本表，如表 9-3 所示。

表 9-2 产品成本资料

20×4 年 6 月

产品名称	实际产量/千克			单位成本/元			
	本月实际	本年计划	本年实际累计	上年实际平均	本年计划	本月实际	本年实际平均
甲产品	50	480	500	84	82	83	81
乙产品	20	300	300	760	750	735	763
丙产品	8	70	72		125	128	126

表 9-3 产品生产成本表(2)

编制单位：榕辉公司 20×4 年 6 月 单位：元

产品名称	实际产量			单位成本				本月总成本			本年累计总成本		
	本月实际	本年计划	本年实际累计	上年实际平均	本年计划	本月实际	本年实际平均	按上年实际平均单位成本计算	按本年计划单位成本计算	本月实际	按上年实际平均单位成本计算	按本年计划单位成本计算	本年实际
可比产品:								19 400	19 100	18 950	270 000	266 000	269 400
甲产品	50	480	500	84	82	83	81	4 200	4 100	4 150	42 000	41 000	40 500
乙产品	20	300	300	760	750	735	763	15 200	15 000	14 700	228 000	225 000	228 900
不可比产品:									1 000	1 024		8 750	8 820
丙产品	8	70	72		125	128	126		1 000	1 024		8 750	8 820
合计												274 750	278 220

(二)按成本项目编制的产品生产成本表

1. 按成本项目编制的产品生产成本表的结构和作用

按成本项目反映的产品成本报表是按成本项目汇总反映企业在报告期内发生的全部生产费用以及产品生产成本合计数的报表。本表可分为生产费用和产品成本两部分。生产费用按照直接材料、直接人工、制造费用等成本项目反映；产品成本部分是由生产费用合计数加上期初在产品和自制半成品的余额，再减去期末在产品和自制半成品的余额得到的。

各项成本费用应按上年实际、本年计划、本月实际和本年累计实际分栏反映，以便相互比较，考察和分析企业各项生产费用和产品成本的变动情况及原因，考核和评价费用控制情况和成本计划的完成情况。

【例 9-2】京西公司 20×4 年 12 月产品生产成本项目情况如表 9-4 所示。

表 9-4 产品生产成本表(3)

编制单位：京西公司　　20×4 年 12 月　　单位：元

项　目	上年实际	本年计划	本月实际	本年实际累计
直接材料	86 600	82 700	7 100	87 680
直接人工	25 800	25 800	1 700	26 100
制造费用	49 600	41 500	3 028	42 500
生产费用合计	162 000	150 000	11 828	156 280
加：期初在产品、自制半成品余额	15 500	15 000	1 400	9 600
减：期末在产品、自制半成品余额	9 600	8 800	1 200	12 400
生产成本合计	167 900	156 200	12 028	153 480

2. 按成本项目编制的产品生产成本表的编制方法

按成本项目编制的产品生产成本表有关项目的填写方法如下。

上年实际：根据上年 12 月本表本年实际累计数填列。

本年计划：根据本年各产品成本项目的年度计划成本填列。

本月实际：根据各种产品生产成本明细账填列。

本年累计实际：根据本月实际加上上月本表的本年实际累计计算填列。

二、主要产品单位成本表的编制

(一)主要产品单位成本表的结构和作用

主要产品单位成本表是反映企业在报告期内生产的各种主要产品单位成本的水平及其构成情况的成本报表。主要产品是在全部产品中产品成本所占比重较大，能代表企业生产经营状况和管理水平的产品，是企业管理的重点对象。

全部产品生产成本表只是从总额的角度反映了单位成本的状况，不能提供产品的成本构成信息，该表是对主要产品有关单位成本的进一步反映。利用主要产品单位成本表，可以具体了解各种主要产品单位成本的结构和水平，并按成本项目考核和分析各种主要产品单位成本计划的执行情况，分析单位成本的构成变化及趋势，以便进一步寻找产生差距的原因，挖掘潜力，降低成本。

主要产品单位成本表是按每一种主要产品分别编制的，反映主要产品的产量、单位成本和主要技术经济指标。包括“历史先进水平”“上年实际平均”“本年计划”“本月实际”“本年累计实际平均”五栏，其参考格式如表 9-5 所示。

【例 9-3】金海公司 20×4 年 6 月根据 D 产品成本项目资料及主要经济技术指标，编制 D 产品单位成本表，如表 9-5 所示。

表 9-5　D 产品单位成本表

20×4 年 6 月

产品名称：D 产品　　本月实际产量：100 件　　本年累计实际产量：900 件

项　目	单位	历史先进水平(××年)	上年实际平均	本年计划	本月实际	本年累计实际平均
直接材料	元	430	480	480	560	508
直接人工	元	260	270	250	350	322
制造费用	元	170	230	230	250	180
成本合计	元	860	980	960	1 160	1 010
主要经济技术指标(用量)						
甲材料	千克	33	43	38	45	41
乙材料	千克	20	22	21	24	20
工时	小时	30	32.5	31	33	32

(二)主要产品单位成本表的编制方法

主要产品单位成本表的编制方法如下。

(1) 历史先进水平单位成本：应根据历史上该种产品成本最低年度本表的实际平均单位成本填列。

(2) 上年实际平均单位成本：应根据上年度本表实际平均单位成本填列。

(3) 本年计划单位成本：应根据本年度成本计划填列。

(4) 本月实际单位成本：应根据该种产品成本明细账或成本计算单填列。

(5) 本年累计实际平均单位成本：应根据该种产品年初至本月末止成本资料加权平均计算填列。

主要经济技术指标指每单位产量所消耗的主要材料、燃料、工时，应根据有关业务核算资料填列。

三、制造费用明细表的编制

(一)制造费用明细表的结构和作用

制造费用明细表是反映工业企业在报告期内发生的制造费用总额及其构成情况的报表。利用制造费用明细表，可以了解制造费用的构成和实际支出水平，可以分析考核制造费用计划的执行情况，评价制造费用的变化趋势，以便采取有效的措施，加强对制造费用的控制和管理，从而降低产品生产成本。

制造费用明细表只反映基本生产车间发生的制造费用，不包括辅助生产车间发生的制造费用，以免重复。该表要按具体生产单位(如生产车间、分厂等)分别编制。该表一般按照制造费用项目分别反映制造费用的本年计划数、上年同期实际数、本月实际数和本年累计实际数。制造费用的项目构成根据企业具体情况列示，具体表格可以根据企业具体情况有所改动，参考格式如表 9-6 所示。

表 9-6　制造费用明细表

编制单位：榕辉公司　　　　　　20×4 年 12 月

车间：机修车间　　　　　　　　　　　　　　　　　　单位：万元

项　目	本年计划	上年同期实际	本月实际	本年累计实际
职工薪酬	75 830	44 920	6 150	64 875
办公费	1 500	1 460	150	2 600
水电费	19 200	21 200	2 160	34 300
折旧费	17 600	11 000	1 850	23 100
机物料消耗	5 630	5 100	620	9 600
保险费	4 520	4 960	620	7 800
劳动保护费	3 580	4 205	350	4 380
其他	2 270	1 980	550	3 725
合计	130 630	94 850	12 450	150 380

(二)制造费用明细表的编制方法

编制制造费用明细表时，需要根据制造费用明细账发生额分析计算汇总填列。

(1) 本年计划：根据本年制造费用预算资料填列。

(2) 上年同期实际：根据上年同期本表的累计实际数填列。

(3) 本月实际：根据制造费用明细账各费用项目本月发生额填列。

(4) 本年累计实际：根据制造费用明细账中各费用项目截至当月本年累计发生额填列，也可以将本月实际数加上上月本表中本年累计实际数后填列。

四、期间费用明细表的编制

期间费用明细表是指反映企业在报告期(月、季、半年、年)内发生的经营管理费用总额及其各项费用构成情况的报表。它包括销售费用明细表、管理费用明细表和财务费用明细表等。企业产品成本构成虽然不涉及这些要素，但是在产品定价时，这些是考虑因素中不可或缺的项目。

通过这些明细表，可以了解企业销售费用、管理费用和财务费用各构成项目的实际发生数及其增减变动情况，分析和考核各项费用预算或计划的执行情况及其结果，充分揭示差异及其产生的原因。

各个费用明细表的费用项目构成根据企业具体情况列示，其参考格式如表 9-7～表 9-9 所示。期间费用明细表的编制方法与制造费用明细表类似。

表 9-7　管理费用明细表

编制单位：　　　　　　　　　　　　　　　　年　　月

项　目	本年计划	上年同期实际	本月实际	本年累计实际
	1	2	3	4
职工薪酬				
资产折旧摊销费				
差旅费				
佣金和手续费				
办公费				
业务招待费				
维修费				
财产损耗、盘亏及毁损损失				
其他				
合　　计				

表 9-8　销售费用明细表

编制单位：　　　　　　　　　　　　　　　　年　　月

项　目	本年计划	上年同期实际	本月实际	本年累计实际
	1	2	3	4
职工薪酬				
业务招待费				
广告费和业务宣传费				
佣金和手续费				
资产折旧摊销费				
办公费				
差旅费				
运输、仓储费				
包装费				
其他				
合计				

表 9-9　财务费用明细表

编制单位：　　　　　　　　　　　　　　　　年　月

项　目	本年计划	上年同期实际	本月实际	本年累计实际
	1	2	3	4
佣金和手续费				
利息收支				
汇兑差额				
现金折扣				
合计				

任务三　成本报表的分析

一、成本报表分析的一般程序

成本报表分析是以成本报表所提供的成本数据及有关的计划、预算资料为依据，运用科学的分析方法，分析各项指标，揭示企业各项成本计划的完成情况和原因，从而发现企业成本管理中存在的问题，充分挖掘降低成本的潜力，不断提高成本管理水平的一项专门工作。成本报表分析是成本核算工作的继续和延伸，是成本会计的重要组成部分。进行成本分析，一般应遵循以下程序。

1. 收集资料，拟定分析提纲

进行成本报表分析，首先必须全面了解情况，占有资料，收集掌握与成本有关的各种计划资料、定额资料、核算资料，有关企业成本的调查研究资料，企业历史资料以及同类企业的先进水平资料等，这是正确进行分析的基础。同时，应明确分析的要求、范围，结合所掌握的情况，制订分析工作计划，列出分析提纲，明确分析内容和步骤，逐步实施。

2. 具体分析，发现问题

分析成本报表，应从全部产品生产成本计划和各项费用计划完成情况的总评价开始，将有关指标的实际数与计划数或同类型企业的数据相比较，找出差异。然后按照影响成本计划完成情况的因素逐步深入具体地分析，据以初步评价企业成本管理工作，指出进一步分析的重点和方向。

3. 分析原因，提出改进措施

查明影响计划完成情况的各种因素后，还要采用一定的方法查明各种因素变动的原因，分析计算各影响因素的影响程度和影响数额。从而明确哪些环节还有潜力可挖，对成本工作进行评价，提出挖掘潜力的措施并落实到有关部门和岗位，使企业的生产经营管理水平不断得到提高。

4. 总结报告

各部门在成本分析的基础上，对分析结果进行综合概括，写出分析报告。

二、分析成本报表的基本方法

成本报表分析采用何种方法，取决于对成本报表进行分析的内容。成本报表分析常用的方法有比较分析法、比率分析法和因素分析法等。

(一)比较分析法

比较分析法是指通过不同时期或不同情况下成本指标数据的对比，揭示客观存在的差异，分析产生差异的原因，了解经济活动的成绩和问题的一种分析方法。常用的对比分析法主要有以下几种。

(1) 将成本的实际数与计划数或定额数进行对比。分析成本计划或定额的完成情况。

(2) 将本期实际成本指标与前期(上期、上年同期或历史最好水平)实际成本指标对比。观察企业成本指标的变动情况和变动趋势。

(3) 以本企业实际成本指标与国内外同行业先进成本指标对比。揭示本企业与国内外先进成本水平的差距，吸收先进经验，推动企业改进经营管理。

比较分析法只适用于同质指标的数量对比，在采用比较分析法时，要注意被比较的指标在经济内容、计算方法、计算期间和影响指标形成的客观条件等方面的可比性。如果被比较的指标之间有不可比因素，应当先按照可比的口径进行调整，然后再进行对比。

(二)比率分析法

比率分析法是通过计算有关指标之间的相对数(即比率)进行分析评价的一种方法。比率分析法一般有以下三种形式。

1. 相关比率分析法

相关比率分析法是通过计算两个性质不完全相同而又相关的指标的比率进行分析，以便从经济活动的客观联系中，更深入地认识企业的生产经营状况。常用的相关比率指标如下。

产值成本率=成本/产值×100%

销售收入成本率=成本/销售收入×100%

成本利润率=利润/成本×100%

2. 构成比率分析法

构成比率分析法是通过计算某项指标的各个组成部分占总体的比重，即部分与总体的比率，来分析其内容构成的变化。常用的构成比率指标如下。

直接材料费用比率=直接材料费用/产品成本×100%

直接人工费用比率=直接人工费用/产品成本×100%

制造费用比率=制造费用/产品成本×100%

3. 趋势比率分析法

趋势比率分析法是对某项经济指标不同时期的数值进行对比，求出比率，分析其增减速度和发展趋势，从中发现企业在生产经营方面的成绩或不足。由于计算时采用的基期数值不同，趋势比率又分为定基比率和环比比率两种形式。

定基比率=比较期数值/固定基期数值×100%

环比比率=比较期数值/前一期数值×100%

【例 9-4】东方公司 A 产品四个季度实际单位成本的动态比率，如表 9-10 所示。

表 9-10 A 产品单位成本的动态比率

指 标	第一季度	第二季度	第三季度	第四季度
实际单位成本/元	90	92	95	94
定基比率/%	100	102	106	104
环比比率/%	—	102	103	99

(三)因素分析法

企业的各项成本指标中有些指标是综合性指标，其结果是多种因素共同作用的结果，因此有必要具体测定各个因素对综合指标的不同影响。

因素分析法是指把某一综合性指标分解为若干个相互联系的因素，通过逐个替换影响因素，分别计算、分析各因素的变动对该指标的影响方向和影响程度的一种分析方法。

1. 因素分析法的运用程序

(1) 指标分解，列出关系式。将综合经济指标分解为相互联系的各个因素，并按一定顺序排列，确定综合经济指标与各个因素的数量关系式，确定影响因素及总体变动程度和变动方向。

(2) 逐次替代因素。以计划数为基础，依次、逐个将每个因素的计划数替换为实际数，一直替换到指标全部为实际数为止。

(3) 确定影响结果。每个因素替换以后，均会得出一个综合指标的结果，将每个因素替换以后的结果与替换以前的结果相减，即可得出该替换因素变动对综合指标的影响数额。

(4) 汇总影响结果。将已计算出来的各因素的影响额汇总相加，并与综合指标变动的总差异比较，验证分析的结果。

2. 因素分析法计算原理

(1) 连环替代法。连环替代法是最常用的因素分析法，其计算原理如下。

假定某一综合经济指标 Y 受 A、B、C 三个因素的影响，其关系式为 $Y=A\times B\times C$。

其计划指标为：$Y_0=A_0\times B_0\times C_0$

其实际指标为：$Y_3=A_1\times B_1\times C_1$

Y_3-Y_0 即为实际与计划的差异额，是分析的对象，那么，A、B、C 三个因素对指标 Y 变动的影响计算过程如下。

第一次以 A_1 替代 A_0，B_0、C_0 不变，则 $Y_1=A_1\times B_0\times C_0$；

第二次以 B_1 替代 B_0，A_1、C_0 不变，则 $Y_2=A_1\times B_1\times C_0$；

第三次以 C_1 替代 C_0，A_1、B_1 不变，则 $Y_3=A_1\times B_1\times C_1$；

则：Y_1-Y_0 为 A 因素变动对整体指标 Y 的影响；

Y_2-Y_1 为 B 因素变动对整体指标 Y 的影响；

Y_3-Y_2 为 C 因素变动对整体指标 Y 的影响；

最后得到$(Y_1-Y_0)+(Y_2-Y_1)+(Y_3-Y_2)=Y_3-Y_0$。

下面举例说明因素分析法的计算过程。

【例 9-5】东方机械厂原材料费用相关资料如表 9-11 所示，要求用连环替代法分析各因素变动对其差异的影响。

表 9-11　材料费用消耗表

指　标	计 划 数	实 际 数	差 异 额
产品产量/件	100	110	10
单位产品消耗定额/元	62	64	2
材料单价/元	4	5	1
材料费用总额/元	24 800	35 200	400

由表 9-11 可知，

材料成本的计划数=100×62×4 =24 800(元)

材料成本的实际数=110×64×5 =35 200(元)

材料成本费用差异=35 200−24 800=400(元)

第一次替换，用实际产量替换计划产量：110×62×4=27 280(元)。

第二次替换，用实际单位耗用量替换计划单位耗用量：110×64×4=28 160(元)

第三次替换，用实际单价替换计划单价 110×64×5=35 200(元)

则产量变动对材料费用的影响为：27 280−24 800=2 480(元)

单位耗用量变动对材料费用的影响为：28 160−27 280=880(元)

材料价格上升对材料费用的影响为：35 200−28 160=7 040(元)

三个因素变动影响的总和=2 480+880+7 040=10 400(元)

通过计算可以看出，产量变动、单耗增加、单价上升分别使材料费用增加 2 480 元、880 元、7 040 元，三个因素共同作用使实际材料费用比计划数增加 10 400 元。由于产量增大而相应增大材料消耗属于正常，单位产品消耗量增加，说明企业对材料费用控制不利；市场价格的变动，说明外部市场环境发生了变化，企业应进一步分析，看能否采取一些补救措施。

(2) 差额分析法。差额计算分析法是直接利用各因素的实际数和基数之间的差额来计算确定各因素变动对综合指标影响程度的一种分析方法，实质上是因素分析法的简化形式。其应用的原理与因素分析法相同，只是在计算形式上有所不同。差额分析法的计算公式如下。

某种因素的影响程度=前面因素的实际数×该因素的变动程度×后面因素的变动基数

=前面因素的实际数×(实际数−基数)×后面因素的变动基数

【例 9-6】依例 9-5 资料，按差额分析法分析各因素变动对其差异的影响。

产量变动对材料费用的影响为：(110−100)×62×4=2 480(元)

单位耗用量变动对材料费用的影响为：110×(64−62)×4=880(元)

材料价格上升对材料费用的影响为：110×64×(5−4)=7 040(元)

三个因素变动影响的总和=2 480+880+7 040=10 400(元)

3. 因素分析法应注意的问题

使用因素分析法应注意以下三个问题。

(1) 注意正确分解因素。根据分析的目的和要求，将经济指标分解为相互联系的几个因素，各因素与指标之间必须存在内在的联系。

(2) 注意替换因素的顺序。正确确定各个因素的替换顺序，通常的替换顺序是，先替换数量指标，后替换质量指标；先替换实物量指标，再替换价值量指标。在各个因素的替换过程中，要按照统一的替换顺序进行，这样计算的结果才有可比性。

(3) 注意替换顺序的连环性。各个因素按其依存关系排列成一定的顺序后，应由前向后依次替代，并且每次只替代一个因素， 每一个因素的替换都是在上一次替换的基础上进行的。

三、全部产品生产成本分析

全部产品包括可比产品和不可比产品。全部产品生产成本分析是一种总括性的分析，是将全部产品本年实际总成本与按本年实际产量调整的计划总成本进行比较，计算出全部产品的成本降低额和成本降低率，借以分析全部产品生产成本的升降情况。具体可从按产品类别分析和按成本项目分析两方面进行。

(一)按产品类别分析全部产品生产成本

按产品类别分析全部产品生产成本，是依据按产品种类编制的产品生产成本表，对比各产品以及全部产品的计划总成本与实际总成本，从而确定成本降低额和成本降低率。进行对比的产品计划总成本是经过调整后的实际产量计划总成本，这样就剔除了产量变动对总成本的影响。

$$\text{全部产品生产成本降低额}=\sum(\text{实际产量}\times\text{计划单位成本})-\text{实际总成本}$$

$$\text{全部产品生产成本降低率}=\frac{\text{全部产品生产成本降低额}}{\sum(\text{实际产量}\times\text{计划单位成本})}$$

通过上述公式计算出的数值如果为正数，表示成本降低；如果为负数，表示成本超支。

【例 9-7】沿用例 9-1 的资料，分析榕辉公司各个产品及全部产品成本计划完成情况。如表 9-12 所示。

由表 9-12 可知，该企业全部产品实际成本比计划成本超支 3 470 元，增长率为 1.26%，未完成成本降低任务。从各种产品来看，甲产品成本降低了 500 元，降低率为 1.22%，超额完成了成本控制计划；乙产品、丙产品成本均增长，没有完成成本控制计划，但增长率不同，乙产品成本增长率为 1.73%，丙产品增长率为 0.8%。

表 9-12　全部产品成本计划完成情况表

编制单位：榕辉公司　　　　　　　　20×4 年 6 月

产品名称	计划总成本/元 (1)	实际总成本/元 (2)	降低额/元 (3)=(1)−(2)	降低率/% (4)=(3)÷(1)
可比产品：	266 000	269 400	−3 400	−1.28
其中：甲产品	41 000	40 500	500	1.22
乙产品	225 000	228 900	−3 900	−1.73
不可比产品：	8 750	8 820	−70	−0.8
丙产品	8 750	8 820	−70	−0.8
合计	274 750	278 220	−3 470	−1.26

(二)按成本项目分析全部产品生产成本

按产品类别进行成本分析固然能清晰地了解各种产品成本的升降情况，但究竟哪些成本项目超支，哪些成本项目节约还不清楚，因而有必要将全部产品成本按成本项目进行分析，从而确定成本差异主要是哪些成本项目变动的结果，以便企业在日后的工作中抓住重点项目加强管理。

$$\text{某项目成本降低额}=\text{按实际产量计算的计划成本总额}-\text{实际总成本}$$

$$\text{某项目成本降低率}=\frac{\text{成本降低额}}{\text{按实际产量计算的计划成本总额}}$$

【例 9-8】沿用例 9-2 资料，分析京西公司各成本项目的成本计划完成情况。假定本年实际产量与计划产量一致，如表 9-13 所示。

表 9-13　各成本项目成本计划完成情况表

编制单位：京西公司　　　　　　　　20×4 年 6 月

成本项目	本年计划/元	本年实际/元	成本降低额/元	成本降低率/%
直接材料	82 700	87 680	−4 980	−6.03
直接人工	25 800	26 100	−300	−1.16
制造费用	41 500	42 500	−1 000	−2.41
生产费用合计	150 000	156 280	−6 280	−4.19

分析结果表明，该企业全部产品生产成本实际比计划超支了 6 280 元，超支率为 4.19%，直接材料成本超支 4 980 元，超支率为 6.03%，直接人工成本超支了 300 元，超支率为 1.16%，制造费用超支了 1 000 元，超支率为 2.41%，可见材料成本上升是成本超支的主要原因，至于上升的原因应做具体分析。

四、可比产品成本分析

在全部产品成本中，可比产品成本一般都占有相当大的比重，控制好可比产品成本有很重要的意义，可比产品成本降低计划完成情况分析应是成本分析的重点。

企业在制订成本计划时，通常规定了可比产品成本比上年成本降低的任务，即计划成本降低额和计划成本降低率。因此，可比产品成本的分析，首先要计算出实际的成本降低额和成本降低率，以便与计划成本降低额和计划成本降低率相比较，从而了解可比产品成本降低任务的完成情况。计划成本降低额、计划成本降低率、实际成本降低额和实际成本降低率的计算公式如下。

计划降低额=Σ[计划产量×(上年实际单位成本−本年计划单位成本)]

$$计划成本降低率=\frac{计划成本降低额}{\sum(计划产量\times上年实际单位成本)}\times100\%$$

实际成本降低额=Σ[实际产量×(上年实际单位成本−本年实际单位成本)]

$$实际成本降低率=\frac{实际成本降低额}{\sum(实际产量\times上年实际单位成本)}\times100\%$$

【例 9-9】榕辉公司 20×4 年度有可比产品成本及产量的资料如表 9-14 所示，计算该公司 20×4 年度可比产品成本降低额和降低率。

表 9-14 20×4 年度产品成本资料

	本年计划产量/件	本年实际产量/件	本年计划单位成本/元	上年实际平均单位成本/元	本年累计实际平均单位成本/元
甲产品	480	500	82	84	81
乙产品	300	300	750	760	763

计划成本降低额=480×(84−82)+300×(760−750)=3 960(元)

计划成本降低率=3 960/(480×84+300×760)×100%=1.48%

实际成本降低额=500×(84−81)+300×(760−763)=600(元)

实际成本降低率=600/((500×84+300×760)=0.22%

根据计算及相关资料，编制榕辉公司 20×4 年度可比产品成本降低计划完成情况分析表，如表 9-15 所示。

表 9-15 可比产品成本降低计划完成情况分析表

可比产品名称	计划成本降低情况		实际成本降低情况	
	降低额/元	降低率/%	降低额/元	降低率/%
甲产品	960	2.38	1 500	3.57
乙产品	3 000	0.13	−900	−0.39
合 计	3 960	1.48	600	0.22

由表 9-15 可知，该公司 20×4 年度可比产品成本计划降低 3 960 元，降低率为 1.48%，实际成本降低额为 600 元，降低率为 0.22%，未完成成本降低任务，少降低成本 3 360 元，降低率减少 1.26%。

影响可比产品成本降低计划完成情况的因素主要有产品产量、产品品种结构和单位成本，企业可做进一步分析。

五、主要产品单位成本的分析

为了找出成本升降的具体原因，寻求降低产品成本的具体途径和方法，需要对主要产品成本的计划完成情况进行深入细致的分析，揭示各成本项目的变动情况及变动原因。

主要产品单位成本分析包括两方面的内容：首先是对主要产品单位成本计划完成情况分析；其次是对直接材料、直接人工、制造费用等各成本项目进行深入分析，找出造成成本升降的具体原因。

(一)主要产品单位成本计划完成情况分析

对主要产品单位成本计划完成情况分析，是对主要产品单位成本各成本项目的实际数与计划数进行比较，确定其差异额和差异率，以及各成本项目变动对单位成本计划的影响程度。

【例 9-10】金海公司根据 D 产品单位成本资料，对 D 产品单位成本对比计划变动情况进行分析，如表 9-16 所示。

表 9-16　单位成本计划完成情况分析表

编制单位：金海公司　　　　20×4 年 12 月　　　　本年累计实际产量：900 件

产品名称：D 产品

成本项目	计划单位成本/元	本年实际平均单位成本/元	差异额/元	差异率/%	各成本项目差异对单位成本的影响/%
直接材料	480	508	28	5.83	2.91
直接人工	250	322	72	28.8	7.5
制造费用	230	180	−50	−21.74	−5.21
合计	960	1 010	50	5.21	5.21

由表 9-16 可知，D 产品单位成本实际比计划超出 50 元，差异率为 5.21%。主要是直接材料、直接人工超支所致，而直接人工超支额最高，为 72 元，超支率为 7.5%。说明企业材料管理仍需要加强，而且需要在加强生产管理和提高劳动生产效率方面多查原因，开拓思路，以降低单位成本。

(二)影响单位成本变动的主要因素分析

1. 直接材料成本项目分析

直接材料费用主要由消耗数量和材料的价格构成，直接材料费用的变动也主要受这两个因素的影响。直接材料成本项目分析也是从材料消耗量和材料单价两个方面进行。计算公式如下。

材料消耗量变动差异的影响=(实际单位耗用量−计划单位耗用量)×材料计划单价

材料价格差异的影响=(实际价格−计划价格)×实际单位耗用量

【例 9-11】京西公司 20×4 年 6 月生产丁产品直接材料成本对比计划变动情况分析如表 9-17 所示。

表 9-17 丁产品直接材料成本对比计划变动情况分析表

编制单位：京西公司　　　　　　　　　20×4 年 6 月

材料名称	消耗量/千克		单价/元		材料成本/元		
	计 划	实 际	计 划	实 际	计 划	实 际	差异额
A 材料	41	42	9	10	369	420	51
B 材料	23	22	13	12	299	264	-35
合 计					668	684	16

由表 9-17 可知，丁产品直接材料成本实际比计划超支=684-668=16 元。其中：

A 材料消耗量差异的影响=(42-41)×9=9(元)

B 材料消耗量差异的影响=(22-23)×13=-13(元)

合计影响数为-4 元

A 材料价格差异的影响=(10-9)×42=42(元)

B 材料价格差异的影响=(12-13)×22=-22(元)

合计影响数为 20 元

从以上分析可以看出，该种产品材料消耗量节约，使材料费用降低 4 元；材料价格上涨，使材料费用增加 20 元，两者相抵，净超支 16 元。材料消耗量节约除偷工减料造成的外，一般是生产车间改进工艺、加强成本管理的结果。材料价格变动，则要看是市场价格等客观原因还是材料采购人员的原因，使材料买价偏高或材料运杂费增加，应结合具体情况深入分析。

2. 直接人工成本项目分析

直接人工成本一般按照产品所耗用的生产工时分配计入各种产品的成本。所以直接人工成本取决于单位产品的生产工时消耗量和小时工资率这两个因素。 直接人工成本项目分析也是从生产工时和小时工资率这两个方面进行。其计算公式如下。

生产工时变动的影响=(实际单位产品工时-计划单位产品工时)×计划小时工资率

小时工资率变动的影响=(实际小时工资率-计划小时工资率)×实际单位工时

【例 9-12】京西公司 20×4 年 6 月生产丁产品直接人工成本对比计划变动情况进行分析如表 9-18 所示。

表 9-18 丁产品直接人工成本对比计划变动情况分析表

编制单位：京西公司　　　　　　　　　20×4 年 6 月

工时消耗量/时		人工费用分配率/(元/工时)		直接人工成本/元		
计划	实际	计划	实际	计划	实际	差异额
52	54	6.5	7.5	338	405	67

由表 9-18 可知，丁产品直接人工成本实际比计划超支 67 元。其中：

生产工时变动的影响=(54-52)×6.5=13(元)

小时工资率变动的影响=(7.5-6.5)×54=54(元)

从以上分析可知，工时消耗量变动使直接人工成本比计划超支 13 元，小时工资率上升使直接人工成本比计划超支 54 元。工时消耗量上升意味着劳动生产率下降，与生产组织、机器设备性能、材料质量、工人劳动熟练程度等有关；小时工资率变动与工资政策、工人素质、管理水平等有关。企业应结合这些因素深入分析。

3. 制造费用成本项目分析

制造费用是间接费用，一般按照产品所耗用的生产工时分配计入各种产品的成本。制造费用的分析类似于直接人工费用的分析，包括单位产品的生产工时消耗量和小时费用率这两个因素。计算公式如下。

生产工时变动的影响=(实际单位产品工时−计划单位产品工时)×计划小时费用率

小时费用率变动的影响=(实际小时费用率−计划小时费用率)×实际单位工时

【例 9-13】京西公司 20×4 年 6 月生产丁产品制造费用成本对比计划变动情况分析如表 9-19 所示。

表 9-19　丁产品制造费用成本对比计划变动情况分析表

编制单位：京西公司　　　　　　　　　　20×4 年 6 月

工时消耗量/小时		制造费用分配率/(元/工时)		制造费用成本/元		
计划	实际	计划	实际	计划	实际	差异额
52	54	4.5	3.5	234	189	−45

由表 9-19 可知，丁产品制造费用成本实际比计划节约 45 元。其中：

生产工时变动的影响=(54−52)×4.5=9(元)

费用分配率变动的影响=(3.5−4.5)×54=−54(元)

从以上分析可以看出，工时消耗量变动使制造费用成本比计划超支 9 元，小时费用率变动使制造费用成本比计划节约 54 元。两者相抵，净节约 45 元。

六、制造费用和期间费用分析

(一)制造费用分析

1. 制造费用分析的方法

利用制造费用明细表，可以分析和考核制造费用计划执行结果；可以分析各项制造费用项目的构成情况及增减变动原因。所采用的方法，主要是比较分析法和构成比率分析法。通过将制造费用各项目的实际数与计划数进行对比，了解费用控制计划的执行情况；将各项目的本年实际数同上年实际数对比，观察各项费用的变化趋势。通过计算某项费用占制造费用总额的构成比率，将这些构成比率与企业或车间的生产、技术特点联系起来，可以分析其构成是否合理，并找出影响费用总额的重点项目，确定管理的重点环节。

【例 9-14】金海公司 20×4 年度制造费用明细情况分析如表 9-20 所示。

从表 9-20 可知，该公司 20×4 年度制造费用较计划上升了 18 250 元，上升率为 13.97%，从各个项目来看，职工薪酬下降，其余项目均上升，上升幅度最大的是水电费，费用超支 15 100 元，费用上升率高达 78.65%。职工薪酬有所降低，应该是采用了更加合理的薪酬办法以及更加合理的奖惩机制；水电费和机物料消耗上升，应该分析是否存在车间的管理制度导致的成本浪费的问题。

表 9-20　制造费用明细情况分析表

编制单位：金海公司　　　　20×4 年 12 月

车间：第一车间

项　目	本年计划/元	本年累计实际/元	降低额/元	降低率/%
职工薪酬	75 830	64 875	10 955	14.45
办公费	1 500	2 100	−600	−40
水电费	19 200	34 300	−15 100	−78.65
折旧费	17 600	23 100	−5 500	−31.25
机物料消耗	5 630	9 600	−3 970	−70.52
保险费	4 520	6 800	−2 280	−50.44
劳动保护费	3 580	4 380	−800	−22.35
其他	2 270	3 725	−955	−42.07
合计	130 630	148 880	−18 250	−13.97

2. 制造费用分析中应注意的问题

(1) 制造费用分析一般是按照费用项目进行的。由于制造费用的项目很多，分析时应该选择超支或节约数额较大或者费用比重较大的项目有重点地进行。

(2) 评价各项费用超支或节约时，应该结合费用的性质和用途具体分析，不能简单地将一切超支都看成不合理的、不利的，也不能简单地将一切节约都看成合理的、有利的。例如，修理费的节约，可能会使机器带故障运转，影响机器寿命；机物料消耗的超支可能是由于追加了生产计划，增加了开工班次，造成的合理超支。

(3) 在分项目进行制造费用分析时，还应特别注意“在产品盘亏和毁损”以及“停工损失”等非生产性的损失项目的分析。这些项目的发生额都是生产管理不良的结果，不良性费用只要发生，就要从管理上查找原因。

(二)期间费用分析

期间费用虽然不作为成本构成的要素，但是与产品的定价决策密切相关，也应当加强管理。期间费用分析方法与制造费用分析方法相似。分析时应当注意如下情形。

(1) 管理费用分析时应对费用性质进行分类，分析哪些费用的发生是正常的，哪些是不正常的，哪些是管理上的原因，哪些不是管理上的原因，有针对性地进行管理控制。

(2) 财务费用是企业为筹建生产经营所需资金而发生的筹资费用，费用的高低取决于企业的负债，特别是银行借款。分析财务费用时，必须结合企业的借款来进行。

(3) 销售费用是企业在销售商品、提供劳务过程中发生的费用，它的高低与销售量有关，在分析时，应将销售费用增减变动同销售量的变动结合起来，并与销售收入进行对比，如果销售费用的增加大于销售收入的增加，就应当加强控制和管理。

案例解析

榕辉公司应该编制的主要成本报表，一是全部产品生产成本表，编制的方法有两种，一种是按产品种类编制的全部产品生产成本表，其中分别反映可比产品甲、乙和不可比产品丙的生产成本。另一种是按成本项目反映的全部产品生产成本表，按 “直接材料”“直接人工”“制造费用”等成本项目反映全部产品成本总额。二是主要产品成本表，将重点产品甲产品的成本资料进行详细反映。三是制造费用明细表，反映车间发生的各项间接费用的情况。四是期间费用明细表，包括管理费用明细表、销售费用明细表和财务费用明细表。

成本总额是由销售量与单位成本共同决定的，抛开销售量因素外，总成本高低取决于单位成本与产量。该公司的主营业务成本上升了，就应当分析是产量增加了还是单位成本增加了，分别计算它们对总成本的影响大小。单位成本变化的分析，也要注意成本构成项目的分析，如直接材料、直接人工和制造费用的变动情况，分析企业成本升降的原因。还可以继续分析其中每个成本要素的变动情况，材料成本高低的原因，人工费用高低的原因，制造费用的构成情况，是否有节约成本的空间等。

项 目 小 结

本项目介绍了成本报表的编制和成本分析的内容和方法。成本报表是为企业内部经营管理的需要而编制的，其内容、格式等由企业自定。成本报表一般包括产品生产成本表、主要产品单位成本表、制造费用明细表、期间费用明细表等。要求同学们通过本项目的学习，能够明白各项目之间的钩稽关系，正确地编制报表。

成本分析是根据成本核算资料和成本计划资料及其他有关资料，运用一系列专门方法，揭示企业费用预算和成本计划的完成情况，查明影响费用预算和成本计划完成的原因，计算各种因素变动对费用预算和成本计划完成的影响程度，寻找降低成本、节约费用的途径，挖掘企业内部增产节约潜力的一项专门工作。成本分析的方法有比较分析法、比率分析法、因素分析法(包括连环替代法、差额计算法)等。本章主要介绍了全部产品生产成本的分析、可比产品成本的分析、单位产品成本的分析以及制造费用的分析。要求读者通过学习能够运用专门的分析方法分析成本报表，为企业提供有价值的信息。

项目强化训练

一、单项选择题

1. 成本报表属于(　　)。

A. 对外报表　　B. 对内报表　　C. 两者兼有　　D. 由企业自主决定

2. 把综合性指标分解为各个因素，研究诸多因素变动对综合性指标变动影响程度的分析方法是(　　)。

A. 对比分析法　　B. 趋势分析法　　C. 因素分析法　　D. 比率分析法

3. 通过成本指标在不同时期或不同情况的数据对比来揭示成本变动及原因的一种方法是(　　)。

A. 对比分析法　B. 趋势分析法　C. 差额分析法　D. 比率分析法

4. 企业编制主要产品单位成本表时应按(　　)分别编制。

A. 成本项目　B. 产品类别　C. 核算对象　D. 产品品种

5. 下列各项有关主要产品单位成本表表述错误的是(　　)。

A. 该表是对产品生产成本表中某些主要产品成本的进一步反映

B. 可以据以分析和考核主要产品的主要技术经济指标的执行情况

C. 可以据以了解可比产品与不可比产品成本比上年的升降情况,与历史先进水平是否有差距

D. 该表可以按照成本项目考核主要产品单位成本计划的执行结果

6. 成本报表分析的起点是(　　)。

A. 全部产品成本计划完成情况的总评价　B. 单位产品成本计划完成情况的总评价

C. 全部产品实际成本完成情况的总评价　D. 单位产品实际成本完成情况的总评价

7. 计算可比产品成本降低率的分母是可比产品按(　　)计算的本月累计总成本。

A. 上年实际单位成本　B. 上年计划单位成本

C. 本年实际单位成本　D. 本月计划单位成本

8. 对可比产品成本降低率计划的完成情况有影响的是(　　)。

A. 产量和单位成本　B. 产量和产品品种结构

C. 产品品种结构和单位成本　D. 产量、产品品种结构和单位成本

二、多项选择题

1. 工业企业成本报表一般包括(　　)。

A. 产品生产成本表　B. 主要产品单位成本表

C. 制造费用明细表　D. 各种期间费用明细表

2. 成本报表分析常用的方法有(　　)。

A. 对比分析法　B. 比率分析法　C. 连环替代法　D. 差额分析法

3. 比较分析法中的比较方式主要有(　　)。

A. 本期实际数据与本期计划数据比较

B. 本期实际数据与前期实际数据比较

C. 本期实际数据与前期计划数据比较

D. 本期实际数据与本行业先进企业实际数据比较

4. 产品生产成本表一般分(　　)两种形式。

A. 按产品种类编制　B. 按成本项目编制

C. 按单位成本编制　D. 按成本总和编制

5. 影响产品单位成本中直接材料费用变动的因素有(　　)。

A. 产品生产总量　B. 材料总成本

C. 单位产品材料消耗量　D. 单位材料的价格

三、判断题

1. 成本报表是企业的所有者向债权人报送的，以利于他们决策的一种会计报表。( )

2. 企业可以根据自身的生产特点和管理要求，编制各种有利于进行成本控制和成本考核的报表。( )

3. 成本报表的种类、格式和内容必须符合国家有关部门的统一规定。( )

4. 编制成本报表的目的主要是为了满足企业内部管理的需要。( )

5. 相关比率分析法是通过计算两个性质不完全相同而又相关的指标的比率进行分析的一种方法。( )

6. 制造费用明细表反映基本生产车间和辅助生产车间发生的制造费用。( )

7. 制造费用各项目费用超支都是不合理的，节约都是合理的。( )

8. 直接人工成本项目分析量从生产工时和小时工资率两方面进行。( )

9. 比较分析法只适用于同类型企业、同质指标的对比分析。( )

10. 可比产品实际成本降低额是指可比产品实际产量按计划单位成本计算的总成本与可比产品实际总成本的差额。( )

四、思考题

1. 成本报表的作用是什么？常见的成本报表有几种？

2. 什么是全部产品生产成本表和主要产品单位成本表？如何理解两者的关系？

3. 成本分析的方法有哪些？它们各有何特点？

4. 如何对全部产品生产成本进行分析？

5. 如何对可比产品成本进行分析？

6. 主要产品单位成本的分析内容有哪些？

五、业务题

某设备厂设有两个基本生产车间。第一车间生产甲产品，第二车间生产乙、丙两种产品。其中甲、乙产品为可比产品，甲产品为该企业重点生产的重要产品，丙产品为不可比产品。企业实行定额成本制度，成本核算采用品种法，基本生产成本设有直接材料、直接人工、燃料和动力、制造费用等成本项目。可比产品本年计划降低额为 32 200 元；可比产品本年计划降低率为 4%。该厂 20×4 年 12 月相关成本资料如表 9-21 所示。

表 9-21 产品生产资料

20×4 年 12 月

项 目		可比产品(甲)	可比产品(乙)	不可比产品(丙)
单位生产成本/元	上年实际成本	600	420	
	本月实际	555	414	276
	本年累计实际平均	573	417	273
	本年计划	580	400	270
生产量/件	本月实际	90	105	60
	本年累计实际	765	960	630
	本年计划	720	890	650

要求：(1) 根据上述资料填制下列报表(见表 9-22)。

(2) 分析全部产品的成本降低额和成本降低率。

(3) 分析甲、乙产品的计划成本降低额与计划成本降低率、实际成本降低额与实际成本降低率。

表 9-22　产品生产成本表

某设备厂　　20×4 年 12 月　　单位：元

产品名称	计量单位	实际产量		单位成本				本月总成本			本年累计总成本		
		本月实际	本年实际累计	上年实际平均	本年计划	本月实际	本年实际平均	按上年实际平均单位成本计算	按本年计划单位成本计算	本月实际	按上年实际平均单位成本计算	按本年计划单位成本计算	本年实际
可比产品合计													
其中：甲产品													
乙产品													
不可比产品合计													
其中：丙产品													
合计													

微课视频

扫一扫，获取本项目相关微课视频。

成本报表概述

成本报表编制

成本报表分析方法

成本报表分析(1)

成本报表分析(2)

项目十

成 本 管 理

【知识目标】

- 掌握变动成本法的含义。
- 掌握变动成本法的计算方法。
- 掌握变动成本法与全部成本法的区别。
- 了解标准成本制度的意义和作用。
- 掌握制定标准成本的基本方法。
- 掌握成本差异标的计算分析方法。
- 了解有关作业成本法的基本概念。
- 掌握作业成本法的基本原理。
- 掌握作业成本法的计算步骤。

【技能目标】

- 能够用变动成本法进行产品成本计算和当期损益计算。
- 能够进行成本差异的计算与分析。
- 能够用作业成本法进行产品成本计算。

【素养目标】

- 培养“诚信为本、操守为重，坚持准则、不做假账”的会计职业道德。
- 培养精益求精的工作作风、团队协作意识、大数据思维意识。
- 培养成本分析、成本管理能力。

案例引导

光明印刷有限责任公司的生产成本几乎失去了控制，生产成本严重超支。主管生产的副总一到月底就拿着成本报表同车间主任、班组长吵个没完。公司刚好招进一名会计师小李，该副总立即找到他："这是上个月印刷一批教材的成本计算清单，你帮我分析一下是哪个环节出了问题。"该清单上显示，博库书城订购该书 4 000 册，车间实际完工 5 000 册(车间主任正吵着要超产奖金)，印刷教材的纸张标准用量为 100 张，标准价格为 0.5 元，实际耗用 120 张(班组长表示纸张质量太差，损耗增加)，实际价格为 0.6 元，其他加工费用没有明显变化。小李利用标准成本制度分析方法，制作出成本差异分析报告，找出了公司生产成本超支的原因及责任人。争吵终于平息了。

成本差异分析报告的具体内容都包括什么？该印刷厂成本失控的主要原因是什么呢？

理论认知

当今社会已进入高速发展时期，工业社会向知识经济社会迅速转变，同时当今社会已进入信息革命时代，经营环境日益严峻，市场经济的发展和市场的国际化使企业遭受更多竞争压力，一些行业的利润空间已经越来越小。企业管理的科学化要求会计为企业内部管理提供信息资料，以作为对经济活动进行预测、决策、计划和控制的依据。传统的成本核算制度已无法适应竞争日益加剧的市场经济，为了自身的成长和发展，企业迫切需要引入合适的管理机制，采用先进的成本核算方法和管理思想，实行精细化成本管理。在此基础上，成本的核算与管理理论有了新的发展。本项目在此介绍其中的三种。

任务一　变动成本法

一、成本性态分类

成本性态是指成本总额与特定的业务量之间在数量方面的依存关系，又称成本习性。按照成本习性不同，通常可以把成本分为固定成本、变动成本和混合成本三类。

(一)固定成本

1. 固定成本的含义

固定成本是指在一定时期和一定业务量范围内成本总额不受业务量变动影响，保持相对稳定的成本。例如，固定折旧费用、房屋租金、行政管理人员工资、广告费、职工培训费、科研开发费等。

2. 固定成本的特征

固定成本总额在一定范围内保持不变，而单位固定成本与业务量的增减呈反向变动，即业务量越大，单位产品所负担的固定成本就越小；反之就越大。固定成本习性模型如图 10-1 所示。

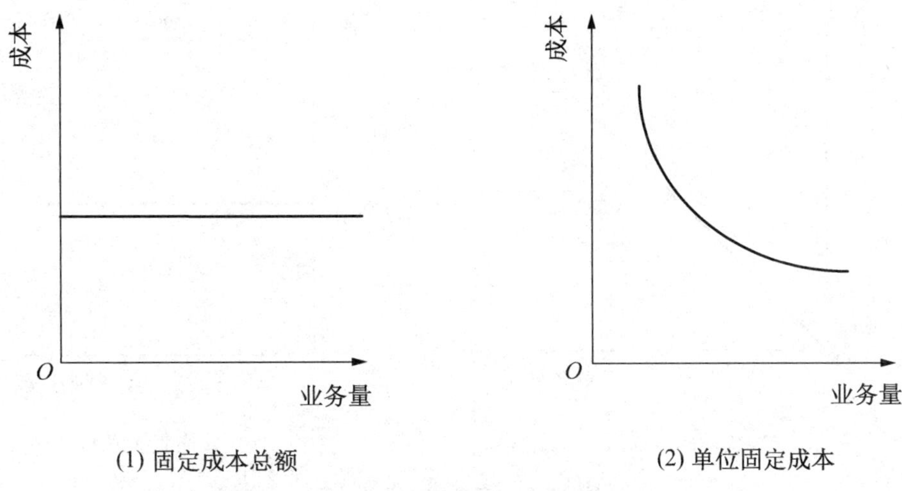

(1) 固定成本总额　　(2) 单位固定成本

图 10-1　固定成本习性模型

一定期间的固定成本总额保持不变是就一定时期和一定业务量范围而言的，我们称之为“相关范围”。超出了相关范围，固定成本总额将会发生变化。例如，当生产数量超过现有的生产能力时，就要新购机器设备或新建厂房，这样就会导致固定成本总额的增加。

3. 固定成本的分类

固定成本按其支出额是否受管理层短期决策的影响，分为约束性固定成本和酌量性固定成本。

(1) 约束性固定成本，是指管理层的短期经营决策行动不能改变其具体数额的固定成本。例如，房屋租金、固定的设备折旧、管理人员的基本工资等。约束性固定成本是企业的生产能力一经形成就必然要发生的最低支出，在短时间内不能轻易改变，具有较大程度的约束性。

(2) 酌量性固定成本，是指管理层的短期经营决策行动能改变其数额的固定成本。例如，广告费、职工培训费、新产品研发费用等。其数额一般随某一会计期间生产经营的实际需要与财务负担能力的变化而变化，由管理部门按照经营方针的要求确定。一经确定，将在某一会计期间内存在和发挥作用。

(二)变动成本

1. 变动成本的含义

变动成本是指在一定时期和一定业务量范围内，总额随着业务量的变动而发生正比例变动的成本。例如，生产过程中发生的直接材料、直接人工、按销售量多少支付的推销佣金、装运费等。

2. 变动成本的特征

变动成本具有单位变动成本的不变性和变动成本总额的正比例变动性，即变动成本总额会随着业务量的增减成正比例增减，而单位变动成本不受业务量变动的影响而保持不变。变动成本习性模型如图 10-2 所示。

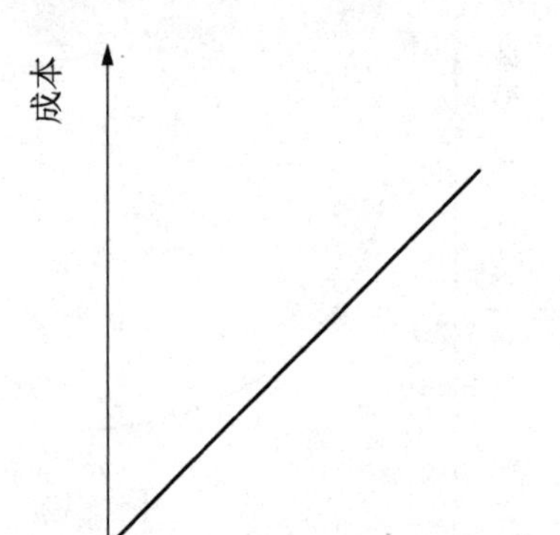

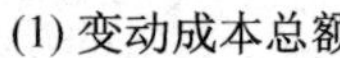
(1) 变动成本总额

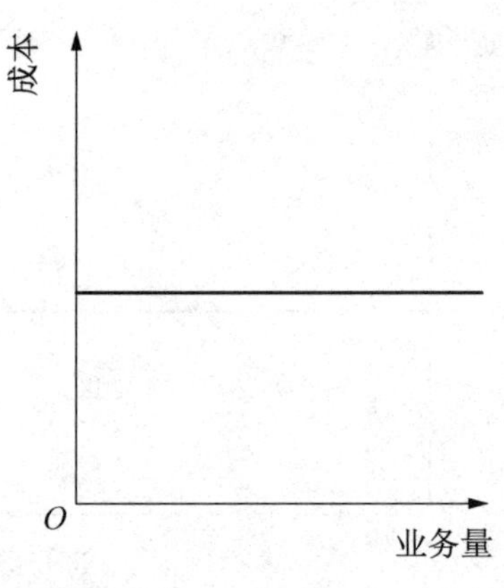

(2) 单位变动成本

图 10-2　变动成本习性模型

单位变动成本的稳定是有条件的，只有在相关范围内，也就是在一定时期和一定业务量范围内，才保持稳定。例如，原材料消耗通常会与生产数量成正比，但如果生产数量过高，可能导致废品率上升，单位产品的材料成本也会上升。

(三)混合成本

混合成本是兼具固定成本和变动成本两种不同性质的成本。它们既随业务量的变化而变化，但又不与业务量成正比例关系变动。混合成本可以进一步细分为半固定成本、半变动成本、延期变动成本和曲线变动成本四种类型。

1. 半固定成本

半固定成本也称阶梯式变动成本，是指在一定业务量范围内成本固定不变，但当业务量超过一定范围，其成本突然跳跃式上升，然后在新的业务量范围内又保持不变，直到业务量范围再次被突破，成本再次跳跃。例如，企业的运货员、检验员的工资等就属于这一类。假设 1 名送货员的工资为 5 000 元，如果送货量在 1 000 件以内则只需要 1 名送货员，送货员的工资总额为 5 000 元。如果送货量在 1 001～2 000 件则需要 2 名送货员，送货员的工资总额为 10 000 元，以此类推，逐级增加。半固定成本习性模型为阶梯状，如图 10-3 所示。

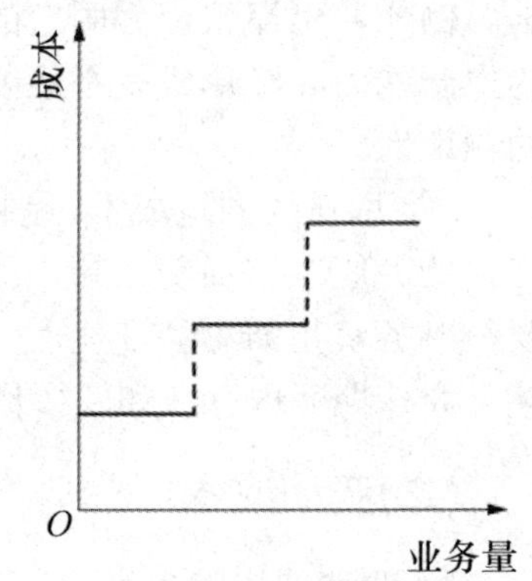

图 10-3　半固定成本习性模型

2. 半变动成本

半变动成本由固定成本和变动成本两部分组成。一部分是固定成本，不受业务量变动的影响，没有业务量时，仍然会发生，另一部分是变动成本，在固定成本的基础上随着业务量的变动而发生正比例的变动。例如，某运输公司租入大客车开展业务，合同规定租金分为两部分，年基本租金为 8 万元，货车每运行 1 公里再支付租金 20 元。这就属于半变动成本。半变动成本习性模型如图 10-4 所示。

3. 延期变动成本

延期变动成本是指在一定的业务量范围内成本总额保持不变，超过该业务量，成本额会随着业务量的变动而发生正比例变动的成本。例如，职工的工资，在正常工作时间内是不变的，但当工作时间超出正常标准后，则须按加班时间的长短成比例地支付加班费。延期变动成本习性模型如图 10-5 所示。

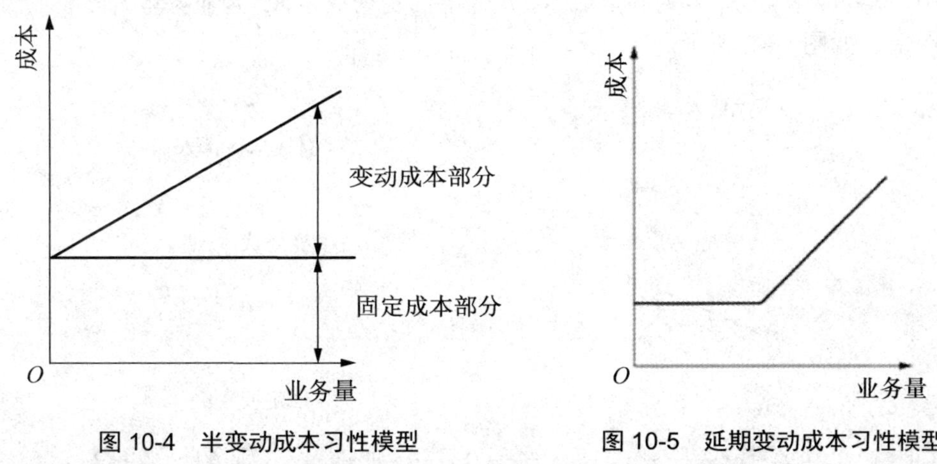

图 10-4　半变动成本习性模型　　图 10-5　延期变动成本习性模型

4. 曲线变动成本

曲线变动成本通常有一个初始量，在一定条件下保持不变，相当于固定成本，在这个初始量的基础上，成本随业务量的变动而变动，但它与业务量的关系不是线性的，而是曲线式增加。按照单位变动成本变动速率的不同，又可以分为两种类型：一是递增曲线成本，随着业务量的增加，成本逐步增加，并且增加幅度是递增的；如累进计件工资、违约金等。二是递减曲线成本，随着业务量的增加，成本逐步增加，并且增加幅度是递减的。如有价格折扣或优惠条件下的水电费成本。曲线变动成本习性模型如图 10-6 所示。

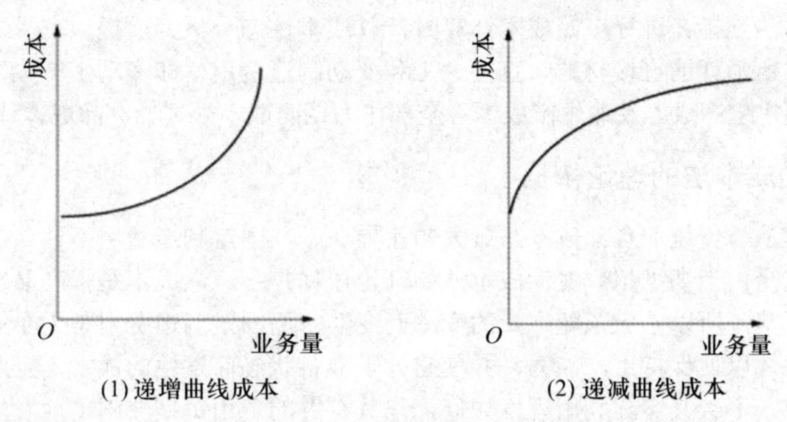

图 10-6　曲线变动成本习性模型

(四)成本函数

在实际经济业务中，企业大多数成本属于混合成本，为了经营管理的需要，必须通过一定的技术方法将混合成本分解为固定成本和变动成本两部分，总成本的组成可以用如下

公式表达：

$$总成本=固定成本总额+变动成本总额$$
$$=固定成本总额+单位变动成本×业务量$$

以数学模型表示如下。

$$y = a + bx$$

式中，y 为成本总额，a 为固定成本，b 为单位变动成本，x 为业务量。该成本函数绘制在坐标图上，如图 10-7 所示。

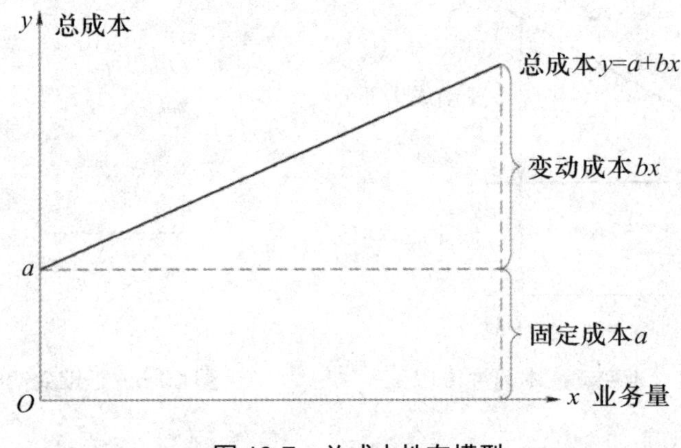

图 10-7　总成本性态模型

二、变动成本法概述

(一)变动成本法的含义

变动成本计算法产生于 20 世纪 30 年代的美国，它比传统的全部成本法更能提供广泛而实用的经济信息，自 20 世纪 60 年代以来，在西方国家被广泛应用于企业内部经营管理。

变动成本法是指在进行产品成本计算时，以成本性态分析为前提，产品成本只包括产品生产过程中所消耗的直接材料、直接人工和变动制造费用，即变动生产成本，而把固定制造费用即固定生产成本及非生产成本，全部作为期间成本处理的产品成本计算方法。

(二)变动成本法的理论依据

变动成本法与传统的全部成本法最大的差异在于，固定制造费用不计入产品成本而计入当期损益完全由当期承担。变动成本法的理论依据是：产品成本是指产品在生产过程中发生的各种耗费，所以它应该随产量的变动而变动。而固定制造费用是为企业提供一定的生产经营条件，以便保持生产能力，并使它处于准备状态而发生的成本。企业的生产经营条件一经形成，不管其实际利用程度如何，与其有关的费用每期会固定地发生，同生产能力的利用程度没有直接联系，既不会由于产量的提高而增加，也不会因产量的下降而减少。因此，它不应计入产品成本，而应作为期间成本处理。

三、变动成本法与全部成本法的比较

(一)成本分类与成本构成不同

全部成本法是根据成本的经济职能把企业全部成本划分为生产成本和非生产成本两大类。产品成本由全部生产成本(包括直接材料、直接人工和全部制造费用)构成。非生产成本作为期间成本。全部成本法下的成本构成如图 10-8 所示。

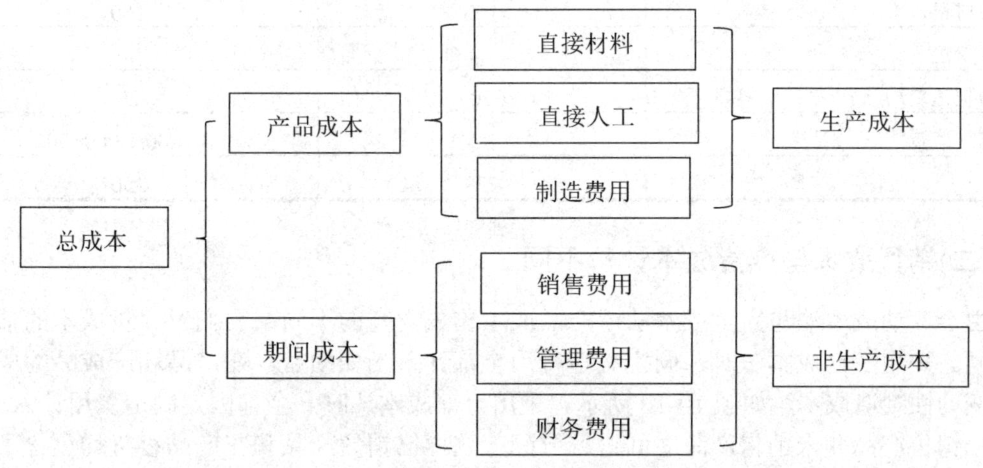

图 10-8　全部成本法下的成本构成

变动成本法则是根据成本习性把企业全部成本划分为变动成本和固定成本两大类。产品成本由变动性生产成本构成。生产成本中的固定成本部分和非生产成本作为期间成本。

变动成本法下的成本构成如图 10-9 所示。

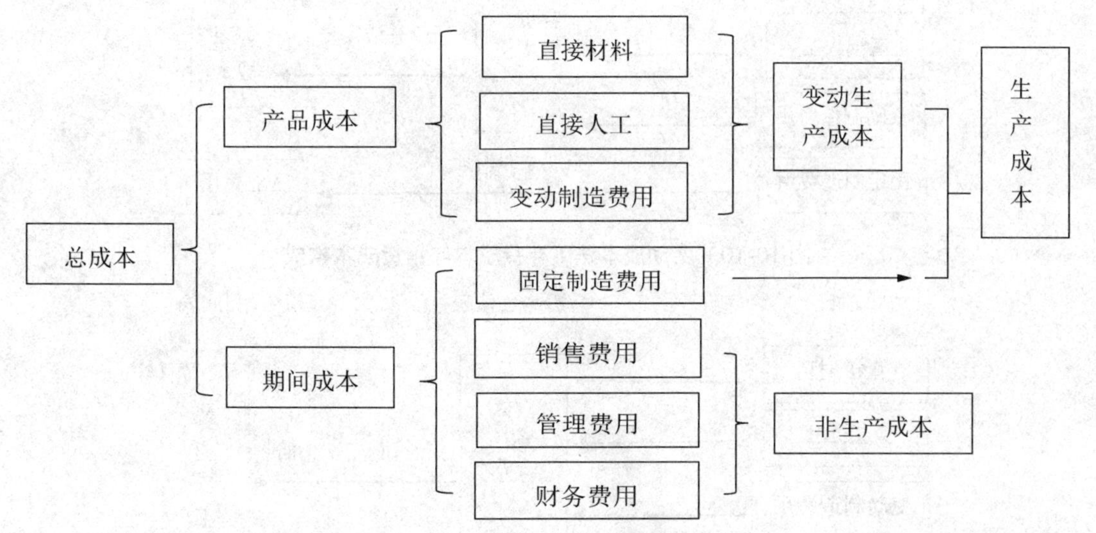

图 10-9　变动成本法下的成本构成

【例 10-1】某企业只生产甲产品一种产品，无期初存货，当月生产 1 000 件，全部完工，销售 800 件，月末结存 200 件。单位产品成本中包含直接材料 160 元，直接人工 40 元，变动制造费用 20 元，固定制造费用总额 30 000 元。计算两种成本计算方法下的单位产品成本。

计算结果如表 10-1 所示。

表 10-1　单位产品成本计算表

单位：元

成本项目	变动成本法	全部成本法
直接材料	160	160
直接人工	40	40
变动制造费用	20	20
固定制造费用		30 000/1 000=30
合计	220	250

(二)销货成本与存货成本计价不同

由于变动成本法与完全成本法下产品成本构成内容的不同，它们对存货成本的估价也就不同。采用变动成本法时，固定制造费用全部计入当期损益，在产品和产成品的成本只包括变动性制造成本，如图 10-10 所示。采用全部成本法时，全部固定制造费用计入成本，要在已销售产品和未销售产品之间进行分配，这样已销售产品和在产品存货均包含了一部分固定性制造费用，如图 10-11 所示。因此，全部成本法下计算的成本数额必然大于采用变动成本法计算的结果。

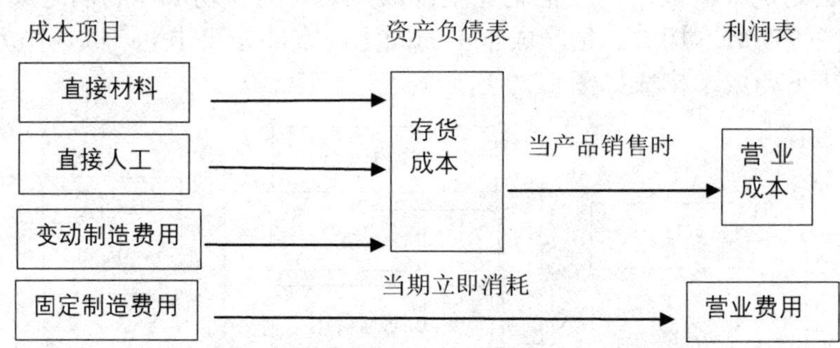

图 10-10　变动成本法下存货成本与销货成本构成

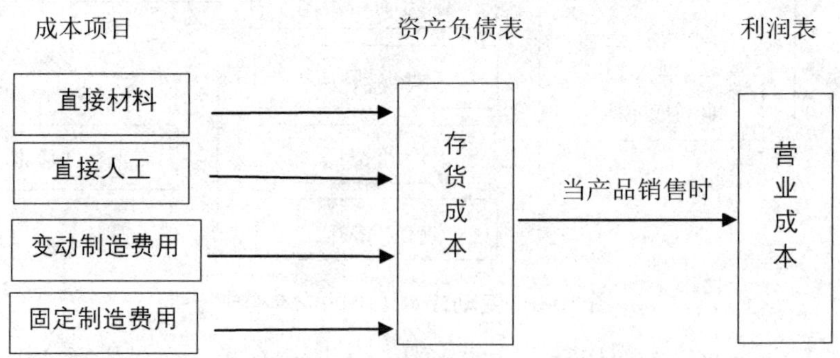

图 10-11　全部成本法下存货成本与销货成本构成

【例 10-2】沿用例 10-1 资料，当月生产 1 000 件，全部完工，销售 800 件，月末结存 200 件。计算两种成本计算方法下的销货成本和期末产成品存货的成本。

计算结果如表 10-2 所示。

表 10-2 销货成本与存货成本

	变动成本法	全部成本法
单位产品成本	220 元	250 元
期末存货量	200 件	200 件
期末存货成本	44 000 元	50 000 元
当期销货量	800 件	800 件
当期销货成本	176 000 元	200 000 元

(三)损益计算方式不同

变动成本法引入了一个管理会计中贡献毛益的概念，贡献毛益是销售收入与变动成本之间的差量。在变动成本法下，营业利润按贡献式损益确定。步骤和公式如下。

第一步：计算贡献毛益。

贡献毛益=营业收入-变动成本总额

其中，变动成本总额包括变动生产成本、变动销售费用、变动管理费用和变动财务费用。

第二步：确定营业利润。

营业利润=贡献毛益-固定成本总额

其中，固定成本总额包括固定制造费用、固定销售费用、固定管理费用和固定财务费用。

在完全成本法下，营业利润的计算步骤和公式如下。

第一步：计算销售毛利。

销售毛利=营业收入-营业成本

其中，营业成本=期初存货成本+本期发生的生产成本-期末存货成本

第二步：确定营业利润。

营业利润=销售毛利-期间费用

其中：期间费用包括销售费用、管理费用和财务费用。

(四)变动成本法与全部成本法计算的各期损益的比较

从前文分析可知，变动成本法将固定制造费用作为期间成本处理，而全部成本法则将固定制造费用计入了产品成本。这种对固定制造费用的不同处理，不但直接影响到产品成本，还影响到企业的财务状况和经营成果的计算，以下分两种情况进行说明。

1. 各期生产量稳定，销售量变动

假定各期成本消耗水平不变，在产量稳定的情况下，各期产品单位成本不变，销售量变动，表明各期期初期末存货不同。

【例 10-3】某企业连续三年的产销业务量如表 10-3 所示。每件产品售价为 15 元，单位变动生产成本为 5 元，全年固定生产成本总额为 12 000 元，销售管理费用全部是固定的，每年 8 000 元。计算各年损益。

表 10-3　产销业务量

单位：件

业 务 量	第一年	第二年	第三年	合　计
期初存货量	0	0	1 000	0
当年生产量	4 000	4 000	4 000	12 000
当年销量	4 000	3 000	5 000	12 000
期末存货量	0	1 000	0	0

变动成本法下，三年单位产品成本均为 5 元；在全部成本法下，单位产品成本包含固定生产成本 12 000/4 000=3 元，连续三年相等，单位产品成本均为 5+3=8 元。按两种方法计算的税前利润如表 10-4、表 10-5 所示。

表 10-4　利润表(按全部成本法编制)

单位：元

项　目	第一年	第二年	第三年	合　计
销售收入总额	60 000	45 000	75 000	180 000
减：销售成本：				
期初存货	0	0	8 000	0
本期生产成本	32 000	32 000	32 000	96 000
期末存货	0	8 000	0	0
小　计	32 000	24 000	40 000	96 000
销售毛利	28 000	21 000	35 000	84 000
减：销售及管理费用	8 000	8 000	8 000	24 000
税前利润	20 000	13 000	27 000	60 000

表 10-5　利润表(按变动成本法编制)

单位：元

项　目	第一年	第二年	第三年	合　计
销售收入总额	60 000	45 000	75 000	180 000
减：销售变动成本	20 000	15 000	25 000	60 000
贡献毛益	40 000	30 000	50 000	12 000
减：固定成本				
固定制造费用	12 000	12 000	12 000	36 000
固定销售管理费用	8 000	8 000	8 000	24 000
小　计	20 000	20 000	20 000	60 000
税前利润	20 000	10 000	30 000	60 000

将两种成本计算方法下计算的税前利润加以对比，可以发现以下规律。

(1) 第一年，本期生产量等于本期销售量，两种成本计算方法所确定的税前利润是相同的。这是因为当年的生产量等于销售量，期初存货与期末存货相等，均为零，两种成本法当期损益所扣除的固定生产成本相等。因此，两种成本计算法得出的税前利润是相同的。

(2) 第二年，本期生产量大于本期销售量，按全部成本法确定的税前利润大于按变动成本法确定的税前利润。因为生产量大于销售量，使期末存货增加 1 000 件，全部成本法下的期末存货吸收了固定生产成本 3 000(3×1 000)元转入下期，而变动成本法在当年的收入中扣除了全部固定生产成本，所以全部成本法确定的税前利润比变动成本法确定的税前利润多 3 000 元。

(3) 第三年，当本期生产量小于本期销售量，按全部成本法确定的税前利润小于按变动成本法确定的税前利润。因为生产量小于销售量，销售的产品包含上年末转来的存货，采用全部成本法把期初存货 1 000 件中所包含的固定生产成本 3 000(3×1 000)元，转入本期作为销售成本。而变动成本法从销售收入中只扣除了当年全部固定生产成本，因此，全部成本法下税前利润也就必然比变动成本法少 3000 元。

就连续三个会计年度来看，由于生产量与销售量的总和相同，故两种方法计算出的税前利润的总数也是相等的。

2. 各期销售量稳定，生产量变动

销量稳定意味着销售收入相同，而产量变动则表明全部成本法下各期产品单位成本不同。

【例 10-4】某企业连续三年的产销业务量如表 10-6 所示。每件产品售价为 15 元，单位变动生产成本为 5 元，年固定生产成本总额为 12 000 元，销售管理费用全部是固定的，每年 8 000 元。计算各年损益。

表 10-6　产销业务量

单位：件

业务量	第一年	第二年	第三年	合　计
期初存货量	0	0	1 000	0
当年生产量	5 000	6 000	4 000	15 000
当年销售量	5 000	5 000	5 000	15 000
期末存货量	0	1 000	0	0

各年单位成本计算如表 10-7 所示。

表 10-7　单位产品成本

单位：元

项　目		第一年	第二年	第三年
单位变动生产成本		5	5	5
固定生产成本总额		12 000	12 000	12 000
单位固定生产成本		2.4	2	3
单位产品成本	变动成本法	5	5	5
	全部成本法	7.4	7	8

按两种方法计算的税前利润如表 10-8、表 10-9 所示。

表 10-8　利润表(按全部成本法编制)

单位：元

项　目	第一年	第二年	第三年	合　计
销售收入总额	75 000	75 000	75 000	180 000
减：销售成本				
期初存货	0	0	7 000	0
本期生产成本	37 000	42 000	32 000	111 000
期末存货	0	7 000	0	0
小　计	37 000	35 000	39 000	111 000
销售毛利	38 000	40 000	36 000	114 000
减：销售及管理费用	8 000	8 000	8 000	24 000
税前利润	30 000	32 000	28 000	90 000

表 10-9　利润表(按变动成本法编制)

单位：元

项　目	第一年	第二年	第三年	合　计
销售收入总额	75 000	75 000	75 000	25 000
减：销售变动成本	25 000	25 000	25 000	5 000
贡献毛益	50 000	50 000	50 000	150 000
减：固定成本：				
固定制造费用	12 000	12 000	12 000	36 000
固定销售管理费用	8 000	8 000	8 000	24 000
小　计	20 000	20 000	20 000	60 000
税前利润	30 000	30 000	30 000	90 000

将按两种成本计算法求得的税前利润进行对比，可以发现如下现象。

(1) 第一年，产销平衡，两种方法算出来的税前利润是相等的。因为当年生产量等于销售量，期初存货与期末存货的数量及其所包含的固定成本都相等。因此，无论采用全部成本法还是变动成本法，均扣除了当期全部固定生产成本。

(2) 第二年，生产量大于销售量，期末存货比期初存货增加了 1 000 件，按全部成本法计算出来的税前利润比变动成本法多 2 000 元。这是因为在全部成本法下，期末 1 000 件存货吸收了固定生产成本 2 000(1 000×2)元转入下期；而在变动成本法下固定生产成本作为期间成本全部从本期销售收入中扣除。所以，按全部成本法所计算的税前利润比变动成本法所计算的税前利润多 2 000 元。

(3) 第三年，生产量小于销售量，期末存货比期初减少了 1 000 件。按全部成本法计算出的税前利润比变动成本法少 2 000 元。因为采用全部成本法把期初存货 1 000 件中所包含的固定生产成本 2 000(2×1 000)元，转入本期作为销售成本，而变动成本法从销售收入中只扣除了当年全部固定生产成本。因此，全部成本法下税前利润也就比变动成本法少 2 000 元。

(4) 采用变动成本法，各年税前利润均相等。因为每年销量相同，在成本费用水平不变的情况下，各年税前利润的数额也相同，各年产量的变化对税前利润没有影响。

采用全部成本法，即使在销量相同的情况下，各年的税前利润也不相同。因为各年产量不同，单位产品分摊的固定制造费用也不同，导致单位成本有差异，即使销量相同，销货成本也不同。

四、对变动成本法的评价

(一)变动成本法的优点

1. 便于科学的成本分析和成本控制

采用变动成本法，产品成本不受固定制造费用和生产业务量的影响，而取决于各项变生产成本支出的多少，因此可直接分析因成本控制工作本身的好坏造成的成本升降。有助于将固定成本和变动成本指标分解落实到各个责任单位，分清部门的责任，调动各部门降低成本的积极性，鼓励它们主动采取措施，按照不同方法进行控制，促进成本全面降低。

2. 为企业内部管理提供重要的信息，有利于企业改善管理，提高经济效益

变动成本法在产品生产成本的组成内容、成本的划分标准和收益的计算程序上，清晰地揭示了成本、业务量和利润三者之间的内在联系，能提供在不同产销水平下每种产品盈利能力的资料，有利于进行利润预算、最优产品定价等决策；通过预测分析，又能为制定经营目标、成本控制、落实部门经济责任以及进行业绩考核提供依据。帮助企业预测经济前景，规划未来，从而改善经营管理，提高经济效益。

3. 促使企业重视销售环节，防止盲目生产

在全部成本法下，只要产量大幅度上升，即使销售量下降也会使利润增加。这样的错误信息会导致企业只重生产，不重销售，造成产品积压。在变动成本法下，产量的高低与存货增减对企业的税前利润都没有影响，在售价、单位变动成本、销售组合不变的情况下，税前利润将随销量同步增长。这样就会促使管理当局重视销售环节，防止生产的盲目扩大。

4. 简化了产品成本核算工作

传统的全部成本法，需将固定制造费用在产品和产成品之间进行分配，不但工作量大，而且在固定成本分配上带有一定的主观随意性。变动成本法将固定成本作为期间成本在贡献毛益中一次扣除，因此大大简化了产品成本的计算工作。

(二)变动成本法的缺点

1. 不能满足企业长期预测、决策的需要

从长期来看，企业的生产能力、经营条件、生产工艺和技术水平等不可能一成不变，超过了相关范围就会发生变化，再加上通货膨胀等因素的影响，固定成本与变动成本的界限就很难划分，这样变动成本法在企业经营预测、决策上的作用也就受到了限制。

2. 不符合传统的成本概念，不便于编制对外会计报表

按传统成本概念，产品成本不仅包括变动生产成本，也应包括固定生产成本，它们都是生产中必须发生的，变动成本法不符合传统成本概念。目前，世界各国会计原则均要求产品成本按全部成本法计算，而按变动成本法计算出来的产品成本，显然不能满足这个要求。如果采用变动成本法编制会计报表，则不符合通用的对外会计报表编制的要求。

3. 成本计算不够精确

采用变动成本法，需将生产成本划分为变动成本和固定成本，这种划分本身就是一个难题，很大程度上是假设的结果。随着生产技术日益提高，产品成本结构也发生了巨大改变，产品成本构成中直接材料、直接人工项目所占比重逐渐下降，而制造费用份额则日益上升。同时，由于适时生产系统和零库存等科学管理方法的确立及使用，也使许多制造费用由间接费用变为直接费用。这些变化使以直接成本为重点的变动成本法适应性下降。

任务二　标准成本法

一、标准成本法概述

(一)标准成本法的含义及作用

标准成本法即标准成本制度或称为标准成本系统，是围绕标准成本的相关指标设计的，它将成本的事前控制、事后控制及核算功能有机结合形成一种成本控制系统。它具有事前估算成本、事中与事后计算与分析成本并揭示成本差异，从而加强成本控制、评价经营业绩、落实经济责任的功能。标准成本系统基本内容包括标准成本的制定、成本差异的计算分析和成本差异的账务处理。

标准成本制度能够将成本的事前计划、日常控制和确定产品成本差异有机结合起来，是成本管理、提高经济效益的一项重要工具。通过标准成本制度，可以加强成本控制，为决策分析提供数据，同时因为标准成本中已经剔除了各种不合理的因素，所以标准成本可以作为材料、在产品和产成品的计价依据，使各项单价制定更加合理。另外，在标准成本制度下，由于材料和生产成本都直接按标准成本入账，从而大大简化了日常的核算工作。

(二)标准成本的概念及其种类

标准成本是指在一定的生产技术条件下，通过有效的经营管理活动应该实现的目标成本，它是控制成本开支、考核评价实际成本、衡量工作效率的尺度。

制定标准成本，首先应确定选择什么水平的成本作为现行标准成本。可供选择的标准成本的种类很多，主要包括理想标准成本、正常标准成本和现实标准成本三种。

1. 理想标准成本

理想标准成本是指根据最佳生产水平、最优经营状态所能达到的标准来制定的标准成本。它是现有条件下最理想的成本水平。管理上一般用这种标准来鼓励职工的积极性。但

是，这种标准成本往往难以实现，所以实际工作中很少采用。

2. 正常标准成本

正常标准成本是根据过去一段时期实际成本的平均值，剔除了生产经营活动中的不正常因素的影响，并考虑今后的变动趋势而制定的标准成本。这种标准成本是在正常生产经营能力得到正常发挥的条件下应该达到的成本水平，但不宜作为企业未来成本控制的奋斗目标，不能发挥其在成本管理中的作用，所以在实际工作中也很少采用。

3. 现实标准成本

现实标准成本是根据现有的生产技术水平和正常的经营状况下预期能达到的标准，来制定的标准成本。它从企业实际出发，充分考虑到生产过程中正常的材料损耗、工人一定的间歇时间、机器故障等不能避免的因素，但又能对改进未来成本管理提出合理要求。现实标准成本是一种既切实可行又接近实际的，经过努力是可以达到的成本目标，在成本管理中能够调动人们降低产品成本的积极性，因此，在实际工作中常采用这种标准成本。

二、标准成本制定

标准成本是会计部门会同有关责任部门，在对企业生产经营的具体条件进行认真分析研究的基础上共同制定的。产品的标准成本是由直接材料、直接人工和制造费用三个成本项目组成的。应按这些项目的特点分别制定，其基本形式是标准用量乘以标准价格，得到各自的标准成本后再相加求和。

(一)直接材料标准成本的制定

直接材料的标准成本是指生产单位产品直接耗用的材料成本，其基本形式是由材料标准用量乘以标准价格。其计算公式如下。

$$\text{直接材料标准成本}=\sum(\text{某种材料价格标准}\times\text{某种材料用量标准})$$

材料的标准用量是指在现有的技术、生产条件下，生产单位产品所需耗用的材料数量，可根据产品的图纸技术文件进行研究，还可根据过去经验科学地制定标准。在某些工业企业里，对材料标准数量的确定必须考虑有关废料、损耗和残料的数量。

材料的标准价格是指事先制定的，采购部门采购某种材料的计划单价，一般包括材料买价、运杂费、检验费和正常损耗等成本。

(二)直接人工标准成本的制定

直接人工标准成本是指在一定生产技术组织条件下，为制造某种产品，进行合理的管理和操作直接耗用的人工费用。它是由单位产品耗用的标准工时乘以标准小时工资分配率而求得的。直接人工标准成本的计算公式如下。

$$\text{直接人工标准成本}=\sum(\text{直接人工标准工时}\times\text{标准工资率})$$

标准工时就是直接人工的用量标准，是指在现有生产技术条件下，生产单位产品所需的标准工作时间，包括对产品直接加工所用工时、必要的间歇和停工时间，以及在不可避免的废品损失上所耗费的工时。

标准工资率就是直接人工的价格标准，往往受劳动力的平均经验、操作情况的变化、人工结构比例等因素的影响。采用计件工资制时，标准工资率就是单位产品应支付的直接人工工资；采用计时工资制时，标准工资率就是每一标准工时应分配的工资额。

$$标准工资率=\frac{标准工资总额}{标准总工时}$$

(三)制造费用标准成本的制定

制造费用标准成本是在现有的生产技术组织条件下，通过有效的管理，在生产某种产品过程中所耗用的，除直接材料、直接人工以外的一切费用。由于制造费用包括变动制造费用和固定制造费用两部分，所以制造费用标准成本也需区分为两部分分别制定。

制造费用的工时标准是指在现有条件下生产某单位产品所需用的标准时间。

制造费用分配率标准是指单位标准工时应负担的固定制造费用和变动制造费用。

$$固定制造费用标准分配率=\frac{固定制造费用预算}{标准总工时}$$

$$变动制造费用标准分配率=\frac{变动制造费用预算}{标准总工时}$$

某种产品制造费用的标准成本是由生产该单位产品的各项作业所需要的标准工作时间和标准小时费用分配率计算求得的。其计算公式如下。

固定制造费用标准成本=固定制造费用标准分配率×标准工时

变动制造费用标准成本=变动制造费用标准分配率×标准工时

(四)单位产品标准成本的制定

当某种产品的直接材料标准成本、直接人工标准成本和制造费用标准成本确定后，即可汇总计算确定其单位产品标准成本。其计算公式如下。

单位产品标准成本=∑(各成本项目标准成本)

=∑(某成本项目的标准价格×该成本项目的标准用量)

=直接材料标准成本+直接人工标准成本+变动制造费用标准成本

+固定制造费用标准成本

在实际工作中，企业通常要为每一产品设置一张标准成本卡，并在该卡中分别列明各项成本的用量标准与价格标准，通过直接汇总的方法求得单位产品的标准成本。

【例 10-5】榕辉公司预计生产丁产品 2 000 台，生产中需要 A、B 两种材料，经过第一车间、第二车间两道加工工序，编制的标准成本卡如表 10-10 所示。

表 10-10　丁产品的标准成本卡

成本项目		用量标准	价格标准	标准成本
直接材料	A 材料	3 千克/件	6 元/千克	18 元/件
	B 材料	4 千克/件	8 元/千克	32 元/件
	小计			50 元/件

续表

成本项目		用量标准	价格标准	标准成本
直接人工	第一车间	3 小时/件	3 元/小时	9 元/件
	第二车间	4 小时/件	4 元/小时	16 元/件
	小计			25 元/件
变动制造费用	第一车间	3 小时/件	0.6 元/小时	1.8 元/件
	第二车间	4 小时/件	0.7 元/小时	2.8 元/件
	小计			4.6 元/件
固定制造费用	第一车间	3 小时/件	0.3 元/小时	0.9 元/件
	第二车间	4 小时/件	0.4 元/小时	1.6 元/件
	小计			2.5 元/件
单位产品标准成本				82.10 元/件

三、标准成本差异的计算分析

(一)成本差异的种类

成本差异是指产品的实际成本与标准成本之间的偏差或差额。根据形成的原因及性质，成本差异可分为价格差异与用量差异。

1. 价格差异

价格差异是指由于特定成本项目实际价格水平与标准价格不一致而产生的成本差异。价格差异在直接材料成本差异中称为材料价格差异；在直接人工成本差异中称为工资率差异；在变动制造费用成本差异中称为变动制造费用分配率差异。其基本计算公式如下。

价格差异=(实际价格-标准价格)×实际产量下的实际用量

=价格差×实际产量下的实际用量

在计算直接材料价格差异时，价格是指直接材料的单价，用量是指直接材料的耗用量；在计算直接人工价格差异时，价格是指直接人工工资率，用量是指生产产品所需人工小时；在计算变动制造费用价格差异时，价格是指变动制造费用分配率，用量是指生产产品所需人工小时。

2. 用量差异

用量差异是指由于特定成本项目实际耗用量与标准耗用量不一致产生的成本差异。用量差异在直接材料成本差异中称为材料用量差异，在直接人工成本差异中称为人工效率差异，在变动制造费用成本差异中称为变动制造费用效率差异。其基本计算公式如下。

用量差异=标准价格×(实际产量下的实际用量-实际产量下的标准用量)

=标准价格×实际产量下的用量差

成本差异还可以按其数量特征分为有利差异与不利差异。有利差异是指因实际成本低于标准成本而形成的节约差。不利差异则是指因实际成本高于标准形成的超支差。有利与不利是相对的，并不是有利差异越大越好。

(二)直接材料成本差异的计算分析

1. 直接材料成本差异的计算

直接材料成本差异是指在实际产量下，直接材料实际总成本与其标准总成本之间的差额。它可分解为直接材料用量差异和直接材料价格差异两部分。有关计算公式如下。

直接材料成本差异=实际产量直接材料实际成本−实际产量直接材料标准成本

=直接材料用量差异+直接材料价格差异

其中：直接材料用量差异=标准价格×(实际用量−标准用量)

直接材料价格差异=(实际价格−标准价格)×实际用量

【例 10-6】榕辉公司生产甲产品耗用 C 材料，本期生产甲产品 200 件， 耗用 C 材料 1 000 千克，C 材料的实际价格为每千克 100 元。C 材料的标准价格为每千克 110 元，单位产品的标准用量为 4.5 千克。

直接材料成本差异分析如下。

直接材料成本差异= 100×1 000−4.5×200×110=1 000(元)(不利差异)

直接材料用量差异= (1 000−4.5×200)×110=11 000(元)(不利差异)

直接材料价格差异= (100−110)×1 000=−10 000(元)(有利差异)

2. 直接材料成本差异分析

影响直接材料消耗量的因素有许多，如人工的技术熟练程度和对工作的责任感、材料的质量、生产设备的状况等。一般来说，用量超过标准大多是工人粗心大意、缺乏培训或技术素质较低等造成的，应由生产部门负责，但有时也可能是其他部门的工作所引起的，如由于设备维修部门采用了较差的维修材料或没有及时对设备进行维护，导致生产能力下降，由此造成的材料用量差异应由设备维修部门负责。

影响直接材料价格变动的因素也是多方面的，如采购批量、材料质量、交货方式、市场环境以及材料供应者的选择等。只要其中任何一个因素脱离了制定标准成本时的预订要求，就会产生价格差异。一般而言，价格差异主要由采购部门负责，但有些因素也是采购部门无法控制的。对于材料价格差异，一定要做进一步的分析研究，查明产生差异的原因，分清各部门的经营责任，只有在科学分析的基础上，才能进行有效的控制。

(三)直接人工成本差异的计算分析

1. 直接人工成本差异的计算

直接人工成本差异是指在实际产量下，直接人工实际总成本与其标准成本总额的差额。它可分解为直接人工效率差异与直接人工工资率差异两部分。有关计算公式如下。

直接人工成本差异=实际产量直接人工实际成本−实际产量直接人工标准成本

=直接人工工资率差异+直接人工效率差异

其中：直接人工效率差异(用量差异)=标准工资率×(实际工时−标准工时)

直接人工工资率差异(价格差异)=(实际工资率−标准工资率)×实际工时

【例 10-7】榕辉公司本期生产甲产品 200 件，实际耗用工时 9 000 小时，实际人工成本总额为 90 000 元，实际工资分配率为 10 元/时。标准工资分配率为 9 元/时，单位产品的工时耗用标准为 40 小时。

直接人工成本差异分析如下。

直接人工成本差异=10×9 000−9×40×200=18 000(元)(不利差异)

直接人工效率差异=(9 000−40×200)×9=9 000(元)(不利差异)

直接人工工资率差异=(10−9)×9 000=9 000(元)(不利差异)

2. 直接人工成本差异分析

影响人工效率差异的原因是多方面的，可能是工人个人的原因，也可能是管理部门计划不周造成的，比如生产工人的技术熟练程度，工厂流水线的安排，生产设备或控制标准的变动，原材料质量规格不符合规定等。若系生产部门安排不当引起的，应由生产部门负责。如果是由于采购部门采购不合适的材料而造成人工效率出现不利差异，则应由采购部门负责。

影响工资率差异的原因，主要有生产人员的人数变动和非生产工时损失，如开会、停工待料时间等。设备状况、生产工艺流程、材料质量、工艺水平等也对工资率造成影响。找出差异的同时要分析产生差异的真正原因，分清责任部门，才能真正实现控制的目的。

(四)变动制造费用成本差异的计算分析

1. 变动制造费用成本差异的计算

变动制造费用成本差异是指在实际产量下，变动制造费用实际发生总额与其标准发生总额之间的差额。可分解为变动制造费用分配率差异和变动制造费用效率差异两部分。有关计算公式如下。

变动制造费用成本差异=实际产量实际变动制造费用−实际产量标准变动制造费用

=变动制造费用分配率差异+变动制造费用效率差异

其中：变动制造费用效率差异(用量差异)=标准分配率×(实际工时−标准工时)

变动制造费用分配率差异(价格差异)=(实际分配率−标准分配率)×实际工时

【例 10-8】榕辉公司本期生产甲产品 200 件，实际耗用人工 9 000 小时，实际发生变动制造费用为 2 500 元，变动制造费用实际分配率为 2.5 元/时。变动制造费用标准分配率为 3 元/工时，单位产品的工时耗用标准为 40 小时。

变动制造费用差异分析如下。

变动制造费用成本差异=2.5×9 000−3×40×200=−1 500(元)(有利差异)

变动制造费用效率差异=(9 000−40×200)×3=3 000(元)(不利差异)

变动制造费用分配率差异=(2.5−3)×9 000=−4 500(元)(有利差异)

2. 变动制造费用成本差异分析

变动制造费用产生差异的原因，主要是间接材料、间接人工和其他有关变动性制造费用的变动，以及生产过程中实际工时利用情况发生了变化。因此，必须根据各明细项目产生差异的原因采取相应的控制措施。

(五)固定制造费用成本差异的计算分析

1. 固定制造费用成本差异的计算

固定制造费用主要是企业单位为了获取生产能力，以及维持这种能力的正常运转而发生的费用，在相关范围内它并不随业务量的变动而变动。固定制造费用成本差异是指在实际产量下，固定制造费用实际发生总额与其标准发生总额之间的差额。用公式表示为:

固定制造费用成本差异 = 实际产量实际固定制造费用-实际产量标准固定制造费用

= 实际分配率×实际工时-标准分配率×标准工时

固定制造费用总差异的分解具体有两种方法，一种是两差异法，另一种是三差异法。

(1) 两差异法。两差异法是将总差异分解为预算差异和能量差异两部分。预算差异是实际固定性制造费用脱离预算而形成的预算差异，而能量差异则是指固定性制造费用预算脱离标准而形成的能量差异。其计算公式分别为:

固定制造费用预算差异=实际产量固定制造费用-预算产量标准固定制造费用

固定制造费用能量差异=固定制造费用标准分配率×(预算产量标准工时-实际产量标准工时)

(2) 三差异法。将两差异法中的能量差异进一步区分为产量差异与效率差异，就成为三差异法。

固定制造费用预算差异 = 实际产量实际固定制造费用-预算产量标准固定制造费用

固定制造费用能力差异 = 固定制造费用标准分配率×(预算工时-实际工时)

固定制造费用效率差异 = 固定制造费用标准分配率×(实际工时-标准工时)

【例 10-9】榕辉公司本月生产甲产品实际产量为 200 件，发生固定制造费用为 14 000 元，实际工时为 9 000 小时；企业生产能力为 300 件，即 10 000 小时，每件产品固定制造费用标准成本为 60 元/件，即每件产品标准工时为 40 小时，标准分配率为 1.50 元/时。

固定制造费用成本差异计算如下。

固定制造费用成本差异=14 000-200×60=2 000(元)(不利差异)

两差异法分析:

固定制造费用预算差异=14 000-10 000×1.5=-1 000(元)(有利差异)

固定制造费用能量差异=(10 000-200×40)×1.5=3 000(元)(不利差异)

三差异法分析:

固定制造费用预算差异=14 000-10 000×1.5=-1 000(元)(有利差异)

固定制造费用能力差异=(10 000-9 000)×1.5=1 500(元)(不利差异)

固定制造费用效率差异=(9 000-200×40)×1.5=1 500(元)(不利差异)

三差异法的能力差异 1 500 元与效率差异 100 元之和为 3 000 元，与两差异法中的“能量差异”数额相同。

2. 固定制造费用成本差异分析

影响固定制造费用预算差异的因素可能包括管理人员工资及福利的调整、折旧方法的改变、修理费用开支的变化、办公用品价格的变化等。影响固定制造费用能力差异的因素可能包括产品销量的变化、原材料供应方面的变化、生产设备利用效率的变化等。固定制造费用效率差异的影响因素可能包括劳动生产率的变动生产批量的变化等。分析一个企业的各种成本差异，还需结合企业的实际情况，作出进一步、更具体的深入分析。

四、成本差异的账务处理

在标准成本制度下，产品生产成本和销货成本的结转一般都按标准成本进行，成本差异留在有关成本差异账户内，而产品实际成本的计算是通过各项差异的分配摊销进行的。标准成本制度下账务处理的主要特点包括以下三点。

(1) “材料”“生产成本”“库存商品”“主营业务成本”等账户均按标准成本入账。

(2) 设立各种成本差异账户，用于记录企业生产过程中所发生的各项成本差异。发生的不利差异登记在各成本差异账户的借方，发生的有利差异登记在各成本差异账户的贷方。需要设置的成本差异账户主要有“直接材料价格差异”“直接材料数量差异”“直接人工效率差异”“直接人工工资率差异”“变动制造费用效率差异”“变动制造费用分配率差异”“固定制造费用预算差异”“固定制造费用能力差异”“固定制造费用效率差异”等。

(3) 每月末根据成本差异的借方或贷方余额，编制“成本差异汇总表”。并将汇总的成本差异作为“主营业务成本”的调整项目，以便将利润表上所列的主营业务成本的标准数转换为实际数。如成本差异净额数字不大，可全部转入当月销售成本；若差异净额较大，或库存产品较多时，原则上应将差异净额按比例分配列入“在产品”和“产成品”账户，以便正确计算当年损益。

【例 10-10】依据例 10-6 至例 10-9 的资料，榕辉公司某月发生的成本差异汇总表如表 10-11 所示，有利差异和不利差异(差异账户贷方和借方余额)相互抵销后的净差异为 19 500 元不利差异。假设榕辉公司将各项成本相互抵销后的净差异额全部计入当期产品销售成本，作为销售成本的调整。

表 10-11　成本差异汇总表

差异项目	不利差异	有利差异
直接材料价格差异		10000 元
直接材料数量差异	11 000 元	
直接人工工资率差异	9 000 元	
直接人工效率差异	9 000 元	
变动制造费用分配率差异		4 500 元
变动制造费用效率差异	3 000 元	
固定制造费用预算差异		1 000 元
固定制造费用能力差异	1 500 元	
固定制造费用效率差异	1 500 元	
合计	35 000 元	15 500 元
差异净额	19 500 元	

结算各成本差异和调整产品销售成本的会计分录如下。

借：主营业务成本　　19 500
　　直接材料价格差异　　10 000
　　变动制造费用分配率差异　　4 500
　　固定制造费用预算差异　　1 000
　　贷：直接材料数量差异　　11 000
　　　　直接人工工资率差异　　9 000
　　　　直接人工效率差异　　9 000
　　　　变动制造费用效率差异　　3 000
　　　　固定制造费用效率差异　　1 500
　　　　固定制造费用能力差异　　1 500

任务三　作业成本法

一、作业成本法的产生

作业成本法(activity based costing，ABC)，起源于美国。20 世纪 30 年代，美国杰出的会计大师科勒教授发现在水力发电生产过程中，直接人工和直接材料(水源)成本都很低廉，而间接费用所占的比重相对很高。这就从根本上冲击了传统的按照工时比例分配间接费用的核算方法，因为传统的成本计算方法预先假定了一个前提，即直接成本在总成本中所占的比重很高。科勒第一次把作业的观念引入会计和管理中，被认为是作业成本法的萌芽。此后，乔治·斯托布斯进一步提出了一系列的作业成本观念。

20 世纪 70 年代以来，由于计算机技术的迅速发展、顾客需求的多样化和快速变化的市场环境，要求企业迅速地做出反应，许多企业不得不放弃大批量的生产方式，采用以顾客为导向的弹性制造系统，改用小批量、差异化的产品生产方式，这使生产过程的复杂程度增加，向传统的成本计算和管理方法提出了严峻的挑战。制造费用的数额和比重大大提高，传统成本计算中以直接人工小时、机器小时等作为制造费用分配标准已经不再合适。

在这种背景下，哈佛大学的库珀和卡普兰两位教授在前人的基础上对作业成本法更加全面深入地分析、研究和完善，使之成为系统化的成本和管理理论，并广泛宣传，使其真正在实践中得以广泛应用。

二、作业成本法的相关概念

作业成本法是以生产产品或者提供劳务所进行的作业作为归集成本的中心，将成本归集到各项作业中，再经由作业将成本分配到产品或者劳务。作业成本法通过对所有作业活动的动态追踪，根据各项作业费用的消耗情况将成本进行合理分配。为了充分地理解作业成本法的含义，需要从以下几个基本概念着手。

(一)作业和作业中心

作业是指企业为了达到其生产经营的目标所进行的与产品相关或对产品有影响的各项

具体活动，或者说某个部门的某一类具体的任务和行为。每种作业都同特定成本的产生直接相关，只要有作业发生，相关的成本也随之产生。例如，机器启动就是一种作业，每发生一次机器启动事件，就会消耗启动成本。

作业中心是由一系列相互联系、能实现某种特定功能的作业组成的集合。一个企业往往有数以百计的作业，如不采用有效的分类方法，企业管理层很容易迷失在数据堆里。通常是把多个相关作业归入一个作业中心，一个作业中心就是生产流程的一个组成部分，企业可以设置若干不同的作业中心。

(二)资源

资源是业务工作中的成本费用来源。一个企业的资源包括直接人工、直接材料、生产维持成本、间接制造费用以及生产过程以外的成本。如装卸作业中，装卸人员的工资及其他人工费支出、装卸设备折旧、维修费、动力费等都是装卸作业的资源费用。与某项作业直接相关的资源应直接计入该作业，如果一项资源用于多种作业，应根据资源动因将其分配计入各项作业中去。

(三)成本动因

作业是由产品引起的，而作业又引起资源的消耗，成本是由隐藏其后的某种推动力引起的。这种隐藏在成本之后的推动力就是成本动因。或者说，成本动因就是引起成本发生的因素。成本动因有以下两种形式。

1. 资源动因

资源动因是指决定一项作业所耗费资源的因素，反映作业量与资源耗费间的因果关系。例如，工资是企业的一种资源，把工资分配到作业“质量检验”的依据是质量检验部门的员工数量，这个员工数量就是资源动因。

2. 作业动因

作业动因是将作业中心的成本分配到产品中的标准，它反映了产品对作业消耗的逻辑关系。例如，把作业“质量检验”的全部成本按产品检验的次数分配到产品，则检验的次数就是作业动因。

资源动因连接着资源和作业，而作业动因连接着作业和产品。把资源分配到作业的动因是资源动因；把作业成本分配到产品的动因是作业动因，如图 10-12 所示。

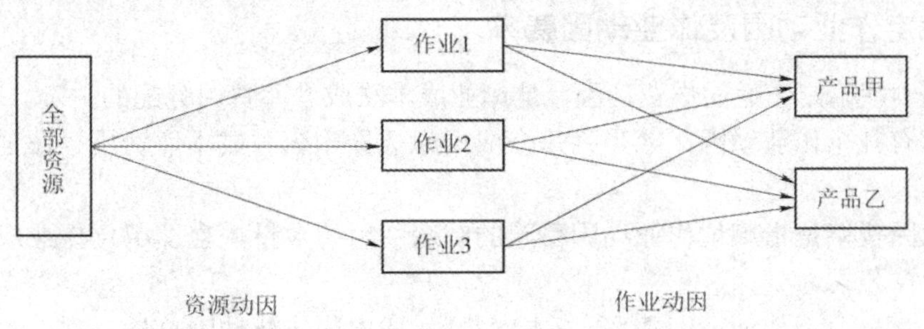

图 10-12　资源动因与作业动因的关系

(四)成本库

成本库是指作业所发生的成本的归集。在传统的成本会计中，以部门进行各类制造费用的归集，而在作业成本法中，每一个作业中心所发生的成本或消耗的资源归集起来作为一个成本库。一个成本库是由同质的成本动因组成的，它对库内同质费用的耗费水平负有责任。

三、作业成本法的计算过程

作业成本法的基本思想是在资源和产品之间引入一个中介——作业，基本原则是作业消耗资源，产品消耗作业；生产导致作业的发生，作业导致成本的发生。因此，在计算产品成本时，它将着眼点从传统的“产品”上转移到“作业”上，以作业为核算对象，首先根据作业对资源的消耗情况将资源的成本分配到作业，再由作业依成本动因追踪到产品成本的形成和积累过程，由此得出最终产品成本。

根据作业成本计算的基本思想，作业成本法的计算过程可归纳为以下几个步骤。

(一)直接成本费用的归集

直接成本包括直接材料、直接人工及其他直接费用，其计算方法与传统的成本计算方法一样。直接材料易于追溯到成本对象上，它计算的正确与否，对于产品成本的高低和成本的正确性有很大的影响。

(二)作业的确认

在企业采用作业成本法核算之前，首先要分析确定构成企业作业链的具体作业，确认主要作业，明确作业中心。这些作业受业务量而不是产出量的影响。作业的确定是作业成本信息系统成功运行的前提条件，作业划分得当，能确保作业成本信息系统的正确度与可操作性。

(三)归集作业消耗的资源费用，形成作业成本库

在确定了企业的作业划分之后，就需要以作业为对象，根据作业消耗资源的情况，选择适当的资源动因，归集各作业发生的各种费用，并把每个作业中心发生的费用集合，形成作业成本库。

(四)确定作业动因及作业动因费率

为各成本库确定合适的作业动因，是作业成本法成本库费用分配的关键。通常情况下，一个成本库有几个作业动因，应当为每个成本库选择一个与成本库费用存在强线性关系的作业动因。

作业动因费率是指单位作业动因引起的制造费用的数量，也即单位作业成本。作业动因费率的计算公式为

$$作业动因费率=成本库费用\div成本库作业动因总量$$

(五)成本库费用的分配

计算出作业动因费率后，根据各产品消耗各成本库的成本动因数量进行成本库费用的分配，将作业成本分配给最终产品。每种产品从各成本库中分配所得的费用之和，即为每种产品的费用分配额。

(六)产品成本的计算

生产产品的总成本，即生产产品所发生的直接成本与制造费用之和：

总成本=直接材料+直接人工+制造费用

四、作业成本法与传统成本法的比较

作业成本法与传统成本法相比，具有如下特点。

1. 以作业为基本的成本计算对象，并将其作为汇总成本的基石

作业成本法与传统成本计算方法最大的不同在于：传统的成本计算采用的是“资源—产品”的一维成本分配观，而作业成本法采用了“资源—作业—产品”的二维成本观。成本归集的对象从以产品为中心转移到以作业为中心上来。

2. 间接费用的归集与分配标准不同

传统成本法对制造费用的分配采用单一的标准，一般以直接人工小时或机器小时来分配所有的制造费用。作业成本法设置多样化作业成本库，并采用多样化成本动因作为成本分配标准，使成本归集明细化，从而提高成本的可归属性。

两种成本计算方法成本分配方式如图 10-13、图 10-14 所示。

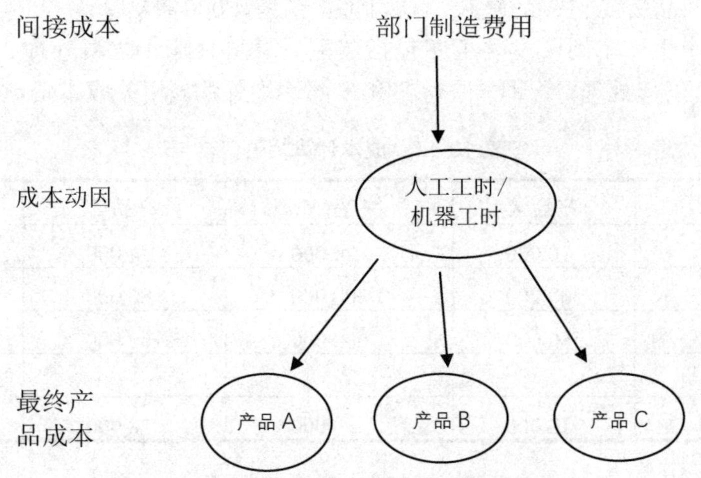

图 10-13　传统成本法成本分配示意图

3. 关注成本发生的前因后果

作业成本计算以作业为联系资源和产品的中介，以多样化成本动因为依据，将资源追踪到作业，将作业成本追踪到产品。以作业成本的核算追踪了产品形成和成本积累的过程，

对成本形成的前因后果进行追本溯源。

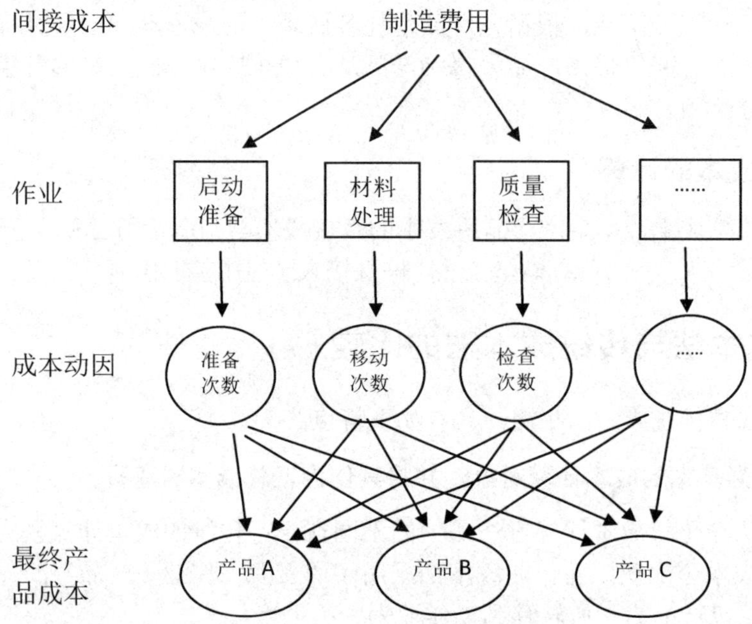

图 10-14　作业成本法成本分配示意图

五、作业成本法应用的案例

【例 10-11】榕辉公司生产三种电器产品，分别是 X，Y，Z。产品 X 是三种产品中工艺最简单的一种，公司每年销售 10 000 件；Y 产品工艺相对复杂一些，公司每年销售 20 000 件，销量最大；产品 Z 工艺最为复杂，公司每年销售 4 000 件。

公司设有一个生产车间，主要工序包括装配、材料采购、物料处理、启动准备、质量控制、产品包装、工程处理、管理。原材料和零部件均外购。相关成本资料如表 10-12 所示。

表 10-12　成本计算相关资料

项　目	产品 X	产品 Y	产品 Z	合　计
产量	10 000	20 000	4 000	
直接材料/元	500 000	1 800 000	80 000	2 380 000
直接人工/元	580 000	1 600 000	160 000	234 000
制造费用/元				3 894 000
直接人工工时	30 000	80 000	8 000	118 000

要求：用传统成本法和作业成本法分别计算产品成本。

1. 按传统成本计算方法计算成本

以直接人工工时为基础分配制造费用，具体数据如表 10-13 所示。 成本计算结果如表 10-14 所示。

表 10-13　传统成本法下制造费用的分配

项　目	产品 X	产品 Y	产品 Z	合　计
直接人工工时	30 000	80 000	8 000	118 000
分配率	3 894 000/118 000=33			
制造费用/元	99 000	2 640 000	264 000	3 894 000

表 10-14　传统成本法下成本计算表

项　目	产品 X	产品 Y	产品 Z
直接材料(元)	500 000	1 800 000	80 000
直接人工(元)	580 000	1 600 000	160 000
制造费用(元)	99 000	2 640 000	264 000
合计	2 070 000	6 040 000	504 000
产量	10 000	20 000	4 000
单位产品成本	207	302	126

以上成本计算结果让人非常困惑，公司按产品成本的 120%设定目标售价，而实际售价与目标售价相差很多，具体数据如表 10-15 所示。

表 10-15　产品定价表

项　目	产品 X	产品 Y	产品 Z
单位产品成本	207	302	126
目标售价/元	248.4	362.4	151.2
实际售价/元	245	320	250

近年来，产品 X 基本按目标售价正常出售，但是市场上与产品 Y 相似的产品售价低到 320 元，远远低于目标售价。如果公司产品也按此价格出售，产品的毛利将无法弥补各项销售管理费用支出。产品 Z 的售价定于 151.2 元时，产品供不应求，超过生产能力。公司将产品 Z 的售价提高到 250 元，即使如此，订单仍然很多，其他公司在产品 Z 的市场上无力与公司竞争。

2. 按作业成本法计算成本

(1) 作业的确认及作业成本库的归集。管理人员经过分析，认定了公司发生的主要作业并将其划分为 8 个作业中心，然后将间接费用归集到各作业中心的作业成本库中(将资源分配计入作业中心的过程省略，这是分配的结果)。具体数据如表 10-16 所示。

(2) 确定作业动因及单位作业成本。管理人员认定各作业成本库的成本动因，如表 10-17 所示。并计算单位作业成本，如表 10-18 所示。

(3) 成本库费用的分配。将各作业成本库的作业成本按单位作业成本分摊到各产品，如表 10-19 所示。

(4) 产品成本的计算。经过重新计算，管理人员得到的产品成本资料如表 10-20 所示。

表 10-16　作业中心作业成本

作业中心	作业成本/元
装配	1 212 600
材料采购	200 000
物料处理	600 000
启动准备	3 000
质量控制	421 000
产品包装	250 000
工程处理	700 000
管理	507 400
合计	3 894 000

表 10-17　作业成本的成本动因

作业中心	成本动因	作 业 量			
		产品 X	产品 Y	产品 Z	合　计
装配	检验小时/时	10 000	25 000	8 000	43 000
材料采购	订单数量/张	1 200	4 800	14 000	20 000
物料处理	材料移动/次	700	3 000	6 300	10 000
启动准备	准备次数/次	1 000	4 000	10 000	15 000
质量控制	检验小时/时	4 000	8 000	8 000	20 000
产品包装	包装次数/次	400	3 000	6 600	10 000
工程处理	工程处理时间/时	10 000	18 000	12 000	40 000
管理	直接人工/时	30 000	80 000	8 000	118 000

表 10-18　单位作业成本

作业中心	成本动因	作业成本	年作业量/件	单位作业成本/元
装配	检验小时/时	1 212 600	43 000	28.2
材料采购	订单数量/张	200 000	20 000	10
物料处理	材料移动/次	600 000	10 000	60
启动准备	准备次数/次	3 000	15 000	0.2
质量控制	检验小时/时	421 000	20 000	21.05
产品包装	包装次数/次	250 000	10 000	25
工程处理	工程处理时间/时	700 000	40 000	17.5
管理	直接人工/时	507 400	11 8000	4.3

表 10-19　作业成本法下制造费用分配表

作业中心	单位作业成本/元	产品 X		产品 Y		产品 Z	
		作业量	作业成本	作业量	作业成本	作业量	作业成本
装配	28.2	10 000	282 000	25 000	705 000	8 000	225 600
材料采购	10	1 200	12 000	4 800	48 000	14 000	140 000
物料处理	60	700	42 000	3 000	180 000	6 300	378 000
启动准备	0.2	1 000	200	4 000	800	10 000	2 000
质量控制	21.05	4 000	84 200	8 000	168 400	8 000	168 400
产品包装	25	400	10 000	3 000	75 000	6 600	165 000
工程处理	17.5	10 000	175 000	18 000	315 000	12 000	210 000
管理	4.3	30 000	129 000	80 000	344 000	8 000	34 400
合计			734 400		1 836 200		1 323 400

表 10-20　作业成本法下单位成本计算表

项　目	产品 X	产品 Y	产品 Z
直接材料/元	500 000	1 800 000	80 000
直接人工/元	580 000	1 600 000	160 000
制造费用/元	734 400	1 836 200	1 323 400
合计	1 814 400	5 236 200	1 563 400
产量	10 000	20 000	4 000
单位产品成本	181.44	261.81	390.85

产品 X 和产品 Y 在作业成本法下的产品成本低于传统成本计算法下的产品成本。这为公司目前在产品 Y 方面遇到的困境提供了很好的解释。产品 Y 的目标售价应该是 314.17 元(261.81×120%)，公司原定的 362.4 元的目标售价是不合理的，现有的 320 元的实际售价与目标售价基本吻合。产品 X 的实际售价 245 元高于重新确定的目标售价 217.73(181.44×120%)元，是高盈利的产品。产品 Z 在传统成本法下的成本显然被严重低估了，导致实际售价 250 元低于作业成本法计算得到的产品成本 390. 85 元。如果售价不能提高或产品成本不能降低，公司应考虑放弃生产产品 Z。

通过上面的对比，我们也可以看出来，在传统的成本法下，往往会高估标准化大批量生产的产品的成本，相反的，小批量顾客化产品或服务的成本往往会被低估。

六、作业成本法的评价

(一)作业成本法的优势

1. 能够提供更加准确的成本信息

传统成本计算法的制造费用计算较笼统，当产品成本中制造费用比重较大时，成本信息准确性较差。而作业成本法设置多样化作业成本库，采用多样化成本动因作为成本分配标准，使成本归集明细化，减少了成本分配对于产品成本的扭曲。拓宽了成本计算的范围，不仅提供了产品成本，而且提供了作业成本、动因成本信息，为成本控制和相关决策提供了有价值资料。有助于企业提高产品定价、作业与流程改进、客户服务等决策的准确性。

2. 有助于加强成本控制

作业成本法提供了了解产品作业过程的途径，使管理人员知道成本是如何产生的。引导管理人员将注意力集中在成本发生的原因及成本动因上，而不仅仅是关注成本计算结果本身。通过对作业成本的计算和有效控制，从成本动因上改进成本控制，包括改进产品设计和生产流程，消除非增值作业、提高增值作业的效率等，有助于持续降低成本。所以，作业成本法不仅仅是一种成本计算方法，更是一种成本控制和企业管理手段。

3. 利于企业绩效考核，推进生产管理

作业成本法下，以作业作为责任和控制中心，促进成本分配的精细化，可以较好地克服传统制造成本法中间接费用责任不清的缺点，能准确评价个人或作业中心的责任履行情况，有助于成本的管理和控制。管理者自始至终对所有作业进行分析与修正，利用作业成本法提供的动态信息，将企业管理深入作业链，通过优化作业链和控制作业消耗的资源，降低作业成本。比传统的以“产品”作为企业管理的核心在层次上大大深化了。

(二)作业成本法的不足

1. 作业中心的划分有一定难度

作业成本存在着一定的主观判断成分，它在确定作业中心、资源动因和作业动因过程中，都需要一定程度的主观判断，与成本动因无直接相关的制造费用还要选择一定的标准分配计入各作业中心，在一定程度上影响了作业成本法的准确性。

2. 增加了成本计算的工作量，加大了核算成本

作业成本法需要对大量的作业进行分析、确认与计量，增加成本动因的确定、作业成本库的选择和作业成本分配等额外的工作，因此实施的成本较高。

3. 未获得我国会计准则和制度的认可

将作业成本信息用于财务披露和税收依据上还存在法律障碍，不能用于财务会计成本核算，只能用于企业内部管理会计。

4. 作业成本法的运用必须有一定的适用环境

作业成本法并非适用于各种类型的企业，它必须考虑企业技术条件和成本结构。对于采取多品种、小批量方式生产及间接成本比重大的技术密集型企业运用效果比较好。而大批量生产，直接成本所占比重大的劳动密集型企业适用传统成本计算法。

总之，作为一种现代成本计算方法和成本管理思想，作业成本法还是具有较为广泛的应用前景，经过不断的实践探索，必定会成为企业成本管理的利器，为企业管理者进行成本管理和战略决策提供有力的支持。

案例解析

成本差异分析应从直接材料成本差异、直接人工成本差异、变动制造费用差异、固定制造费用差异四个方面进行分析。其中直接材料成本差异包括价格差异和用量差异；直接人工成本差异包括效率差异和工资率差异；变动制造费用差异包括效率差异和分配率差异；固定制造费用差异应包括预算差异、能力差异和效率差异。在计算出各项成本差异额后，进一步分析差异发生的原因，落实责任，改进管理措施。光明印刷厂成本差异主要是纸张材料成本造成的。

光明印刷厂纸张材料成本差异=实际产量材料实际成本−实际产量材料标准成本

=5 000×120×0.6−5 000×100×0.5=110 000(元)

其中：纸张用量差异=(5 000×120−5 000×100)×0.5=50 000(元)

纸张价格差异=(0.6−0.5)×120×5 000=60 000(元)

纸张材料成本超出计划 11 万元，是由纸张用量超支 5 万元和纸张价格超支 6 万元共同造成的。价格差异主要由采购部门负责。纸张消耗量增加可能由于工人操作失误，也可能由于采购的纸张质量太差导致损耗增加。

项 目 小 结

本项目介绍了成本管理控制方法，包括变动成本法、标准成本法和作业成本法。

变动成本法是指在计算产品成本时，将成本分为变动成本和固定成本，产品成本只包括变动生产成本，而把固定制造费用及非生产成本作为期间成本处理的产品成本计算方法。变动成本法与全部成本法在产品成本构成、销货成本与存货计价、各期损益的计算方面有很大不同。变动成本法利于科学的成本分析和成本控制，为企业内部管理提供重要的信息，有利于企业改善管理。

标准成本法是指通过制定标准成本、将实际成本与标准成本进行比较获得成本差异，并对成本差异进行因素分析，据以加强成本控制的一种控制系统。标准成本制度的主要内容包括标准成本的制定、成本差异的计算和分析、成本差异的账务处理等。其中直接材料成本差异包括价格差异和用量差异；直接人工成本差异包括效率差异和工资率差异；变动制造费用差异包括效率差异和分配率差异；固定制造费用差异应包括预算差异、能力差异和效率差异。

作业成本法是以生产产品所进行的作业作为归集成本的中心，将成本归集到作业中，再经由作业将成本分配到产品的成本计算方法。它在资源和产品之间引入一个中介——作业。其基本原理可以归纳为“作业消耗资源，产品消耗作业”，生产导致作业的发生，作业导致成本的发生。作业成本计算步骤是：首先确认作业和作业中心，按同质作业设置作业成本库，以资源动因为起点，将间接费用分配到作业成本库。之后再以作业动因为基础，将作业成本库的成本分配到最终产品。作业成本法使成本信息更加准确，利于企业的成本控制和生产管理，便于企业绩效考核，但实施有一定难度，也增加了成本计算的工作量。

项目强化训练

一、单项选择题

1. 某产品本期按完全成本法计算的本期单位产品成本是16元，本期产量500件，销售量400件，固定生产成本是2 000元，则按变动成本法计算的本期单位产品成本为(　　)元。

A. 12　　B. 14　　C. 16　　D. 18

2. 在下列各项中，不能构成变动成本法下产品成本内容的是(　　)。

A. 直接材料　　B. 直接人工　　C. 变动制造费用　　D. 固定制造费用

3. 用变动成本法计算产品成本时，对固定制造费用的处理是(　　)。

A. 不将其作为费用

B. 将其作为期间费用，全额列入利润表

C. 将其作为期间费用，部分列入利润表

D. 在每单位产品间分摊

4. 在相同成本原始资料条件下，变动成本法计算的单位产品成本比完全成本法计算的单位产品成本(　　)。

A. 大　　B. 小　　C. 相同　　D. 无法确定

5. 本期产量为1 000件，销售量为900件，本期的固定成本为8 000元，单位变动生产成本10元，则在完全成本法下，期末存货吸收的固定生产成本为(　　)元。

A. 4 000　　B. 2 000　　C. 1 000　　D. 800

6. 在两差异法下，固定制造费用的差异可以分解为(　　)。

A. 价格差异和产量差异　　B. 预算差异和效率差异

C. 能量差异和效率差异　　D. 预算差异和能量差异

7. 本月生产甲产品800件，实际耗用A材料3 200公斤，其实际价格为每公斤40元。该产品A材料的用量标准为3公斤，标准价格为45元，其直接材料用量差异为(　　)元。

A. 36 000　　B. 32 000　　C. 20 000　　D. -16 000

8. 直接人工小时工资率差异属于(　　)。

A. 用量差异　　B. 价格差异　　C. 能力差异　　D. 效率差异

9. 作业成本计算法把企业看成为最终满足顾客需求而设计的一系列(　　)的集合。

A. 契约　　B. 作业　　C. 产品　　D. 生产线

10. 下列各项中，能够反映作业量与资源消耗之间因果关系的是(　　)。

A. 资源动因　　B. 作业动因　　C. 产品动因　　D. 成本动因

二、多项选择题

1. 在相关范围内保持不变的有(　　)。

A. 变动成本总额　　B. 单位变动成本

C. 固定成本总额　　D. 单位固定成本

2. 成本性态分析最终将全部成本区分为(　　)。

A. 固定成本　　B. 变动成本　　C. 混合成本　　D. 半变动成本

3. 变动成本法的优点包括(　　)。

A. 为企业规划未来提供有用的会计信息，有助于企业的经营决策

B. 促进企业重视市场和销售，防止盲目生产

C. 利于分清责任，进行有效成本控制和业绩评价

D. 简化成本计算，避免核算过程的主观臆断

4. 完全成本法下和变动成本法下计算营业净利润的关系是(　　)。

A. 可能大于　　B. 可能小于　　C. 可能等于　　D. 无规律可循

5. 变动成本法下，产品成本包括(　　)。

A. 变动销售管理费用　　B. 变动制造费用

C. 直接材料　　D. 直接人工

6. 标准成本的种类有(　　)。

A. 现实标准成本　　B. 预定标准成本

C. 正常标准成本　　D. 理想标准成本

7. 下列各项中，属于标准成本控制系统构成内容的有(　　)。

A. 标准成本的制定　　B. 成本差异的计算与分析

C. 成本差异的账务处理　　D. 成本差异的分配

8. 下列有关作业成本法表述正确的有(　　)。

A. 对于直接费用的确认和分配，作业成本法与传统的成本计算方法一样，但对于间接费用的分配，则与传统的成本计算方法不同

B. 在作业成本法下，成本分配是从资源到成本对象，再从成本对象到作业

C. 在作业成本法下，间接费用分配的对象不再是产品，而是作业

D. 作业成本法下，对于不同的作业中心，间接费用的分配标准不同

9. 下列有关成本动因表述正确的是(　　)。

A. 资源动因反映作业量与耗费之间的因果关系

B. 资源动因反映产品产量与作业成本之间的因果关系

C. 作业动因反映作业量与耗费之间的因果关系

D. 作业动因反映产品产量与作业成本之间的因果关系

10. 下列各项中，可以作为作业成本计算理论依据的是(　　)。

A. 产品消耗作业　　B. 作业消耗资源

C. 间接费用的降低　　D. 直接人工成本的增加

三、判断题

1. 固定成本的特征之一是在相关范围内，其成本总额不受产量增减变动的影响。(　　)

2. 变动成本的特征之一是在相关范围内，其成本总额随产量正比例变动。(　　)

3. 变动成本法充分反映了营业净利润直接与销售量挂钩，营业净利润的变动趋势直接与销售量的变动趋势相联系这一规律。(　　)

4. 理想标准成本考虑了生产过程中不可避免的损失、故障和偏差，属于企业经过努力

可以达到的成本标准。（　）

5. 变动成本法和完全成本法计入利润表的期间费用，虽然形式上不同，但数量上相同。（　）

6. 计算价格差异要以实际用量为基础，计算用量差异要以标准价格为基础。（　）

7. 在作业成本法下，成本动因是成本发生的诱因，是成本分配的依据。（　）

8. 传统成本系统采用单一的分配标准，因此成本的产生过程过分简单化。（　）

9. 作业成本计算法与传统成本计算法的主要区别是间接费用的分配方法不同。（　）

10. 与传统成本计算方法相比，作业成本法可以提供更合理的成本信息。（　）

四、思考题

1. 变动成本和固定成本各有什么特点？
2. 什么是变动成本法？有什么优缺点？
3. 变动成本法和全部成本法有哪些不同之处？
4. 什么是标准成本？标准成本有哪些类型？
5. 如何计算分析成本差异？
6. 什么是作业成本法？与传统成本法相比，其突出特点是什么？
7. 什么是成本动因？具体包括哪两种？
8. 以作业成本法计算成本的具体步骤有哪些？

五、业务题

1. 已知某企业本期有关成本资料如下：单位直接材料成本为 10 元，单位直接人工成本为 5 元，单位变动性制造费用为 7 元，固定性制造费用总额为 4 000 元，单位变动性销售管理费用为 4 元，固定性销售管理费用为 1 000 元。期初存货量为零，本期产量为 1 000 件，销量为 600 件，单位售价为 40 元。

要求：分别按变动成本法和全部成本法的有关公式计算下列指标。

(1) 单位产品成本。

(2) 期间成本。

(3) 销货成本。

(4) 营业利润(编制营业利润表)。

2. 某厂只生产一种产品，第一、二年的产量分别为 30 000 件和 24 000 件，销量分别为 20 000 件和 30 000 件；存货计价采用先进先出法。销售单价为 15 元/件，单位变动生产成本为 5 元/件；每年固定制造费用的发生额为 180 000 元。销售及管理费用都是固定性的，每年发生额为 25 000 元。

要求：分别采用变动成本法和全部成本法计算方法确定第一、二年的税前利润(编制营业利润表)。

3. 某健身器材厂本月制造 I 型哑铃 2 000 件，其成本资料如下。

直接材料：铸铁的标准用量为 12 千克/件，铸铁的标准价格为 6 元/千克。实际耗用铸铁 24 400 千克，实际价格为 5 元/千克。

人工成本：标准人工小时是 15 小时/件，标准工资率为 12 元/时。实际耗用人工 28 000

小时，平均工资为 13 元/时，实际工资总额为 364 000 元。

要求：计算直接材料和直接人工的成本差异。

4. 冷气场制造冷气机，本月共生产 100 台冷气机，实际耗用工时为 50 000 小时，平均每台冷气机耗用工时 500 小时，实际发生变动性制造费用 20 000 元，平均每工时 0.40 元。假设标准分配率为 0.36 元，单位冷气机耗用标准工时为 480 小时。

要求：计算变动性制造费用耗费差异及变动性制造费用的效率差异。

5. 南海公司主要生产制造普通机箱和超薄机箱，本月月末产品全部完工。本月生产成本资料如表 10-21 所示。

表 10-21　生产成本资料

项　目	普通机箱	超薄机箱
产量/个	82 00	100
直接材料/元	55	50
直接人工/元	90	95
单位产品工时/小时	2	3
制造费用总额/元	395 800	

其中，制造费用资料如表 10-22 所示。

表 10-22　制造费用资料

作　业	成本动因	作业成本/元	作业量		
			普通机箱	超薄机箱	合　计
机械调试	调试次数	16 000	6 次	10 次	16 次
生产订单	订单数	62 000	10 份	15 份	25 份
机器检修	工时数	233 800	16 400 小时	300 小时	16 700 小时
质量检验	检验次数	84 000	20 次	30 次	50 次
合计		395 800			

要求：用作业成本法计算普通机箱和超薄机箱的单位成本。

微课视频

扫一扫，获取本项目相关微课视频。

变动成本法(1)

变动成本法(2)

标准成本法(1)

标准成本法(2)

作业成本法

项目十一

Excel 在成本核算中的应用

【知识目标】

- 熟悉固定资产的含义。
- 掌握生产成本费用的构成。
- 掌握工资核算。

【技能目标】

- 能够建立固定资产清单。
- 掌握计提固定资产折旧及其函数。
- 掌握 SUMIF 函数的使用。
- 掌握 IF 函数的使用。

【素养目标】

- 培养融会贯通能力。
- 培养大数据思维意识、大数据应用能力。
- 培养数据分析、成本管理能力。

案例引导

小芳在一个中小型企业从事会计工作，平时接触的会计数据很多，数据统计的计算量比较大，请问小芳能否使用数据管理软件来完成各种基础数据的计算呢？

理论认知

任务一　Excel 在固定资产管理中的应用

一、固定资产的相关知识

固定资产是指企业为生产产品、提供劳务、出租或经营管理而拥有或控制的，使用期限超过 12 个月，价值达到一定标准的非货币性资产，包括建筑物、机器、机械及其他与生产经营活动有关的设备、工具等。

固定资产在使用过程中，其价值以折旧形式逐步转移到产品或服务中。折旧费用是企业成本费用的重要构成，因此对固定资产计提折旧中采用特定的折旧方法是财务人员的一项重要工作。

【例 11-1】天怡制造有限公司(以下简称“天怡制造”)利用 Excel 管理公司的固定资产，需要创建固定资产清单、建立固定资产卡片、计提固定资产折旧等日常财务工作。该公司目前与固定资产相关的初始数据如表 11-1 所示。

表 11-1　天怡制造现有固定资产一览表

资产编号	资产类别	资产名称	增加方式	使用部门	开始使用日期	预计使用年限	原值	净残值率	累计折旧
GD001	房屋及建筑物	办公楼	在建工程转入	企管部	2016/2/1	40	2 000 000	10%	
GD002	运输设备	红旗轿车	直接购入	企管部	2018/7/10	15	320 000	8%	
GD003	电子设备	电脑	直接购入	财务部	2018/5/9	5	8 000	4%	
GD004	电子设备	HP 服务器	直接购入	企管部	2017/12/3	8	25 000	4%	
GD005	机械设备	机床	直接购入	生产部	2010/12/1	30	86 000	8%	

1. 需求分析

以天怡制造企业中各项固定资产数据为基础，记录固定资产增减变动情况。

2. 需求设计

Excel 固定资产管理包括建立固定资产卡片、固定资产信息管理、折旧计算和相关数据的查询等功能。

固定资产管理文件中设置以下三类表格。

(1) 固定资产卡片。每项固定资产对应填制一张固定资产卡片，用于存放该固定资产所有相关信息。

(2) 固定资产清单。以列表形式展示企业全部固定资产的基本情况(见表 11-1)。

(3) 固定资产分析表。根据固定资产清单，可以生成固定资产折旧分配表、固定资产类别统计表等。

3. 操作步骤

(1) 新建 Excel 工作簿文件。

(2) 在工作簿文件中，增加两张工作表，并将两张工作表分别命名为“固定资产清单”和“卡片模板”。

(3) 将文件命名为“固定资产管理”。

二、固定资产折旧及其函数

企业在用的固定资产(包括经营用固定资产、非经营用固定资产、出租固定资产)一般均应计提折旧，企业一般应按月提取折旧，当月增加的固定资产，当月不提折旧；当月减少的固定资产，当月计提折旧。

固定资产折旧方法可分为直线折旧法和加速折旧法两大类。其中，直线折旧法又包括平均年限法和工作量法，加速折旧法又包括年数总和法和双倍余额递减法等。手工计算固定资产的折旧金额过程非常烦琐，但是利用 Excel 中提供的函数就可以自动生成固定资产折旧金额。以主要介绍平均年限法、年数总和法和双倍余额递减法。

(一)平均年限法

平均年限法也称“直线法”，是指按固定资产的使用年限平均计提折旧的一种方法。它是最简单、最普遍的折旧方法。

平均年限法需要用到的函数是 SLN 函数，其类型、功能及语法具体如下。

(1) 类型：财务函数。

(2) 功能：返回指定固定资产使用“直线折旧法”计算的每期折旧金额。

(3) 语法：SLN(cost, salvage, life)，cost 是指固定资产的初始购置成本；salvage 是指固定资产的残值(预计残值)；life 是指固定资产的使用年限。

(二)年数总和法

年数总和法是一种用固定资产原值减去预计净残值后的净额乘以一个逐年递减的分数计算固定资产折旧额的方法。

年数总和法需要用到的函数是 SYD 函数，其类型、功能及语法具体如下。

(1) 类型：财务函数。

(2) 功能：返回指定固定资产在某段日期内按年数总和法计算的每期折旧金额。

(3) 语法：SYD(cost, salvage, life, per)，cost 是指固定资产的初始购置成本；salvage 是指固定资产的残值(预计残值)；life 是指固定资产的使用年限；per 是指需要计算的某段日期，per 必须与 life 自变量采用相同的衡量单位。

(三)双倍余额递减法

双倍余额递减法是用平均年限法折旧率的两倍作为固定的折旧率乘以逐年递减的固定资产期初净值，得出各年应提折旧额的方法。《中华人民共和国会计法》要求，使用双倍余额递减法时，在固定资产使用年限的最后两年改用平均年限法，即将倒数第二年年初的固定资产账面净值扣除预计净残值后的余额在这两年平均分摊。

双倍余额递减法需要用到的函数有 DDB 函数和 VDB 函数，其类型、功能及语法具体如下。

1. DDB 函数

(1) 类型：财务函数。

(2) 功能：返回指定固定资产在指定日期内按双倍余额递减法或其他指定方法计算所得的折旧值。

(3) 语法：DDB(cost, salvage, life, period, factor)。cost 是指固定资产的初始购置成本；salvage 是指固定资产的残值(预计残值)；life 是指固定资产的使用年限；period 是指需要计算折旧的日期，在使用时 period 必须与 life 使用相同的衡量单位；factor 用来指定余额递减的速率，如果该参数被省略，其假定值是 2(即采用双倍余额递减法)。

2. VDB 函数

(1) 类型：财务函数。

(2) 功能：返回指定固定资产在某一时段间的折旧数总额，折旧方式是使用倍率递减法计算的。

(3) 语法：VDB(cost, salvage, life, start-period, end-period, factor, no-switch)。cost 是指固定资产的初始购置成本。salvage 是指固定资产的残值(预计残值)。life 是指固定资产的使用年限。start-period、end-period 分别为要计算折旧的起始期间，如果要计算第 n 期的折旧，应该将这两个参数分别设置为 $n-1$ 和 n；如果要计算截至第 n 期的累计折旧，应该将这两个参数分别设置为 0 和 n。factor 用来指定余额递减的速率，如果该参数被省略，其假定值是 2(即采用双倍余额递减法)，no-switch 为 FALSE 或默认时，当使用双倍率余额递减法计算的折旧小于平均年限法计算的折旧时，函数会转换为以平均年限法计算剩余期间的折旧额；为 TRUE 时，即使双倍余额递减法计算的折旧已小于平均年限法计算的折旧，函数仍按双倍余额递减法计算折旧。

【例 11-2】某企业购置的 HP 服务器原值为 1 000 000 元，估计残值为 50 000 元，预计使用年限为 10 年，要求分别用以上几种函数计提折旧。如图 11-1 所示。

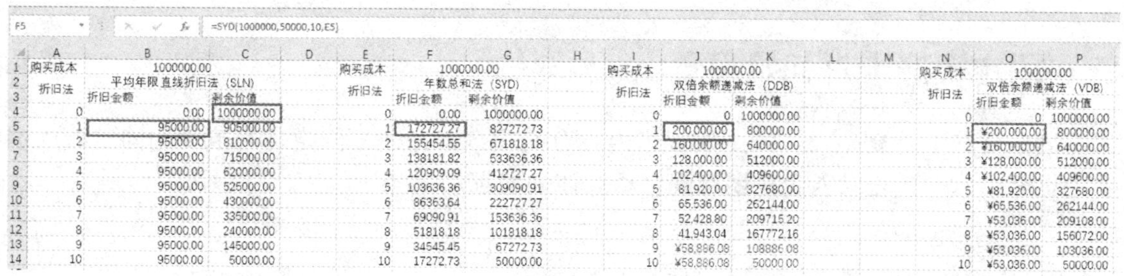

F5 | =SYD(1000000,50000,10,E5)

	A	B	C	E	F	G	I	J	K	N	O	P
1	购买成本	1000000.00		购买成本	1000000.00		购买成本	1000000.00		购买成本	1000000.00	
2	折旧法	平均年限直线折旧法（SLN）		折旧法	年数总和法（SYD）		折旧法	双倍余额递减法（DDB）		折旧法	双倍余额递减法（VDB）	
3		折旧金额	剩余价值		折旧金额	剩余价值		折旧金额	剩余价值		折旧金额	剩余价值
4	0	0.00	1000000.00	0	0.00	1000000.00	0	0	1000000.00	0	0	1000000.00
5	1	95000.00	905000.00	1	172727.27	827272.73	1	200,000.00	800000.00	1	¥200,000.00	800000.00
6	2	95000.00	810000.00	2	155454.55	671818.18	2	160,000.00	640000.00	2	¥160,000.00	640000.00
7	3	95000.00	715000.00	3	138181.82	533636.36	3	128,000.00	512000.00	3	¥128,000.00	512000.00
8	4	95000.00	620000.00	4	120909.09	412727.27	4	102,400.00	409600.00	4	¥102,400.00	409600.00
9	5	95000.00	525000.00	5	103636.36	309090.91	5	81,920.00	327680.00	5	¥81,920.00	327680.00
10	6	95000.00	430000.00	6	86363.64	222727.27	6	65,536.00	262144.00	6	¥65,536.00	262144.00
11	7	95000.00	335000.00	7	69090.91	153636.36	7	52,428.80	209715.20	7	¥53,036.00	209108.00
12	8	95000.00	240000.00	8	51818.18	101818.18	8	41,943.04	167772.16	8	¥53,036.00	156072.00
13	9	95000.00	145000.00	9	34545.45	67272.73	9	¥58,886.08	108886.08	9	¥53,036.00	103036.00
14	10	95000.00	50000.00	10	17272.73	50000.00	10	¥58,886.08	50000.00	10	¥53,036.00	50000.00

图 11-1　函数计提折旧

(1) 在平均年限折旧法中，C4=$B$1-SUM($B$4:B4); B5=SLN(1000000,50000,10),其余单元格利用填充柄往下填充，如图 11-2 所示。

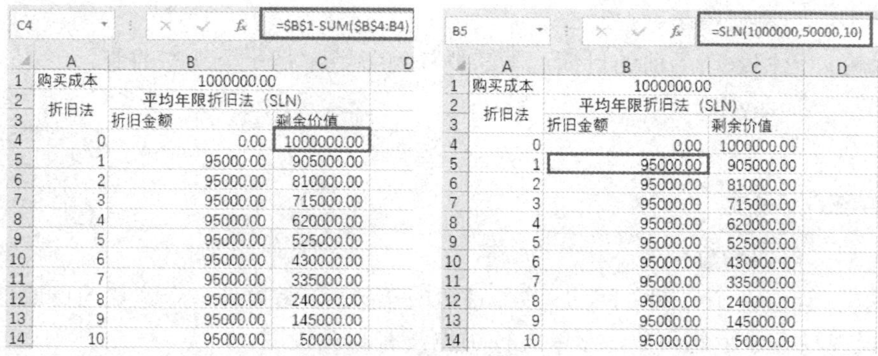

C4 | =$B$1-SUM($B$4:B4)

	A	B	C
1	购买成本	1000000.00	
2	折旧法	平均年限折旧法（SLN）	
3		折旧金额	剩余价值
4	0	0.00	1000000.00
5	1	95000.00	905000.00
6	2	95000.00	810000.00
7	3	95000.00	715000.00
8	4	95000.00	620000.00
9	5	95000.00	525000.00
10	6	95000.00	430000.00
11	7	95000.00	335000.00
12	8	95000.00	240000.00
13	9	95000.00	145000.00
14	10	95000.00	50000.00

B5 | =SLN(1000000,50000,10)

	A	B	C
1	购买成本	1000000.00	
2	折旧法	平均年限折旧法（SLN）	
3		折旧金额	剩余价值
4	0	0.00	1000000.00
5	1	95000.00	905000.00
6	2	95000.00	810000.00
7	3	95000.00	715000.00
8	4	95000.00	620000.00
9	5	95000.00	525000.00
10	6	95000.00	430000.00
11	7	95000.00	335000.00
12	8	95000.00	240000.00
13	9	95000.00	145000.00
14	10	95000.00	50000.00

图 11-2　直线折旧法计提折旧

(2) 在年数总和法中，G4=$F$1-SUM($F$4:F4)；F5=SYD(1000000,50000,10,E5)。

(3) 在双倍余额递减法中，K4=$J$1-SUM($J$4:J4)，J5=DDB(1000000,50000,10,I5)，根据《中华人民共和国会计法》的规定，使用双倍余额递减法应在其折旧年限到期前两年，将固定资产净值扣除预计净残值后的余额平均分摊，因此 J9=SLN($K$12,50000,2)，J10 与 J9 一致。

(4) 在倍率递减折旧法中，O4=$N$1-SUM($N$4:N4)，N5=VDB(1000000,50000,10,M4,M5)。结果如图 11-1 所示。

【例 11-3】某公司有一台设备，其原值为 20 万元，预计使用 8 年，预计净残值为 1 500，用双倍余额递减法计算折旧，问第 1 个月的折旧额是多少，第 1 年的折旧额是多少？第 6 个月至第 18 个月之间的折旧额又是多少？如图 11-3 所示。

E1 | =VDB(B1,B2,B3*12,0,1)

	A	B	C	D	E
1	固定资产原值（元）	200000		第 1 个月的折旧额	¥4,166.67
2	预计净残值（元）	1500		第 1 年的折旧额	¥50,000.00
3	使用寿命（年）	8		第 6 至 18 个月的折旧额	¥39,352.06

图 11-3　折旧额

第 1 个月的折旧额 E1=VDB(B1,B2,B3*12,0,1)，第 1 年的折旧额 E2 =VDB(B1,B2,B3,0,1)，第 6 至 18 个月的折旧额 E3 =VDB(B1,B2,B3*12,6,18)。

三、固定资产卡片初始设置

固定资产卡片初始设置的主要工作内容有两项：一是建立固定资产卡片和固定资产清单的框架结构；二是录入企业现有固定资产详细信息。

(一)基础知识

在实际应用中，日期和时间函数主要用于计算星期、工龄、年龄、账龄及某个时间段的数据汇总等。

1. 日期函数 Today

(1) 类型：日期财务函数。

(2) 功能：返回系统当前的日期，不需要任何参数，是一个动态的值。

(3) 语法：Today()。

(4) 参数说明：无参数。

2. DATEDIF 函数

(1) 类型：日期函数。

(2) 功能：计算两个日期之间的天数、月数或年数。该函数是一个隐藏的日期函数，Excel 的函数列表中没有显示此函数，帮助文件中也没有相关说明。

(3) 语法：DATEDIF(start_date, end_date, uint)。start_date 是指开始日期；end_date 是指结束日期；uint 是指要返回的数据类型。

不同的第三参数的函数返回结果如表 11-2 所示。

表 11-2 不同的第三参数

第三参数	函数返回结果
“Y”	时间段中的整年数
“M”	时间段中的整月数
“D”	时间段中的整天数
“MD”	日期中天数的差，忽略日期中的月和年
“YM”	日期中月数的差，忽略日期中的日和年
“YD”	日期中天数的差，忽略日期中的年

【例 11-4】假定工龄工资标准为每满 1 年 80 元，在 F2 单元格中输入公式=DATEDIF (E2，"2023-8-31"，"Y")*80，即可算出员工的工龄工资，如图 11-4 所示。

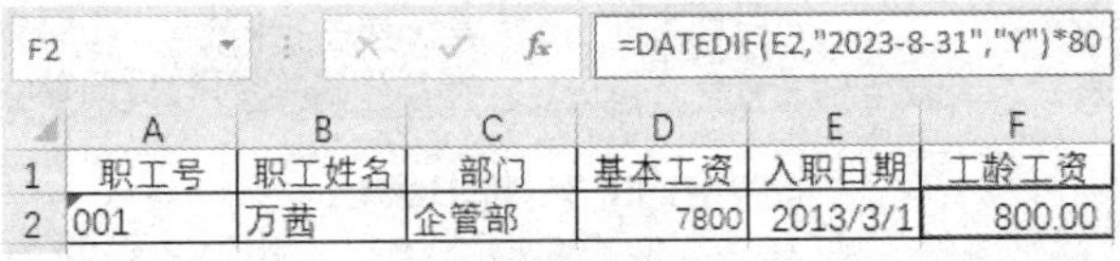

F2 =DATEDIF(E2,"2023-8-31","Y")*80

	A	B	C	D	E	F
1	职工号	职工姓名	部门	基本工资	入职日期	工龄工资
2	001	万茜	企管部	7800	2013/3/1	800.00

图 11-4 员工的工龄工资

(二)设置固定资产卡片

1. 设置固定资产卡片模板

(1) 设置固定资产卡片模板，录入固定资产卡片中的基本项目，其中，固定类别名称、增加方式、使用部门、减少方式、使用状况都可从“数据”选项卡下“数据验证”命令中设置，设置允许从序列下拉列表中选择(当然，原始的初始数据表 11-1 应先设置好数据验证)，如图 11-5 所示。

	A	B	C	D	E	F
1	固定资产卡片					
2	固定资产编号		固定资产名称		录入日期	
3	规格型号		类别名称		存放地点	
4	增加方式		使用部门		减少方式	
5	使用状况		使用年限		折旧方法	
6	开始使用日期		已计提月份		尚可使用月份	
7	原值		净残值率		净残值	
8	累计折旧		净值		增值税	
9	固定资产变动记录					
10	变动日期	变动类别	变动原因	变动事项		
11						
12						

图 11-5　固定资产卡片模板

(2) 设置折旧方法。单击 F5 单元格，输入“直线法”。

(3) 设置开始使用日期。单击 B6 单元格，输入设备开始使用日期(日期型数据)。

(4) 设置已计提月份(不含当月)。在 D6 单元格输入“=DATEDIF(B6,"2023-8-10","m")”，计算计提月份。

(5) 设置尚可使用月份。在 F6 单元格输入“=$D$5*12-$D$6”。即尚可使用月份=预计使用年限×12−已计提月份。

(6) 设置净残值。在 F7 单元格输入“=$B$7*$D$7”。

(7) 设置累计折旧。在 B8 单元格输入“=IF(D6<=0,0,SLN(B7,F7,D5)/12*D6)”。已计提月份小于等于 0，则意味着是新增资产，新增资产无累计折旧，否则累计折旧等于年折旧额除以 12 个月再乘以已计提月份数。

(8) 设置净值。在 D8 单元格输入“=B7-B8”，即净值=原值−累计折旧。

2. 录入原始卡片

(1) 复制“卡片模板”工作表，并将其重命名为“GD001”。

(2) 在“GD001”工作表中输入表 11-1 中 GD001 号固定资产各基本项目。录入日期为“2023-8-1”，所有计算项目均能自动计算。

以固定资产 GD003 电脑为例，卡片录入完成后如图 11-6 所示。

	A	B	C	D	E	F
1	固定资产卡片					
2	固定资产编号	GD003	固定资产名称	电脑	录入日期	2023-08-01
3	规格型号		类别名称	电子设备	存放地点	
4	增加方式	直接购入	使用部门	财务部	减少方式	
5	使用状况	使用中	使用年限	5.00	折旧方法	直线法
6	开始使用日期	2018-05-09	已计提月份	58.00	尚可使用月份	2.00
7	原值	8000	净残值率	4.00%	净残值	320.00
8	累计折旧	7,424.00	净值	576.00	增值税	
9	固定资产变动记录					
10	变动日期	变动类别	变动原因	变动事项		
11						
12						

图 11-6　固定资产 GD003 卡片

任务二　制造车间生产成本计算

生产成本是企业为生产一定种类和数量的产品所发生的各种耗用，可以是一定时期生产产品的单位成本，也可以是生产一定产品而发生的成本总额，一般由直接材料费、直接人工费和其他费用构成。

一、编制生产及完工产品出入库数量工作表

新建一个工作簿，并命名为"生产及完工产品出入库数量"，要求对 1 月各车间的材料出入库数量进行统计。在 sheet1 工作表中输入图 11-7 中的相关数据。

	A	B	C	D	E
1	材料转出及出库表				
2	产品品种	期初在库	入库	出库	期末在库
3	甲	1000	10000	1100	9900
4	乙	3000	20000	3300	19700
5	丙	5600	6000	6000	5600
6	丁	4500	5000	4950	1550
7	合计	14100	41000	15350	36750

图 11-7　生产及完工产品出入库数量

二、编制制造用材料消耗计算表

根据图 11-7 统计该公司 1 月领用的材料消耗数据，如图 11-8 所示，在 sheet2 工作表中先输入基础数据，而数量这一列的数据可以用 VLOOKUP 函数来读取。

	A	B	C	D	E
1	领用材料消耗表				
2	产品品种	所用材料型号	材料单价(元/千克)	数量	金额
3	甲	U12	3.2		
4	乙	U12	3.2		
5	丙	U14	5.4		
6	丁	U14	5.4		
7	合计				

图 11-8　制造用材料消耗

1. VLOOKUP 函数

(1) 类型：查找函数。

(2) 语法：VLOOKUP(lookup value, table array, col index num,[range lookup])。其中，lookup value 表示要查找的值，可以是数值、引用或字符串；table array 表示要查找的区域，可以是对区域或区域名称的引用；col index num 表示满足条件的单元格在数据区域 table array 中的序列号，用数字表示；range lookup 有两个选项，如果选 FALSE 或者输入 0，代表精确匹配，如果选择 TURE 或不填，代表模糊匹配。

在领用材料消耗表中，领用材料数量为入库数量，在 D3 单元格中输入=VLOOKUP(A3,Sheet1!A2:E7,3,0)，即可获得领用甲产品的数量，D4、D5、D6 单元格可利用填充柄的方式填充，如图 11-9 所示。

D3　=VLOOKUP(A3,Sheet1!A2:E7,3,0)

	A	B	C	D	E
1	领用材料消耗表				
2	产品品种	所用材料型号	材料单价(元/千克)	数量	金额
3	甲	U12	3.2	10000.00	
4	乙	U12	3.2	20000.00	
5	丙	U14	5.4	6000.00	
6	丁	U14	5.4	5000.00	
7	合计				

图 11-9　产品的数量引用

在金额列 E3 单元格中输入“=C3*D3”，即可计算出材料领用金额，E4、E5 单元格可利用填充柄的方式填充。结果如图 11-10 所示。

E3　=C3*D3

	A	B	C	D	E
1	领用材料消耗表				
2	产品品种	所用材料型号	材料单价(元/千克)	数量	金额
3	甲	U12	3.2	10000.00	32000.00
4	乙	U12	3.2	20000.00	64000.00
5	丙	U14	5.4	6000.00	32400.00
6	丁	U14	5.4	5000.00	27000.00
7	合计			36000.00	128400.00

图 11-10　产品领用材料的金额

完成了各产品材料消耗的计算，还需要将不同型号的材料进行数量和金额的汇总，从而更好地了解各型号材料的领用情况。这里我们可以用 SUMIF 函数来完成材料汇总数据。

2. SUMIF 函数

(1) 类型：条件求和函数。

(2) 功能：对满足条件的单元格求和。在 range 区域找到与 criteria 匹配的单元，然后对 sum_range 区域中与此单元格对应的单元格进行求和。

(3) 语法：SUMIF(range，criteria, sum_range)。range 是判断条件的单元格区域，criteria

是用于确定求和的条件，sum_range 是要求和的实际单元格区域。

在领用材料消耗表下方创建材料汇总表，C12 单元格输入“=SUMIF($B$3:$B$6,B12,$D$3:$D$6)”，C13 单元格利用填充柄往下填充，即可算出型号 U12、U14 材料的数量汇总项。同理，在 D12 单元格输入“=SUMIF($B$3:$B$6,B12,$E$3:$E$6)”，D13 单元格利用填充柄往下填充，即可算出型号 U12、U14 材料的金额汇总项。如图 11-11、图 11-12 所示。

D12　=SUMIF($B$3:$B$6,B12,$E$3:$E$6)

领用材料消耗表

产品品种	所用材料型号	材料单价(元/千克)	数量	金额
甲	U12	3.2	10000.00	32000.00
乙	U12	3.2	20000.00	64000.00
丙	U14	5.4	6000.00	32400.00
丁	U14	5.4	5000.00	27000.00
合计			36000.00	128400.00

	型号	数量	金额
材料汇总	U12	30000	96000
	U14	11000	
	合计		

图 11-11　U12 材料的金额汇总项

	型号	数量	金额
材料汇总	U12	30000	96000
	U14	11000	59400
	合计	41000	155400

图 11-12　U14 材料的金额汇总项

三、人工费用的数据填列

【例 11-5】以计件工资为例，U12 型号一件 0.5 元，U14 型号一件 0.7 元，人工费用计算如图 11-13(sheet3 工作表)所示，用材料汇总表中的数量×单价。即在 D3 单元格输入“=Sheet2!D3*Sheet3!C3”，其余单元格利用填充柄的方式往下填充。

D3　=Sheet2!D3*Sheet3!C3

人工费用

产品品种	所用材料型号	单价	计件工资
甲	U12	0.5	5000
乙	U12	0.5	10000
丙	U14	0.7	4200
丁	U14	0.7	3500
合计			22700

图 11-13　计件工资

四、制造费用的填列

这里制造费用指的是除了材料、人工之外的其他费用，不包括间接材料和间接人工。制造费用主要是指要素费用中出现过的辅料、电费等。要将这些费用引用过来(sheet4 工作表)，采用的方法也与人工费用的做法一致，这里不再叙述，如图 11-14 所示。

	A	B	C	D	E
1	制造费用				
2	产品品种	所用材料型号	电费	燃油费	小计
3	甲	U12	1211	240	1451
4	乙	U12	1504	260	1764
5	丙	U14	836	120	956
6	丁	U14	923	144	1067

图 11-14　制造费用

五、编制产品成本表

在 sheet5 工作表中编制产品成本表，根据制造车间的材料费用、人工费用和制造费用即可编制产品生产成本表，即将以上数据引用过来即可，如图 11-15 所示。

B3　=Sheet2!E3

	A	B	C	D	E
1	产品成本表				
2	产品品种	直接材料	直接人工	制造费用	合计
3	甲	32000	5000	1451	38451
4	乙	64000	10000	1764	75764
5	丙	32400	4200	956	37556
6	丁	27000	3500	1067	31567

图 11-15　产品成本

任务三　Excel 在工资核算中的应用

职工工资是劳动报酬的体现，也是企业成本的重要构成。工资计算及费用分摊、代扣个人所得税是每个企事业单位财务部门的一项重要的日常工作，其正确与否涉及每个职工的切身利益和企业成本核算的准确性。手工工资核算工作量大、容易出错，而计算机系统处理速度快、精确度高的特性可以帮助财务人员从这项烦琐的事务性工作中释放出来。

【例 11-6】天怡制造有限公司下设企管部、生产部、财务部、销售部等部门共 9 名员工，人员类别为企业管理人员、销售人员、财务人员、车间管理人员和生产人员，员工工资主要包括基本工资、岗位津贴、奖金、应发合计、请假扣款、社会保险、住房公积金、个人所得税、扣款合计、实发工资等工资项目。

要求：计算 2024 年 1 月职工工资及各项费用计提。与薪资相关的基本信息及公司制度摘录如下。

一、职工基本信息

在 Excel 中创建一个工作簿，并保存为工资表。将 sheet1 重命名为“职工基本信息表”，输入基本信息，如图 11-16 所示。

	A	B	C	D	E
1	职工基本信息表				
2	职工号	姓名	部门	职务	基本工资
3	001	齐红	企管部	总经理	7800
4	002	万芳	企管部	普通员工	4000
5	003	陆毅	财务部	部门经理	6200
6	004	张琳	财务部	普通员工	5000
7	005	曾群君	生产部	部门经理	5000
8	006	陆洋	生产部	普通员工	3500
9	007	张一一	销售部	部门经理	6000
10	008	范冰冰	销售部	普通员工	5000
11	009	李晨	销售部	普通员工	4500

图 11-16　职工基本信息

1. 岗位津贴

职工岗位津贴视职工所担任的职务不同而有所不同。将 sheet2 重命名为“岗位津贴”，如图 11-17 所示。

	A	B
1	岗位津贴表	
2	职务	岗位津贴
3	总经理	3000
4	部门经理	2000
5	普通员工	800

图 11-17　岗位津贴

2. 奖金

企业部、财务部奖金为 300 元，生产部、销售部奖金为 500 元(此处忽略销售业绩)。

3. 请假制度

无论病假还是事假，均按照日基本工资扣款，工作日按 22 天计。

4. 社会保险与住房公积金

社会保险按“基本工资+岗位津贴”的 10%扣除，住房公积金按“基本工资+岗位津贴”的 12%扣除。

5. 个人所得税

应纳税所得额=基本工资+岗位津贴+奖金-请假扣款-社会保险-住房公积金

扣税基数为 5 000 元，个人应纳税所得额扣除纳税基数后，超过部分按照五级超额累进税率计算，如表 11-3 所示。

表 11-3　五级超额累进税率表

级　数	全年应纳税所得额	按月换算	税　率	
1	不超过 36 000 元	X≤3 000 元	3%	0
2	超过 36 000 元至 144 000 元	3 000<X≤12 000 元	10%	210
3	超过 144 000 元至 300 000 元	12 000<X≤25 000 元	20%	1 410
4	超过 300 000 元至 420 000 元	25 000<X≤35 000 元	25%	2 660
5	超过 420 000 元	超过 35 000 元	30%	4 410

二、实训任务

职工工资核算的任务就是以职工个人各项工资数据为基础，计算应发合计和实发合计，编制工资结算单，进行代扣个人所得税，进行工资费用分配，为企业成本核算提供依据。

1. IF 函数

(1) 类型：逻辑函数。

(2) 功能：用于执行真假值的判断，根据逻辑计算的真假值返回不同的结果。

(3) 语法：IF(logical_test, value_if_true, value_if_false)。logical_test 是指计算结果可能是真或假的逻辑表达式，value_if_true 是逻辑表达式判定结果为真时返回的值，value_if_false 是逻辑表达式判定结果为假时返回的值。

value_if_true，value_if_false 也可以是其他公式，如果是 IF 函数，则形成嵌套。函数 IF 可以嵌套七层。

【例 11-7】对表“学生成绩单”中的数据按学生的成绩进行等级划分，90 分以上为优，60～89 为中等，60 分以下为不合格，如图 11-18 所示。

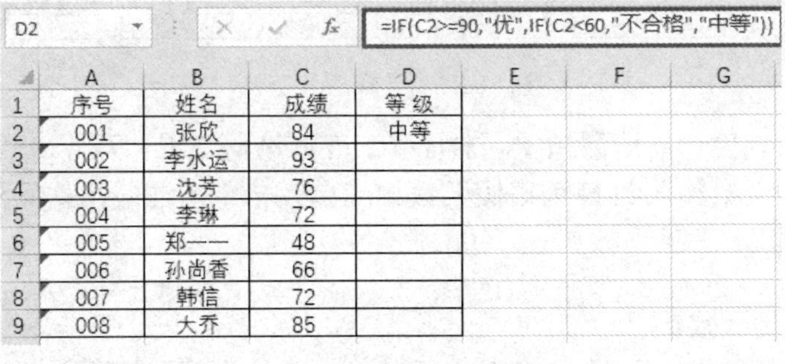

D2　=IF(C2>=90,"优",IF(C2<60,"不合格","中等"))

	A	B	C	D	E	F	G
1	序号	姓名	成绩	等级			
2	001	张欣	84	中等			
3	002	李水运	93				
4	003	沈芳	76				
5	004	李琳	72				
6	005	郑一一	48				
7	006	孙尚香	66				
8	007	韩信	72				
9	008	大乔	85				

图 11-18　学生成绩单

在 D2 单元格输入“=IF(C2>=90,"优",IF(C2<60,"不合格","中等"))”，其余单元格利用填充柄往下填充。

【例 11-8】将 sheet3 重命名为“职工工资”，将 sheet1 工作表的内容引用过来，并创建各工资费用项目，在 F2 单元格中输入“=IF(D2="总经理",3000,IF(D2="部门经理",2000,800))”，利用填充柄填充 F3 至 F10 单元格，如图 11-19 所示。

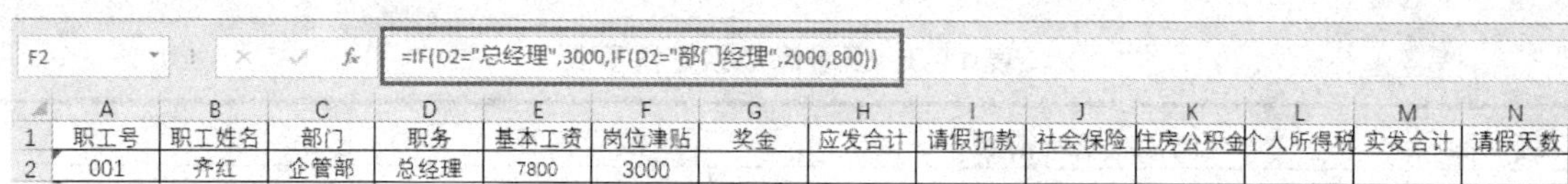

F2 =IF(D2="总经理",3000,IF(D2="部门经理",2000,800))

	A	B	C	D	E	F	G	H	I	J	K	L	M	N
1	职工号	职工姓名	部门	职务	基本工资	岗位津贴	奖金	应发合计	请假扣款	社会保险	住房公积金	个人所得税	实发合计	请假天数
2	001	齐红	企管部	总经理	7800	3000								

图 11-19　职工岗位津贴

2. 常用逻辑函数

常用逻辑函数如表 11-4 所示。

表 11-4　常用逻辑函数

逻辑函数	作　用
AND(logical1,logical2…)	检查所有参数是否均为 TRUE，如果所有参数均为 TRUE，则返回 TRUE
NOT(logical)	对参数求反。参数为 TRUE 返回 FALSE，参数为 FALSE，则返回 TRUE
OR(logical1,logical2…)	只要任一参数为 TRUE 就返回 TRUE，只有当所有参数为 FALSE 时才返回 FALSE

依据薪资制度计算奖金。在 G2 单元格输入“=IF(OR(C2="企管部",C2="财务部"),300,500)”，G3 至 G10 单元格利用填充柄往下填充，如图 11-20 所示。

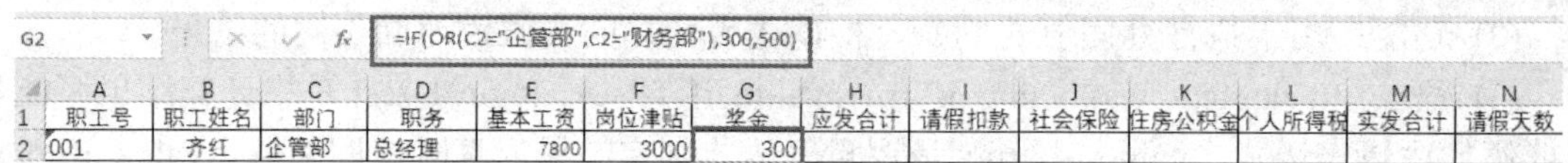

G2 =IF(OR(C2="企管部",C2="财务部"),300,500)

	A	B	C	D	E	F	G	H	I	J	K	L	M	N
1	职工号	职工姓名	部门	职务	基本工资	岗位津贴	奖金	应发合计	请假扣款	社会保险	住房公积金	个人所得税	实发合计	请假天数
2	001	齐红	企管部	总经理	7800	3000	300							

图 11-20　计算奖金

依据薪资制度计算应发工资。应发工资=基本工资+岗位津贴+奖金。在 H2 单元格中输入“=SUM(E2:G2)”，H3 至 H10 单元格利用填充柄往下填充，如图 11-21 所示。

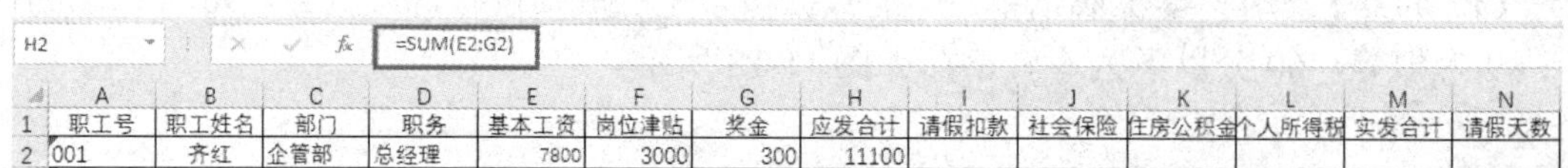

H2 =SUM(E2:G2)

	A	B	C	D	E	F	G	H	I	J	K	L	M	N
1	职工号	职工姓名	部门	职务	基本工资	岗位津贴	奖金	应发合计	请假扣款	社会保险	住房公积金	个人所得税	实发合计	请假天数
2	001	齐红	企管部	总经理	7800	3000	300	11100						

图 11-21　计算应发工资

依据薪资请假制度计算请假扣款。本月职工齐红请假 2 天，万芳请假 5 天，李晨请假 1 天，可将职工请假天数输入到 N 列请假天数相应单元格中，请假扣款保留两位小数。

3. ROUND 函数

(1) 类型：数学函数。

(2) 功能：按指定的位数 num_digits 对数值 number 进行四舍五入。

(3) 语法：ROUND(number, num_digits)。

无论病假还是事假，均按照日基本工资扣款，工作日按 22 天计算，即基本工资÷22 可计算出请假每日扣款，在 I2 单元格中输入“=ROUND(E2/22*N2,2)”对计算结果保留 2 位小数。I3 至 I10 单元格利用填充柄往下填充，如图 11-22 所示。

依据薪资制度计算社会保险。在 J2 单元格中输入“=(E2+F2)*10%”，即可计算出社保扣款，J3 至 J10 单元格利用填充柄往下填充，如图 11-23 所示。

I2 =ROUND(E2/22*N2,2)

	A	B	C	D	E	F	G	H	I	J	K	L	M	N
1	职工号	职工姓名	部门	职务	基本工资	岗位津贴	奖金	应发合计	请假扣款	社会保险	住房公积金	个人所得税	实发合计	请假天数
2	001	齐红	企管部	总经理	7800	3000	300	11100	709.09					2

图 11-22　计算请假扣款

J2 =(E2+F2)*10%

	A	B	C	D	E	F	G	H	I	J	K	L	M	N
1	职工号	职工姓名	部门	职务	基本工资	岗位津贴	奖金	应发合计	请假扣款	社会保险	住房公积金	个人所得税	实发合计	请假天数
2	001	齐红	企管部	总经理	7800	3000	300	11100	709.09	1080				2

图 11-23　计算社会保险

同理，计算住房公积金。在 K2 单元格中输入“=(E2+F2)*0.12”，即可计算出住房公积金扣款，K3 至 K10 单元格利用填充柄往下填充，如图 11-24 所示。

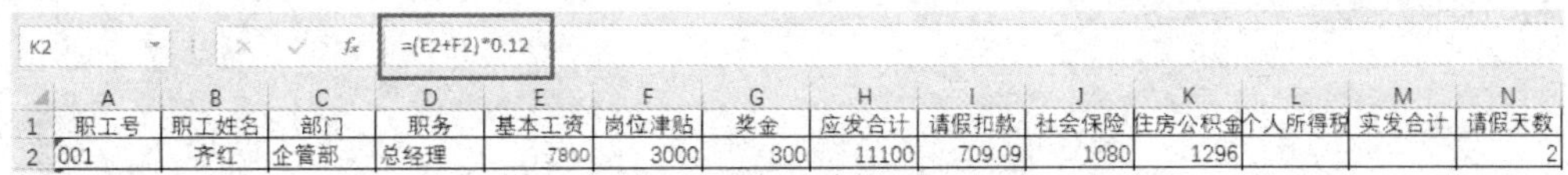

K2 =(E2+F2)*0.12

	A	B	C	D	E	F	G	H	I	J	K	L	M	N
1	职工号	职工姓名	部门	职务	基本工资	岗位津贴	奖金	应发合计	请假扣款	社会保险	住房公积金	个人所得税	实发合计	请假天数
2	001	齐红	企管部	总经理	7800	3000	300	11100	709.09	1080	1296			2

图 11-24　计算住房公积金

依据薪资制度计算个人所得税。参照五级超额累进税率表，在 L2 单元格中输入“=IF(H2-5000<=0,0,IF(H2-5000<=3000,(H2-5000)*0.03,IF(H2-5000<=12000,(H2-5000)*0.1-210,IF(H2-5000<=25000,(H2-5000)*0.2-1410,IF(H2-5000<=35000,(H2-5000)*0.25-2660,(H2-5000)*0.3-4410)))))，L3 至 L10 单元格利用填充柄往下填充，如图 11-25 所示。

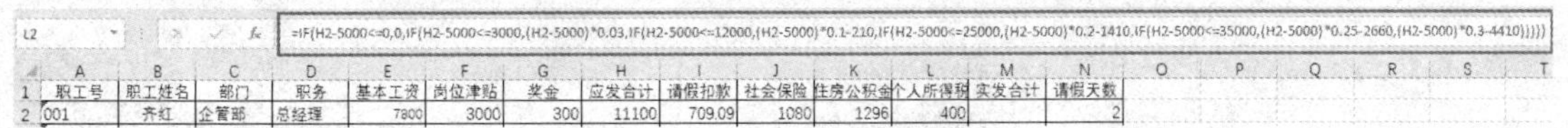

L2 =IF(H2-5000<=0,0,IF(H2-5000<=3000,(H2-5000)*0.03,IF(H2-5000<=12000,(H2-5000)*0.1-210,IF(H2-5000<=25000,(H2-5000)*0.2-1410,IF(H2-5000<=35000,(H2-5000)*0.25-2660,(H2-5000)*0.3-4410)))))

	A	B	C	D	E	F	G	H	I	J	K	L	M	N
1	职工号	职工姓名	部门	职务	基本工资	岗位津贴	奖金	应发合计	请假扣款	社会保险	住房公积金	个人所得税	实发合计	请假天数
2	001	齐红	企管部	总经理	7800	3000	300	11100	709.09	1080	1296	400		2

图 11-25　计算个人所得税

最后计算实发合计。在 M2 单元格中输入“=H2-I2-J2-K2-L2”，M3 至 M10 单元格利用填充柄往下填充，如图 11-26 所示。

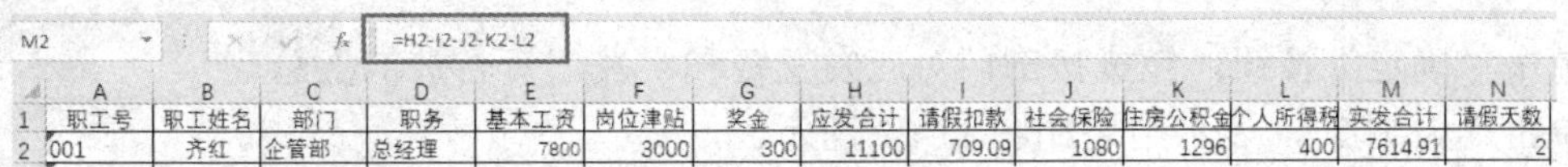

M2 =H2-I2-J2-K2-L2

	A	B	C	D	E	F	G	H	I	J	K	L	M	N
1	职工号	职工姓名	部门	职务	基本工资	岗位津贴	奖金	应发合计	请假扣款	社会保险	住房公积金	个人所得税	实发合计	请假天数
2	001	齐红	企管部	总经理	7800	3000	300	11100	709.09	1080	1296	400	7614.91	2

图 11-26　计算实发合计

天怡制造有限公司薪资计算结果如图 11-27 所示。

	A	B	C	D	E	F	G	H	I	J	K	L	M	N
1	职工号	职工姓名	部门	职务	基本工资	岗位津贴	奖金	应发合计	请假扣款	社会保险	住房公积金	个人所得税	实发合计	请假天数
2	001	齐红	企管部	总经理	7800	3000	300	11100	709.09	1080	1296	400	7614.91	2
3	002	万芳	企管部	普通员工	4000	800	300	5100	909.09	480	576	3	3131.91	5
4	003	陆毅	财务部	部门经理	6200	2000	300	8500	0	820	984	140	6556	
5	004	张琳	财务部	普通员工	5000	800	300	6100	0	580	696	33	4791	
6	005	曾群君	生产部	部门经理	5000	2000	500	7500	0	700	840	75	5885	
7	006	陆洋	生产部	普通员工	3500	800	500	4800	0	430	516	0	3854	
8	007	张一一	销售部	部门经理	6000	2000	500	8500	0	800	960	140	6600	
9	008	范冰冰	销售部	普通员工	5000	800	500	6300	0	580	696	39	4985	
10	009	李晨	销售部	普通员工	4500	800	500	5800	204.55	530	636	24	4405.45	1

图 11-27　天怡制造有限公司薪资计算结果

三、数据汇总

利用 Excel 数据管理功能，基于现有的工资数据，按指定字段实现数据的汇总。利用分类汇总和数据透视表功能均能实现按指定字段的分类统计。

1. 分类汇总

【例 11-9】按部门汇总职工应发工资合计和实发工资合计。

(1) 将鼠标光标置于“部门”一列任一单元格上，选择“数据”|“升序”命令，按部门进行排序。

(2) 选择“数据”|“分类汇总”命令，打开“分类汇总”对话框，选择相应的选项内容，如图 11-28 所示。

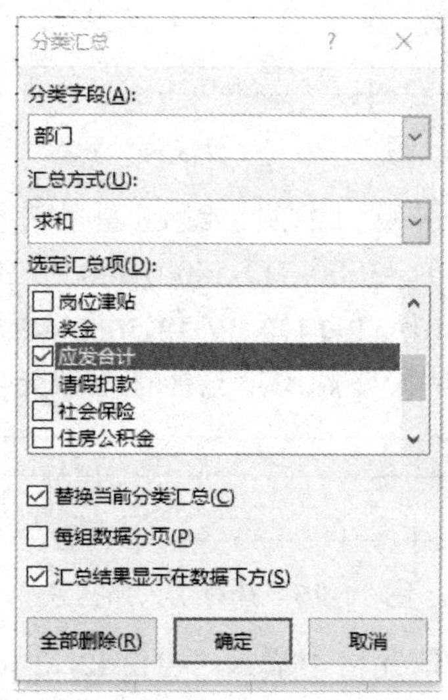

图 11-28　分类汇总

单击“确定”按钮，完成按部门对应发工资和实发工资合计的汇总。

单击“大纲 2”，显示结果如图 11-29 所示。

	A	B	C	D	E	F	G	H	I	J	K	L	M	N
1	职工号	职工姓名	部门	职务	基本工资	岗位津贴	奖金	应发合计	请假扣款	社会保险	住房公积金	个人所得税	实发合计	请假天数
4			财务部 汇总					14600					11347	
7			企管部 汇总					16200					10746.82	
10			生产部 汇总					12300					9739	
14			销售部 汇总					20600					15990.45	
15			总计					63700					47823.27	

图 11-29　应发工资和实发工资合计的汇总

2. 利用数据透视表功能

将鼠标光标置于职工工资表中任一单元格上，选择“插入”|“数据透视表”命令，打开“数据透视表字段”对话框，选择放置数据透视表的位置为“现有工作表”，并指定数据透视表 A14 单元格。

将“部门”字段拖入“行”标签，将“应发合计”和“实发合计”字段拖入“值”标签。生成的数据透视表如图 11-30 和图 11-31 所示。

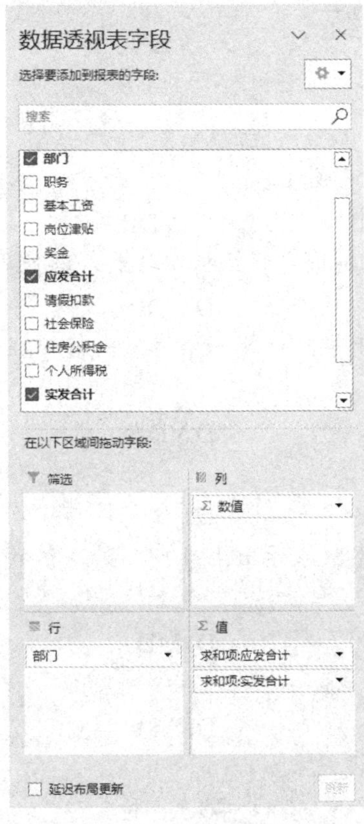

图 11-30　数据透视表字段

14	行标签	求和项:应发合计	求和项:实发合计
15	财务部	14600	11347
16	企管部	16200	10746.82
17	生产部	12300	9739
18	销售部	20600	15990.45
19	总计	63700	47823.27

图 11-31　生成的数据透视

案例解析

小芳可以使用 Excel 数据管理来完成各种基础数据的计算，在 Excel 应用当中，可以适当通过各种常用函数完成日常基础数据的计算与汇总。这样既能提高工作效率，也能避免因人为统计数据的错误。

项 目 小 结

固定资产是指企业为生产产品、提供劳务、出租或经营管理而拥有或控制的，使用期限超过 12 个月，价值达到一定标准的非货币性资产，包括建筑物、机器、机械及其他与生产经营活动有关的设备、工具等。

本项目主要介绍了 Excel 在成本核算中的运用，结合案例讲解了多个常用函数，SLN、SYD、DDB、DATEDIF、VLOOKUP、SUMIF、IF 等，编制了固定资产卡片、计提固定资产折旧；相关费用数据的引用、查找与汇总；职工工资核算等数据的计算与汇总。

项目强化训练

一、单项选择题

1. 在 Excel 中，年数总和法可以使用(　　)函数完成计算。

A. SLN　　B. SYD　　C. DDB　　D. VDB

2. (　　)折旧法每一年的折旧金额相同，是在计提固定资产折旧时最普遍使用的方法。

A. SYD　　B. DDB　　C. SLN　　D.VDB

3. 可变余额递减法是指以不同倍率的余额递减速率，计算一个时期内折旧额的方法。在 Excel 中，可以使用(　　)函数完成计算。

A. DDB　　B. SYD　　C. SLN　　D.VDB

4. 分类汇总之前，必需先对分类字段进行(　　)。

A. 筛选　　B. 排序　　C. 汇总　　D. 合并计算

5. 使用 DATEDIF 函数计算员工年龄时，第一参数表示出生日期，第二参数表示现在日期，第三参数应该使用(　　)。

A. Y　　B. M　　C. D　　D. MD

6. 假设以引用 A1 单元格为例，绝对引用的写法是(　　)。

A. A1　　B. $A$1　　C. $A1　　D. A$1

7. AND 函数和 OR 函数分别对应两种常用的逻辑关系，即(　　)。

A. 与和非　　B. 或和与　　C. 与和或　　D. 非和或

8. IF 函数用于执行真假值的判断，根据逻辑判断的真假值返回不同的结果。如果指定条件的判断结果为(　　)，IF 函数将返回参数二的值。

A. TRUE　　B. FALSE　　C. ERROR　　D. NULL

9. 单元格引用分为三种不同的引用方式，即相对引用、绝对引用和混合引用。不同引用方式用(　　)进行区别。

A. #　　B. &　　C. $　　D. *

10. 双倍余额递减法在 Excel 中可以使用(　　)函数完成计算。

A. VDB　　B. DDB　　C. SLN　　D. SYD

二、岗位能力训练

1. 已知固定资产“多功能一体化机”原值为 7 500 元，预计使用年限为 6 年，预计净残值率为 5%，要求采用平均年限法、年数总和法和双倍余额递减法计算固定资产年折旧额。(结果保留两位小数)

2. 根据岗位能力训练素材表“岗位能力训练 2”中提供的数据(见图 11-32)，利用 SUMIF 函数汇总“产品 A”的入库数量。

A	B
产品	入库数量
产品A	840
产品B	850
产品A	787
产品B	754
产品C	576
产品B	736
产品A	689
产品B	661

图 11-32　产品入库数量

微课视频

扫一扫，获取本项目相关微课视频。

Excel 在固定资产管理中的应用

制造车间生产成本计算

Excel 在工资核算中的应用

参 考 文 献

[1] 企业会计准则编审委员会. 企业会计准则 2023 年版[M]. 上海：立信会计出版社，2023.

[2] 中华人民共和国财政部. 企业会计准则应用指南 2023 年版[M]. 上海：立信会计出版社，2023.

[3] 企业会计准则编审委员会. 企业会计准则案例讲解 2023 年版[M]. 上海：立信会计出版社，2023.

[4] 李辉，李赞. 成本核算与管理[M]. 苏州：苏州大学出版社，2023.

[5] 肖月华，肖佩民，郭赞伟. 成本核算与管理[M]. 北京：中国轻工业出版社，2023.

[6] 蒋小芸. 成本核算与管理[M]. 4 版. 北京：高等教育出版社，2022.

[7] 于北方，金洁，贲志红. 成本核算与管理[M]. 武汉：华中科技大学出版社，2022.